अंधायुग : पाठ और प्रदर्शन

अंधायुग

पाठ और प्रदर्शन

जयदेव तनेजा

राष्ट्रीय नाट्य विद्यालय

बहावलपुर हाउस, नयी दिल्ली-110001

वाणी प्रकाशन का 'लोगो'
विख्यात चित्रकार मक़बूल फ़िदा हुसेन की
कूची से

ISBN : 978-93-5000-015-1

राष्ट्रीय नाट्य विद्यालय
बहावलपुर हाउस, भगवानदास रोड,
नयी दिल्ली-110001
द्वारा प्रकाशित

वाणी प्रकाशन
21-ए, दरियागंज, नयी दिल्ली-110002
फोन : 0091#11#23273167, 23275710
फैक्स : 0091#11#23275710
ई-मेल : vaniprakashan@gmail.com
vani_prakashan@yahoo.com
वेबसाइट : www.vaniprakashan.com

प्रथम संस्करण : 1998
आवृत्ति : 2009

मूल्य : 400.00

आर. टेक ऑफसेट प्रिंटर्स, दिलशाद गार्डन,
दिल्ली-95 द्वारा मुद्रित

ANDHAYUG : PAATH AUR
PRADARSHAN
by : Jaydev Taneja

स्मृति-शेष भारतीजी के
सत्तरवें जन्म-दिन पर

मैं अन्धकार की जड़ों से उगा हूँ
और काली टहनियों में बदल गया हूँ।

मैं रात की आकृति हूँ
लेकिन मुझमें भरे हुए हैं
रोशनी के बुदबुदे।

—कोस्तिस पापाकोंगोस
('अशक्त जनपद' से)

प्रकाशकीय

'अंधायुग : पाठ और प्रदर्शन' राष्ट्रीय नाट्य विद्यालय की नियमित प्रकाशन योजना की दूसरी कड़ी है। इसके पहले, इसी वर्ष हम 'कहानी का रंगमंच' पुस्तक के प्रकाशन से इस योजना का शुभारंभ कर चुके हैं और हमें इस बात का स्वाभाविक संतोष है कि इस योजना में, थोड़े ही अंतराल से, एक और नई कड़ी जुड़ रही है, जो कड़ियाँ भविष्य में इसमें पिरोयी जाने वाली हैं, उनकी तैयारी भी हम कर रहे हैं, पर उनकी बात यथासमय उनके पूर्ण होने पर।

'अंधायुग' का स्थान भारतीय साहित्य और रंगकर्म में ऐतिहासिक रूप से दर्ज हो चुका है। आधुनिक काल में संभवतः यही एक ऐसा काव्य नाटक है जो असंख्य बार, अनेक जगहों पर अनेक निर्देशकों और रंगकर्मियों द्वारा मंचित किया गया है। यह अतिरंजना नहीं है कि इसके मंचित होने का कुल इतिहास अब तक उपलब्ध नहीं रहा है। डॉ. जयदेव तनेजा ने इस दिशा में तथ्य संकलन का अभूतपूर्व काम किया है और दस्तावेजी महत्त्व की सामग्री जुटायी है, इसके पाठ प्रदर्शन पर की गई व्याख्याओं और टिप्पणियों को भी रेखांकित किया है, स्वयं अपनी मर्मभरी टिप्पणियाँ तो इसमें शामिल की ही हैं।

'अंधायुग' के प्रदर्शनों के साथ राष्ट्रीय नाट्य विद्यालय का नाम अभिन्न रूप से जुड़ा हुआ है। श्री इब्राहिम अल्काज़ी के दो ऐतिहासिक प्रदर्शनों के अतिरिक्त भी राष्ट्रीय नाट्य विद्यालय के स्नातकों ने, जिसमें इन पंक्तियों का लेखक भी शामिल है, इसे एकाधिक बार मंचित किया है, और इस कृति की अन्य-संभावनाओं के दरवाज़ों पर अपनी दस्तक दी है। इसलिए भी मुझे विशेष रूप से इस बात की प्रसन्नता है कि राष्ट्रीय नाट्य विद्यालय इस पुस्तक को प्रकाशित कर रहा है। 'अंधायुग' के कृतिकार श्री धर्मवीर भारती का भी विद्यालय के साथ घनिष्ठ रचनात्मक संबंध रहा है, और इस कृति के प्रकाशन के अवसर पर आज उनकी स्मृति को हम नमन करते हैं।

मुझे विश्वास है कि सुधी पाठकों, शोधार्थियों को यह पुस्तक उपयोगी लगेगी, 'अंधायुग' के किसी भी पाठ और प्रदर्शन में एक अभिन्न सहचर की भूमिका निबाहेगी।

20 दिसम्बर 1997

रामगोपाल बजाज

अनुक्रमणिका

नेपथ्य से

आधुनिक हिंदी नाटक और रंगमंच के क्षेत्र में **अंधायुग** ने निश्चय ही हमें अपनी नैजिक रंग-दृष्टि की खोज करने, इसकी अपरिमित संभावनाओं को पहचानने और उपलब्धि के विविध आयामों को रेखांकित करने में बहुमूल्य योगदान दिया है। परन्तु यह कैसी विडंबना है कि अपने नाट्य-जीवन की शुरुआत गुलेरी की कहानी **उसने कहा था** में वजीरा सिंह की भूमिका से करनेवाले डॉ. धर्मवीर भारती स्वयं भी हिंदी नाटक और रंगमंच के गुलेरी बनकर रह गए। यूँ तो आपने पाँच एकांकी भी लिखे और विनायक पुरोहित के गुजराती नाटक **स्टील फ्रेम** का हिन्दी में अनुवाद भी किया; परंतु मूलतः और मुख्यतः आपकी प्रतिष्ठा इस क्षेत्र में 'अंधायुग' के कारण ही है। इस नाट्य-कृति के आतंक से हिंदी का पद्य-नाटक ही नहीं स्वयं भारती भी इतने आतंकित हो गए कि इस क्षेत्र में दुबारा कलम चलाने का साहस नहीं जुटा पाए। फिर भी 'अंधायुग' निःसंदेह अपने आपमें एक बड़ी उपलब्धि है और इसकी बहुसंख्य एवं वैविध्यपूर्ण प्रस्तुतियाँ अपने आप में एक दिलचस्प इतिहास हैं। इस कार्य की शुरुआत वस्तुतः सन् 1972-73 में 'अंधायुग' के प्रदर्शनों के समीक्षात्मक-इतिहास लेखन की इच्छा से हुई थी। कालांतर में पूरक सामग्री के धीरे-धीरे जुड़ते चले जाने से इसने बाकायदा एक आलोचनात्मक पुस्तक का आकार ग्रहण कर लिया जो 1980 में 'अंधायुग और भारती के अन्य नाट्य-प्रयोग' नाम से छपी और पता नहीं कब और कहाँ बिक गई ? सही जगह और हाथों में पहुँच ही नहीं पाई !

यह स्पष्ट ही है कि कोई भी एक व्यक्ति भारत जैसे विस्तृत और गरीब देश में किसी नाटक के देशव्यापी सभी प्रदर्शन स्वयं नहीं देख सकता। प्रदर्शनों की जानकारी और समीक्षा के लिए उसे विभिन्न पत्र-पत्रिकाओं में प्रकाशित छुटपुट टिप्पणियों, समाचारों, प्रतिक्रियाओं, समीक्षाओं और व्यक्तिगत रूप से प्राप्त सूचनाओं पर ही निर्भर रहना पड़ता है। और यदि कोई विशुद्ध कल्पना अथवा अनुमान को ही प्रमाण न बनाना चाहे तो

उसके पास इन अतिशय भावुकता और अतिशयोक्तिपूर्ण व्यक्तिगत उद्‌गारों को ही सच स्वीकार कर लेने के अतिरिक्त कोई विकल्प नहीं रहता। अतः इस संदर्भ में 'पूर्णतः सफल', 'अत्यंत सफल', 'तीव्र अथवा गहन', 'प्रभावपूर्ण', 'अभूतपूर्व', 'अविस्मरणीय' इत्यादि विशेषणों को बहुत महत्त्व नहीं देना चाहिए; क्योंकि कई बार किसी छोटे शहर या क़स्बे में कहर बरपा कर देनेवाली प्रस्तुति दिल्ली, कलकत्ता और मुंबई जैसे महानगरों के दर्शकों के लिए एक निष्प्राण और फूहड़ अनुभव भर ही दे पाती है। हिंदी में गंभीर रंग-समीक्षा और नाट्य-पत्रकारिता की स्थिति भी किसी से छिपी नहीं है। प्रस्तुतियों के प्रामाणिक दस्तावेज़ रखने की बात तो क्या उनके मंचन की तथ्यात्मक सूचनायें तक नष्ट होती चली जा रही हैं। इसके अतिरिक्त किसी भी रचना के बिंब, प्रतीक या संवाद वगैरह के गणनात्मक अध्ययन की अपनी अलग समस्याएँ और दिक्कतें हैं। इन तमाम सीमाओं और जोखिमों के बावजूद मैंने अपनी पिछली पुस्तक **लहरों के राजहंस : विविध आयाम** की तरह यहाँ भी इस चुनौती को स्वीकार किया है। मेरा उद्देश्य यहाँ किसी भी रंगकर्मी के कार्य को छोटा-बड़ा मानने या सिद्ध करने का नहीं रहा है। फिर भी, यदि कहीं व्यक्तिगत सीमाओं के कारण ऐसा हो गया हो तो मैं उन सभी समर्पित और निष्ठावान रंगकर्मियों से क्षमाप्रार्थी हूँ। आशा है अन्य प्रदेशों और नगरों के रंगकर्मी एवं नाट्य-अध्येता अपने लेखों और शोध-ग्रंथों द्वारा मेरे इस प्रारंभिक कार्य में संशोधन और परिमार्जन करके रंगमंच के भावी इतिहास-लेखन के लिए प्रामाणिक आधार प्रस्तुत करने में अपना महत्त्वपूर्ण योगदान देंगे। तथ्यों के संकलन एवं परिशोधन की दृष्टि से सर्वश्री सत्यदेव दुबे, जितेन्द्र कौशल, देवेन्द्र राज अंकुर, एम.के.रैना, सतीश आनंद, कमलाकर सोनटक्के तथा रतन थियम से समय-समय पर जो सहायता मिली है उसके लिए मैं इन सबका हृदय से आभार स्वीकार करता हूँ। 'नटरंग' और 'इनैक्ट' जैसी पत्रिकाओं के अभाव में ऐसी पुस्तक लिख पाना संभव ही नहीं था।

रंगमंचीय दृष्टि से **अंधायुग** पर एक अलग और संपूर्ण पुस्तक लिखने की इच्छा बहुत समय से मन में थी। इसलिए मेरे रंग-बंधु और राष्ट्रीय नाट्य विद्यालय के निदेशक श्री राम गोपाल बजाज ने जब अचानक एक अनौपचारिक बातचीत में इस प्रकार की पुस्तक की ज़रूरत की तरफ़ इशारा किया तो मेरी वह बलवती इच्छा संकल्प के रूप में बदल गई। इस बीच, लगातार अस्वस्थ रहने के बावजूद मैंने **अंधायुग** पर अपनी पूर्व-प्रकाशित सामग्री का न केवल संशोधन-परिवर्द्धन ही किया बल्कि उसके प्रस्तुति-इतिहास को अद्यतन भी कर दिया। मुझे उनके 'जीवन-परिचय' और 'रंग-विवेक' के संबंध में भी कुछ जानकारी देना ज़रूरी लगा। श्री राम गोपाल बजाज के प्रोत्साहन और भारतीजी के निधन के कारण नाट्य-विद्यालय की ओर से उसे तुरंत छाप देने के आश्वासन ने **अंधायुग : पाठ और प्रदर्शन** को अविलंब पूरा करने में निर्णायक भूमिका निभाई। इसके सुरुचिपूर्ण सुंदर और अविलम्ब प्रकाशन के लिए मैं हृदय से उनका

आभारी हूँ।

किसी भी नाटक का प्रदर्शन निर्देशक द्वारा किया गया किसी मूल नाट्यालेख का पाठ भी होता है और उस पाठ का अभिनेताओं एवं अन्य पार्श्वकर्मियों के रचनात्मक सहयोग से प्रस्तुति/प्रदर्शन के रूप में पाठांतरण भी। इसी पुनःसृष्टि प्रक्रिया के चलते **अंधायुग** के बहुरूपी रंग-प्रयोगों का इतिहास एक ही आलेख को अनेक प्रस्तुति-आलेखों में बदलकर उसे नित नूतन करते जाने का दिलचस्प इतिहास है। भारतीय रंगकर्म की वर्तमान परिस्थितियों में इस प्रकार का प्रस्तुति-इतिहास लिखना कितना कठिन कार्य है, इसे केवल, वे ही समझ सकते हैं जो व्यावहारिक स्तर पर कभी इस चुनौती से जूझे हों। अधिकांश के लिए तो यह महज़ तथ्य-संकलन का एक सामान्य और फ़ालतू-सा काम है।

अंधायुग से मेरा पहला साक्षात्कार विकट-बौद्धिक और सहृदय मित्र अशोक गुप्त के साथ हुआ था। आलेख पढ़ने और इब्राहिम अल्काज़ी की प्रथम प्रस्तुति देखने के बाद माडल टाउन की झील के किनारे देर रात तक की गई गरमागरम बहसों की याद और मूल्यवत्ता मेरे लिए आज भी कम नहीं हुई है।

हाँ, अंत में अपने उन सभी जिज्ञासु और प्रबुद्ध छात्रों को अवश्य धन्यवाद देना चाहता हूँ, जिनके उत्तेजक प्रश्नों और संशयों के अभाव में शायद यह पुस्तक लिखी ही न जाती !

जयदेव तनेजा

165, नेहरू अपार्टमैण्ट्स
आउटर रिंग रोड,
नई दिल्ली-110019

धर्मवीर भारती : कृतिकार और कृतित्व

सुप्रसिद्ध कवि, कथाकार, नाट्य-लेखक, निबंधकार, आलोचक, चिंतक, अनुवादक और संपादक डॉ. धर्मवीर भारती का आधुनिक हिंदी साहित्य के इतिहास में एक विशिष्ट और महत्त्वपूर्ण स्थान है। इनके कृति व्यक्तित्व में भावुकता, रोमानियत और सहज संवेदनशीलता के साथ बौद्धिकता, जटिलता और आधुनिकता का मोहक सामंजस्य देखने को मिलता है। ये आज के कटु यथार्थ की विसंगतियों, विकृतियों एवं विद्रूपताओं के बावजूद प्रेम, सत्य, करुणा, शान्ति और मानव भविष्य की रक्षा करनेवाले सकारात्मक जीवन-मूल्यों में अगाध-अटूट आस्था रखते हैं।

25 दिसंबर, 1926 को प्रयाग के अतरसुइया मुहल्ले में जन्मे बालक धर्मवीर की प्रारंभिक शिक्षा घर पर ही हुई। चौथे दर्जे से डी.ए.वी. हाई स्कूल, इलाहाबाद में दाखिला लिया। आठवीं कक्षा में थे, तभी पिता श्री चिरंजीवलाल वर्मा का देहांत हो गया। प्रयाग में बसे मामा श्री अभय कृष्ण जौहरी की छत्र-छाया एवं प्रेरणा से उच्च शिक्षा प्राप्त की। सन् 1947 में हिंदी में प्रथम श्रेणी के साथ एम.ए. किया। डॉ. धीरेन्द्र वर्मा के निर्देशन में 'सिद्ध साहित्य' पर पी-एच.डी. की। 1948 से 'संगम' में दो वर्ष तक सहकारी संपादक और तदुपरांत एक वर्ष तक 'हिंदुस्तानी एकेडमी' में उप-सचिव का कार्य किया। सन् 1960 तक प्रयाग विश्वविद्यालय में अध्यापन करने के बाद 'धर्मयुग' के संपादक बनकर ये बंबई चले गए। 'धर्मयुग' के 29 नवंबर, 1987 के अंक के साथ इन्होंने संपादक के कार्य-भार से अवकाश ग्रहण किया और फिर मुक्त लेखक के रूप में इसी पत्रिका में कुछ समय तक 'शब्दिता' नामक एक नियमित स्तंभ भी लिखा।

इस बीच इन्होंने अनेक विदेश यात्राएँ कीं। 1961 में इंग्लैंड तथा यूरोप, 1962 में जर्मनी, 1966 में इंडोनेशिया और थाइलैंड तथा 1974 में ये मॉरीशस गए। 1971 में भारतीय सेना के बांग्लादेश के युद्ध के वास्तविक मोर्चे पर जाकर इन्होंने वहाँ के रोमांचक अनुभव लिखे।

1967 में धर्मवीर भारती संगीत नाटक अकादमी के सदस्य मनोनीत किए गए। 1972 में पद्मश्री से अलंकृत हुए और 1988 में इन्हें केन्द्रीय संगीत नाटक अकादमी द्वारा सर्वश्रेष्ठ नाटककार के रूप में पुरस्कृत किया गया। इसके बाद इन्हें उत्तर प्रदेश हिंदी संस्थान ने 'भारत भारती' और महाराष्ट्र सरकार ने 'गौरव पुरस्कार' से नवाज़ा। 1992 में इन्हें 'साधना सम्मान' और 1994 में 'व्यास सम्मान' से विभूषित किया गया।

स्पंदन, संवेदना, अनुभूति और रागात्मकता की ऊष्मा से सराबोर भारती का संपूर्ण साहित्य सौन्दर्य, रस, प्रेम, आस्था और मानवीय गौरव से परिपूर्ण होकर भी आधुनिक चेतना का प्रभाववादी साहित्य है, जो पाठकों-दर्शकों को भाव-विभोर करने के साथ-साथ सोचने के लिए उकसाता भी है।

इलाहाबाद की साहित्यिक संस्था 'परिमल' के सक्रिय सदस्य रहे भारती ने 'दूसरा सप्तक' के समय जो पहाड़ों को उलट देनेवाले हौसले की बात कही थी, अपनी साहित्यिक-साहसिक जीवन-यात्रा में उसे सिद्ध कर दिखाया। इन्होंने, अपने सम्पादकीय दायित्व के कारण, बहुत ज्यादा बेशक न लिखा हो, लेकिन जितना और जैसा भी लिखा उसकी एकदम अलग पहचान और प्रतिष्ठा है।

परंतु पिछले कुछ वर्षों में तीन-तीन बार मृत्यु के भयंकर चंगुल से उबर कर स्वयं को 'त्रिनेत्र मृत्युंजय' सिद्ध कर चुके भारती अब जैसे मन ही मन ये स्वीकार करने लगे थे कि–

'ये कवितायें/यह कथा, कहानी, उपन्यास/इनके अंदर तुम नाहक मुझको ढूँढ़ रहे।
ये गलियाँ थीं/इनसे होकर मैं गुज़र चुका/यह केंचुल है, जो धीरे-धीरे छूट रही।'

और अंततः 4 सितंबर, 1997 की सुबह मुंबई में अपनी थकी देह की यह केंचुल सदा के लिए उतार कर भारती मुक्त हो गए।

रचनाएँ

काव्य :

ठंडा लोहा, सात गीत वर्ष, कनुप्रिया, सपना अभी भी।

उपन्यास :

गुनाहों का देवता, सूरज का सातवाँ घोड़ा।

कहानी :

मुर्दों का गाँव, चाँद और टूटे हुए लोग, बंद गली का आखिरी मकान।

काव्य-नाटक :

अंधायुग।

एकांकी :

नदी प्यासी थी।

निबंध :

ठेले पर हिमालय, कहनी अनकहनी, पश्यंती, शब्दिता।

आलोचना :

प्रगतिवाद : एक समीक्षा, मानव-मूल्य और साहित्य।

संस्मरण :

कुछ चेहरे : कुछ चिन्तन।

शोध :

सिद्ध साहित्य।

अनुवाद :

ऑस्कर वाइल्ड की कहानियाँ, देशांतर, स्टील-फ़्रेम (नाटक)।

रिपोर्टिंग :

युद्ध-यात्रा/यात्रा-चक्र।

संपादन :

संगम, अभ्युदय, निकष, आलोचना (सहायक-सहयोगी) और धर्मयुग।

नाट्येतर रचनाओं के अभिमंचन/प्रदर्शन

उपन्यास

गुनाहों का देवता : (भैया भागवत 'आर्टिस्ट कम्बाइन', ग्वालियर)

सूरज का सातवाँ घोड़ा : (राजिन्दर नाथ, 'राष्ट्रीय नाट्य विद्यालय' दिल्ली, बंसी कौल, देहरादून)।

काव्य :

कनुप्रिया : (निखिलेश शर्मा 'राष्ट्रीय नाट्य विद्यालय रंगमंडल', दिल्ली)।

मुनादी : (गिरीश रस्तोगी, 'रूपांतर', गोरखपुर)।

कहानियाँ :

बंद गली का आख़िरी मकान : (देवेन्द्र राज अंकुर 'राष्ट्रीय नाट्य विद्यालय रंगमंडल', दिल्ली)।

आश्रम : (देवेन्द्र राज अंकुर 'प्रयास', लखनऊ)

दूरदर्शन :

बंद गली का आख़िरी मकान (राजिन्दर नाथ)।

फ़िल्म :

सूरज का सातवाँ घोड़ा (श्याम बेनेगल)।

भारती का रंग-विवेक

रस को दिव्यता के स्तर पर ले जाना या दिव्य को रस के स्तर पर ले आना यह भारत की समृद्ध दर्शन-परंपरा में ही संभव है। आप समस्त संसार की नाट्य पद्धतियों में से जो चाहें लें, लेकिन आप जिस उदात्त परंपरा के उत्तराधिकारी हैं, उसे भी भूलें नहीं। यह हज़ारों साल से सामूहिक भारतीय अवचेतन में बसी हुई है और अनजाने ही अत्याधुनिक भारतीय मन भी इससे कहीं न कहीं जुड़ ही जाता है।

–धर्मवीर भारती

दृश्य-काव्य, रूपक और फिर नाटक कही जानेवाली साहित्य/कला-विधा का नियमन और निर्धारण करनेवाले नियमों को नाट्य-सिद्धांत कहा जाता है। चिंतन और विश्लेषण पर आधारित रचना के विधि-निषेधों के सिद्धांतों का यह शास्त्र सृजनात्मक साहित्य के लिए बुनियाद का काम करता है और उसकी शक्ति एवं मर्यादा का निर्धारण भी करता है। इस संदर्भ में यह एक महत्त्वपूर्ण सत्य है कि महान् कृतियाँ इन सिद्धांतों को मानती भी हैं और इनका अतिक्रमण भी करती हैं। नाट्य-कृति और नाट्य-सिद्धांत में अन्योन्याश्रित संबंध होता है। नाट्याचार्य अथवा नाट्य-चिंतक का काम मूलतः बुद्धि एवं तर्कशीलता पर निर्भर करता है, जबकि नाटककार का कार्य मूलतः उसकी अंतश्चेतना के स्फुरण, प्रतिभा के विस्फोट, रागात्मकता एवं कल्पनाशीलता पर आधारित होता है। इसलिए आरंभ से ही सिद्धांतकार और रचनाकार के दो अलग-अलग वर्ग रहे हैं।

परंतु आधुनिक काल में पाश्चात्य नाटकों एवं नाट्य-चिंतकों के व्यापक प्रभाव के बाद भारतीय और विशेष रूप से हिंदी में यह वर्ग-विभाजन बना नहीं रह सका। भारतीय और पाश्चात्य नाट्य सिद्धांतों के संयोग से जिस नई रंग-चेतना का विकास

हुआ, उसका कोई गंभीर एवं मौलिक शास्त्रकार हमारे यहाँ अभी तक पैदा ही नहीं हुआ। अधिक से अधिक, आनन्द और रस पर आधारित भारतीय शास्त्र तथा संघर्ष और विरेचन पर आधारित पश्चिमी-शास्त्र के अनुवादक, व्याख्याकार या विवेचक-विश्लेषक विद्वान ही सामने आए। हिंदी में भारतेन्दु हरिश्चन्द्र, जयशंकर प्रसाद, लक्ष्मीनारायण मिश्र, जगदीश चन्द्र माथुर, लक्ष्मीनारायण लाल और मोहन राकेश जैसे नाटककारों ने, अपनी-अपनी व्यक्तिगत रुचि, आवश्यकता और मान्यताओं के आधार पर, नाट्य-रचना संबंधी अपने विचारों एवं मानदंडों पर कुछ छोटे-बड़े लेख लिखे या अपने नाटकों की भूमिकाओं में उनका उल्लेख किया। नाटककारों की भेंटवार्ताओं और कभी-कभी उनके नाटकों के संवादों में परोक्ष रूप से उनके विचारों के दर्शन हमें हो जाते हैं। उनके इन संकेतों या उल्लेखों के आधार पर ही हम प्रायः उनके नाट्यादर्शों, विचारों, सिद्धांतों और मानदंडों की चर्चा करते हैं।

डॉ. धर्मवीर भारती के नाट्य-सिद्धांतों, विचारों और सरोकारों को जानने-समझने के लिए प्रत्यक्षतः उनकी कोई पुस्तक, टिप्पणी या लेख उपलब्ध नहीं है। फिर भी, 'अंधायुग' के 'निर्देश', अनामिका (कलकत्ता) द्वारा आयोजित 'अखिल भारतीय हिंदी नाट्य-महोत्सव' के अवसर पर पढ़े गए भाषण ('पश्यन्ती' में संकलित आलेख 'हिंदी नाट्य-लेखन : कुछ समस्याएँ') तथा 23 मार्च, 1996 को राष्ट्रीय नाट्य विद्यालय (दिल्ली) के 'अभिमंच' प्रेक्षागृह में दिए गए उनके 'दीक्षांत समारोह अभिभाषण' के आधार पर रंगकर्म संबंधी उनकी धारणाओं एवं मान्यताओं का कुछ न कुछ अन्दाज़ा तो लगाया ही जा सकता है।

कथावस्तु के संबंध में भारती के विचार प्राचीन भारतीय पद्धति के अनुरूप हैं। वह उसे 'प्रख्यात' और 'उत्पाद्य' के रूप में ही देखते हैं। 'स्थापना' (मंगलाचरण) और 'समापन' में भी वह पुरानी परंपरा को ही अपनाते हैं और अंक विभाजन की दृष्टि से भी वह कुछ नया करने के पक्ष में नहीं हैं। परंतु ज़रूरत के मुताबिक संरचना में 'अंतराल' की योजना करने से भी वह हिचकते नहीं हैं। 'स्वगत' और 'सूच्य' को सहजता से स्वीकार करते हैं तो हत्या, युद्ध इत्यादि जैसे दृश्यों के 'निषेध' को उसी सहजता से अस्वीकार भी कर देते हैं। एकांकी में पश्चिमी संकलन-त्रय की मर्यादा ज़रूरी समझते हैं तो 'अंधायुग' जैसे पूर्ण-कालिक नाटक के लिए उसे छोड़ भी देते हैं। दृश्य या अंक परिवर्तन के लिए भारतीय लोक-नाट्य-परंपरा से कथा-गायन की युक्ति ले लेते हैं तो स्थितियों और घटनाओं पर कमेंट करने के लिए ग्रीक कोरस की पद्धति पर प्रहरियों की परिकल्पना करने से भी हिचकिचाते नहीं हैं ! स्पष्ट है कि कथावस्तु और संरचना की दृष्टि से भारती समन्वयवादी हैं। वह कथ्य के अनुरूप ही वस्तु-संरचना का स्वरूप निर्धारित करने के पक्ष में हैं और संधियों-कार्यावस्थाओं की प्राचीन रूढ़ियों को नहीं मानते।

नेता या **चरित्र** के विषय में भारती ने स्पष्टतः कहीं कुछ नहीं कहा है। लेकिन

उनकी रचनाओं से स्पष्ट है कि वह इस संदर्भ में वर्गीकृत पात्रों की शास्त्रीयता का बंधन स्वीकार नहीं करते। आधुनिक मनोविश्लेषण और व्यक्ति-वैचित्र्य पर उनका विश्वास अधिक है। चरित्र को रचनाकार के चंगुल में फँसे रहने और उसकी इच्छा या पूर्व-योजना के अनुरूप विकसित करने के सिद्धांत को भारती नहीं मानते। वह चरित्र के स्वतंत्र-विकास पर बल देते हैं। उन्हीं के शब्दों में, "एक बार नहीं अनेक बार ऐसा हुआ है। पात्र के बारे में पूरे नोट्स बना लीजिए, यहाँ तक कि घटनाक्रम और संवादों की विस्तृत रूपरेखा भी सोच लीजिए, लेकिन जहाँ लिखते-लिखते पात्र अपने व्यक्तित्व को उपलब्ध कर ले गया, वहीं वह आपके हाथ में नहीं रहता। फिर उसका चरित्र-विकास अपने आंतरिक क्रम के अनुसार होता है और आपका बनाया तथा कागज़ पर लिखा हुआ सारा ढाँचा नाकाफ़ी साबित होने लगता है।" यही कारण है कि 'अंधायुग' में नाटककार की मूल परिकल्पना और इच्छा के विरुद्ध गांधारी की ज़िम्मेदारी अश्वत्थामा सँभाल लेता है और केंद्रीय भूमिका में अनजाने-अनचाहे कृष्ण उतर आते हैं। चरित्रांकन की यह प्रक्रिया आधुनिक पश्चिमी रचना-दृष्टि से प्रभावित है।

नाटक/रंगकर्म के **उद्देश्य** के बारे में भारती एकदम स्पष्ट और निर्भ्रांत हैं। ग्रीक क्लासिक दुखांत नाटकों का विवेचन करते हुए अरस्तू तथा अन्य पश्चिमी नाट्य-चिंतकों ने विरेचन के सिद्धांत का प्रतिपादन किया। इसके अनुसार नाटक के चरित्रों का उत्थान-पतन और हर्ष-विषाद देखकर, प्रेक्षक के चेतन मन में जो अपना दुःख, निराशा, असंतोष, पीड़ा, अवसाद और अवचेतन मन में दमित कामनाजन्य कुंठा-भाव जमा रहता है, वह बह जाता है। उसके रेचन से मन स्वस्थ और स्थिर हो जाता है। समय और परिस्थितियाँ बदलीं तो मूल्य और मानदंड भी बदल गए। इब्सन, चेखव और स्ट्रीन्डबर्ग ने नए प्रयोग किए। दूसरे महायुद्ध के बाद ज्याँ पाल सार्त्र, आल्वेयर कामू, बैकेट और आयनैस्को इत्यादि ने मानवीय अस्तित्व के संकट और जीवन एवं जगत् की तर्कहीन व्यवस्था के बेतुकेपन को और भी गहराई से देखा, भोगा और अपने नाटकों में व्यक्त किया। लेकिन भारतीय चिंतन की भूमि और दिशा इससे एकदम भिन्न रही। भरतमुनि ने अपने नाट्य-शास्त्र में रस-सिद्धांत की स्थापना की। स्थायी भावों, आलंबन और उद्दीपन के सहारे उद्भूत होनेवाली रसनिष्पत्ति का गहरा, गंभीर और व्यापक विवेचन किया गया। रससिद्धांत के अनेक परवर्ती आधुनिक काव्यशास्त्रियों की तरह भारती भी विरेचन और रस को परस्पर विरोधी न मान कर सहयोगी सिद्धांत मानते हैं। उन्हीं के शब्दों में, "सतही तौर पर दोनों में अंतर लगता है, पर वास्तविकता यह है कि रेचन के सिद्धांत को भी रसनिष्पत्ति की पूर्व प्रक्रिया के रूप में समाहित कर लिया गया है। भारतीय नाट्य-चिंतन सामान्य सहज मानवीय संवेदनों को नकारता नहीं, स्वीकारता है; लेकिन वह वहीं थम नहीं जाता। वह उन्हें रसानुभूति के स्तर तक ले जाता है। यह देश तो अपने ढंग का अनूठा रहा है चिंतन-मनन के क्षेत्र में। यहाँ से वह और गहरे उतरता है और रस से मिलनेवाले आनंद को ब्रह्मानंद सहोदर बताता है। यहाँ तक कि

ब्रह्म की अनेक व्याख्याओं में एक व्याख्या वह करता है कि 'रसो वै सः' यानी ब्रह्म साक्षात् रस है। रस को दिव्यता के स्तर पर ले जाना या दिव्य को रस के स्तर पर ले आना यह भारत की समृद्ध दर्शन-परंपरा में ही संभव है। और कहाँ मिलेगी यह गहराई ? इस बात को मैं रेखांकित इसलिए कर रहा हूँ कि आप समस्त संसार की नाट्य-पद्धतियों में से जो चाहे लें, लेकिन आप जिस उदात्त परंपरा के उत्तराधिकारी हैं, उसे भी भूलें नहीं। यह हज़ारों साल से सामूहिक भारतीय अवचेतन में बसी हुई है और अनजाने ही अत्याधुनिक भारतीय मन भी इससे कहीं न कहीं जुड़ ही जाता है।'' भारती का यह सोच न तो पूर्णतः मौलिक है और न ही नया। फिर भी, वह जिस आस्था और विश्वास के साथ इसे स्वीकार करते हैं, वह नए नाटककारों में कम ही देखने को मिलता है। भारती ने इसे केवल परंपरा से प्राप्त ही नहीं किया, अपने भीतर कहीं बहुत गहरे में आत्मसात भी किया है। 'अंधायुग' के अंत में अकस्मात आ जानेवाले भागवत के रंग के पीछे केवल भारती का आस्तिक मन ही नहीं, रसवादी यह नाट्य-चिंतन भी है।

इलैक्ट्रॉनिक मीडिया के आक्रमण और दृश्यत्व के भीषण प्रभाव से आक्रांत महज़ 'प्रदर्शन' बनकर रह गए समकालीन हिंदी रंगकर्म के संदर्भ भारती का **नाट्य-भाषा** संबंधी चिंतन बहुत मूल्यवान है। मूलतः कवि नाटककार धर्मवीर भारती मानते हैं कि ऐतिहासिक दृष्टि से, ''भाषा को संस्कार तब मिलता है जब वह काव्य-भाषा के रूप में भली भाँति प्रयुक्त हो ले ताकि हर शब्द को समुचित अर्थविकास मिल जाए। खड़ी बोली को पूर्ण परिष्कार नहीं मिल पाया था। अतः प्रारम्भ में गंभीर विचारवाले शब्द बहुधा अपनी क्षमता से अधिक बोझ लादे हुए, लड़खड़ाते, हाँफते हुए लगते थे। (मसलन लक्ष्मीनारायण मिश्र की भाषा में)। या वे गद्य में प्रयोग होने पर भी कविता की छायावादी 'फैन्सी-ड्रैस' सज्जा का आभास देते थे—कुछ खोए-खोए, रहस्य में डूबे-डूबे, वर्तमान से असंगत से। दूसरी ओर, जहाँ केवल गद्यात्मकता थी, वहाँ भी एक निष्प्राणता थी, क्योंकि नाटक अन्ततोगत्वा कविता की सबसे निकटतम विधा है।''

भारती मानते हैं कि नई कविता के व्यापक आंदोलन ने भाषा को मुक्ति दी है। उसे एक ऐसी बोलचाल की भाषा का रूप दिया है, ''जो सहज होते हुए भी छिछली नहीं है और काव्यात्मक होते हुए भी सज्जित, अलंकृत, बनी-ठनी नहीं।'' ऐसी ही जीवंत नाट्य-भाषा को मोहन राकेश ने 'जीने की भाषा' कहा है। भारती का विश्वास है कि, ''अब यह वह भाषा है जो हमारे नाट्य-लेखन को, संवादों की वह प्रामाणिक जीवंतता दे सकती है, जिसके लिए पिराण्डेलो ने कहा था कि हमारे शब्द न कठिन हैं न आसान, वे बस ऐसे हैं जिनका उपयोग अनिवार्य है, जिनके अलावा अन्य शब्द उस स्थिति में उस भाव को व्यक्त नहीं कर सकते।''

दृश्य के जादू के सामने शब्द की मंत्र-शक्ति किसी भी दृष्टि से किसी भी स्तर पर कमज़ोर नहीं है। ज़रूरत इस बात की है कि हम उसकी बेपनाह ताकत को पहचानें और उसका सही तौर पर इस्तेमाल करें। भारती पुकार कर कहते हैं, ''शब्द की शक्ति

को पहचानिए और उसके सुर से अपना सुर मिलाने का पूरा प्रयास कीजिए।... शब्द की आंतरिक सामर्थ्य, शब्दों के गुंजन की आंतरिक लय, उन्हें बोलने में स्वर का उतार-चढ़ाव, शब्दों की अर्थमय गूंज, एक संपन्न नाटक का सबसे बड़ा संबल होता है।"

अपनी बात को सिद्ध करने के लिए भारती रीतिकालीन कवि बिहारी के दो दोहों का उदाहरण देते हैं :

"बतरस लालच लाल की मुरलीं धरी लुकाय
सौंह करै, भौंहनि हँसे, दैन कहे नट जाय।"

कृष्ण से बात करने की लालच में राधा बाँसुरी छुपा देती है, पूछने पर कसम खाती है 'मुझे नहीं मालूम तुम्हारी सौंह', पर भौंहों में हँसती है, लौटाने का वायदा करती है, फिर वायदे से मुकर जाती है। सिर्फ एक पंक्ति में पूरे चार नाटकीय ऐक्शन और वह भी अत्यंत तीव्र गति से। कसम खाने और भौंहों में हँसने के बीच का तनाव-उलझन, मज़ाक, छेड़छाड़ विडंबना—सब एक साथ कितनी बड़ी चुनौती है, इन दो पंक्तियों को अभिनीत करना। और दूसरे दोहे में :

"कहत, नटत, रीझत, खिजत, खिल्लत, मिलत, लजियात
भरे भौंह में करत हैं नैनुन ही सब बात।"

यहाँ बिना एक भी बाहरी कार्यव्यापार के विविध भावों की कितनी सशक्त, मितव्ययी और रोचक अभिव्यक्ति हुई है—और वह भी सिर्फ़ आँखों ही आँखों में। 'यहाँ नज़रें ही शब्द बन गई हैं। शब्द होठों से आँखों की पुतलियों से बोल रहे हैं।' नृत्याभिनय की हदें छूता हुआ यह कठिन मूकाभिनय कितना नाटकीय और अभिव्यक्तिक्षम है। इसी को शायद सात्विक आत्माभिनय कहा जा सकता है, जो कठिन अभ्यास और रियाज़ के बाद ही संभव है। अभिनेताओं को परामर्श देते हुए भारती कहते हैं—"तो बंधुओ, आपको इस शब्द के सुर को पकड़ना है। बोले गए शब्द का सुर भी, और न बोले गए शब्द का भी—और कभी-कभी बोले गए शब्दों के बीच एक मौन का अंतराल छूट जाता है, वह भी बहुत कुछ अभिव्यक्त करता है, उसे भी आपको आत्मसात् करना होगा।" इस अर्थगर्भी नाटकीय मौन का सार्थक प्रयोग हमारे आधुनिक अनेक नाटककारों ने बड़ी कुशलता और सफलता से किया है। परंतु मनोशारीरिक रंगमंच, लोकधर्मी रंग रूढ़ियों के प्रयोग और अतिमुखर राजनीतिक रंगमंच के प्रभाव के कारण शब्द की वास्तविक शक्ति और मौन की विस्फोटक ताकत प्रायः प्रस्तुतियों में उपेक्षित छूट जाती है। आकर्षक दृश्य-रचना के मोह में भाषा/शब्द से उभरते बिंबों की ओर अक्सर ध्यान ही नहीं दिया जाता। संवाद-प्रस्तुति अधिकांश प्रदर्शनों का सबसे कमज़ोर एवं गौण पक्ष होकर रह जाती है। भारती का यह कथन भावी रंगकर्म के विकास का सही दिशा-निर्देश देता है कि, "शब्द के इस तिलिस्म की कुंजी आप एक बार हासिल कर लें तो आपके रंगकर्म की समृद्धि अपरंपार हो उठेगी।"

श्रेष्ठ नाटक के **संवाद** लच्छेदार भाषा, मुहावरे, अनुप्रास और श्लेष जोड़कर दर्शकों

की क्षणिक वाहवाही लूटने के लिए नहीं होते। खेल-तमाशों के 'डायलाग' लेखक तो वास्तव में अपना खोखलापन छिपाने के लिए ही इस प्रकार के शब्दाडंबर का जादू महल खड़ा करते हैं। सच्चा संवाद तो किसी गहरे नाट्यानुभव या सूक्ष्म स्थिति को प्रस्तुत करता है और वास्तविक अभिनेता का दायित्व अपनी कल्पनाशक्ति और अभिनय-प्रतिभा से उस अनुभव एवं स्थिति को दर्शकों के सामने मूर्तिमान कर देना है।

अभिनेता कुली मात्र नहीं होता जो आलेख से शब्दों को उठाए, स्मृति में ढोए और मंच पर दर्शकों के सामने ले जाकर पटक दे। वह भी एक रचनाकार है। उसके कठिन रहस्यमय काम को विश्लेषित करते हुए भारती कहते हैं कि उसे "एक ओर तो कठिनाइयों का सामना करने के लिए अपने आत्म-बल को प्रदीप्त करना है, और दूसरी ओर अपने अहम् को पूर्णतः मिटा देना होगा ताकि आप उस पात्र को जी सकें। जिसकी भूमिका में आप अभिनय कर रहे हैं। जितनी बार जितने पात्रों का आप अभिनय करेंगे उतनी बार आप अपने अंदर मरेंगे। फ़िर पुनर्जन्म उस पात्र के रूप में जो नाटककार ने रचा है। और इस बार-बार के मरण और पुनर्जन्म के बीच अपने रंगकर्मी की अस्मिता और उसके व्यक्तित्व को अक्षुण्ण बनाए रखना है—यानी अपना आपा मिटाना भी है और उसे बनाए रखना भी है।" अभिनेता को इन तीन समानांतर परस्पर टकरानेवाली प्रक्रियाओं से गुज़रना पड़ता है। अपने आपे या अहंकार को मिटाना, दूसरे पात्र के चरित्र में डूबना और अपनी छाप बनाए रखकर पात्र के रूप में उस अनुभव/संवेदना को दर्शकों तक पहुँचाना, जो नाटककार का अभिप्रेत है। यही कारण है कि भारती अभिनय-कला को 'एक कठोर तपस्या' और 'ब्रह्म-प्राप्ति की साधना' से कम नहीं मानते। ऐसे अभिनय और अभिनेता के उदाहरण के रूप में वह इब्राहिम अल्काजी और 'वेटिंग फॉर गोदो' में किए गए उनके यादगार अभिनय का जिक्र करते हैं, जिसमें अभिनेता ने अपने ही नहीं बल्कि दर्शकों के व्यक्तित्व को भी अभिनीत चरित्र में विलीन कर नाटककार द्वारा रचित नाट्य-स्थिति को मंच पर मूर्तिमान कर दिया था। हमारे शास्त्रकारों ने शायद तादात्म्यजन्य इसी स्थिति को साधारणीकरण की संज्ञा दी है।

हमारे समकालीन रंगकर्म में **निर्देशक** की भूमिका केन्द्रीय महत्त्व की है। वही नाटककार की शाब्दिक-रचना को मंच की दृश्य-भाषा में अनूदित करता है, पुनर्रचित करता है और अन्विति एवं समग्र-प्रभाव की दृष्टि से रंग-कला के सभी तत्त्वों को सही अनुपात एवं रूपाकार में संजोता है। इसकी महत् एवं बहुमुखी ज़िम्मेदारी का उल्लेख करते हुए भारती कहते हैं कि, "निर्देशक की साधना तो और भी जटिल है। उसे तो पहले सारे पात्रों को अपने अंदर जीना पड़ता है, फिर सारे अभिनेताओं को अपनी-अपनी भूमिका का सही निर्वाह करने के लिए प्रेरित और प्रशिक्षित करना पड़ता है। हर अभिनेता की अपनी-अपनी सीमाएँ और संभावनाएँ होती हैं, उन्हें सहानुभूति से समझना होता है—फिर उन सबके अभिनय में सामंजस्य बनाना होता है। नाटक के घटनाक्रम के अनुसार हर पात्र के अभिनय का उतार-चढ़ाव देखना पड़ता है, और फिर इस पूरी

प्रक्रिया को इस तरह संचालित करना पड़ता है कि नाटक अपने चरम बिंदु तक पहुँच सके, अपने मूल कथ्य को प्रेक्षक तक सही ढंग से पहुँचाकर उनमें भी वही संवेदना जगा सके। इसे संप्रेषण मात्र नहीं कह सकते—क्योंकि यह मात्र कम्यूनिकेशन नहीं है, यह कम्यूनियन है। नाटक की समाप्ति तक प्रेक्षक भी नाटक में सहभागी हो जाता है। रंगकर्म का ही एक नया आयाम बन जाता है।'' रंगकर्म की सामूहिक प्रक्रिया में प्रेक्षक की यह सक्रिय सहभागिता ही कम्यूनिकेश को कम्यूनियन बनाती है और इसी कारण से हमारे प्राचीन शास्त्रकारों ने रंगकर्म को 'चाक्षुष-यज्ञ' की संज्ञा दी है।

स्पष्ट है कि **दर्शक** रंगकर्म का अनिवार्य और अपरिहार्य घटक है। उसके बिना रंगकर्म की कल्पना ही नहीं की जा सकती। विशिष्ट अर्थ में सहृदय, संवेदनशील और समस्तिष्क जागरूक प्रेक्षकों की बात तो जाने दें हिंदीभाषी क्षेत्रों में सामान्य खेल-तमाशे का आम दर्शक भी प्रायः नहीं है। भारती के शब्दों में, ''भारत के कुछ क्षेत्रों को छोड़ दें तो बाकी क्षेत्रों में नाटक खेलने, देखने, नाटकों को बारीकी से समझने, और नाटकों में सचमुच रस लेने के हमारे पुराने संस्कार सदियों से लुप्त हो चुके हैं और नए संस्कार जगाने के साधनों की कमी तो है ही, दर्शकों की मानसिकता भी निर्जीव जैसी हो चुकी है। उन्हें सस्ता, सतही, सुविधाजनक मनोरंजन मात्र चाहिए—सिर्फ़ दिलबस्तगी के लिए। पहले व्यावसायिक फ़िल्मों ने हिंसा, अंग-प्रदर्शन और ऊलजुलूल गीतों और कथानकों ने दर्शकों की रुचि को बिगाड़ा, फिर टी.वी.के कुछ चैनलों ने हमारी भाषा को भ्रष्ट करना शुरू किया और एक अपसंस्कृति के कीटाणु वातावरण में फैलाने शुरू किए।'' यही वह कारण और बिंदु है जहाँ से भारती पैसाकमाऊ **व्यावसायिक रंगमंच** का भी विरोध करने लगते हैं। सस्ते मनोरंजनवाले कलाहीन प्रदर्शनों से, चाहे वे कितने भी लोकप्रिय क्यों न हों, भारती विक्षुब्ध हो उठते हैं। यही कारण है कि तमिल में देवता की तरह पूजित शिवाज़ी गणेशन और मुंबई के पद्मश्री आदि मर्ज़बान के पारसी थियेटर जैसे तड़क-भड़कपूर्ण सस्ते और सतही किंतु खूब लोकप्रिय रंगमंच की खिल्ली उड़ाते हैं। इतना ही नहीं, अपनी अनेक खूबियों के बावजूद, एक व्यक्ति केंद्रित पृथ्वीराज़ कपूर के आत्म प्रदर्शनात्मक अर्द्ध-व्यावसायिक 'पृथ्वी थियेटर' को भी वह स्वीकार नहीं कर पाते। और बड़े आश्वस्त-भाव से साहसपूर्वक कहते हैं कि, ''वैसे रंगमंच और उनसे संबद्ध नाट्य-लेखन हिंदी में नहीं है, यह हमारा दुर्भाग्य नहीं सौभाग्य है ! हम एक स्वस्थ शुरुआत तो कर सकते हैं।''

नाटक को दर्शकों के समक्ष प्रस्तुत करने और प्रभावशाली प्रदर्शन बनाने में **मंच-शिल्प** की महत्त्वपूर्ण भूमिका होती है। वही नाटक के चरित्रों और प्रसंगों को विश्वसनीय देश, काल और परिवेश प्रदान करता है, प्रामाणिकता देता है। दृश्य-बंध से लेकर वस्त्र-विन्यास, रूप-सज्जा, अस्त्र-शस्त्र, संगीत और छायालोक इत्यादि सब कुछ इसके अंतर्गत आ जाता है। भारती 'मंचशिल्प में निपुणता' को रंगकर्मी के लिए अत्यंत आवश्यक मानते हैं। वह इसे सिर्फ़ अभ्यास मात्र से सीखी जा सकनेवाली कारीगरी ही

नहीं, अपितु रंगकर्मी की वास्तविक विद्या मानते हैं जो उसे 'अपने अंदर के आत्मघाती अहंकार से, कमज़ोर बनानेवाली निराशा से, जानकारियों की कमी से, अज्ञान से और अकर्मण्य बनानेवाले अनिश्चय से' विमुक्त करती है। वह रंगकर्म को अत्यंत गंभीर एवं अर्थवान कर्म मानते हुए आजीविका का साधन बनाने के विरुद्ध हैं। वास्तव में यह एक विवादास्पद विषय है। अपने मंचशिल्प एवं रंगकर्म के प्रति 'अहैतुकी श्रद्धा' आज एक बेतुकी और अव्यावहारिक अपेक्षा है। कोरा आदर्शवाद है। रंगकर्म का पेशेवर (प्रोफ़ैशनल) प्रशिक्षण पाकर वह उसे पेशा नहीं बनाएगा तो पेट कैसे भरेगा ? हाँ, इतनी उम्मीद शायद उससे की जा सकती है कि वह दर्शकों की रुचि का परिष्कार करनेवाला गंभीर, अर्थपूर्ण प्रोफैशनल थियेटर ही करे।

परिधान और रूप-सज्जा या अन्य रंग-निर्देशों के मामले में भारती प्रसाद के काफी निकट पड़ते हैं। वह इन विषयों में या तो कुछ भी नहीं कहते या हल्के संकेत-भर देकर इस क्षेत्र को निर्देशक और प्रबुद्ध-प्रवीण पार्श्वकर्मियों की समझ एवं कल्पनाशीलता के लिए खुला छोड़ देने में विश्वास रखते हैं। 'अंधायुग' के निर्देश में पर्दोंवाली प्रोसेमियम की **मंच-सज्जा** का विधान करने के बावजूद अंत में वह यह कहना भी ज़रूरी समझते हैं कि, ''मंच-विधान को थोड़ा बदलकर यह खुले मंचवाले लोक-नाट्य में भी परिवर्तित किया जा सकता है। अधिक कल्पनाशील निर्देशक इसके रंगमंच को प्रतीकात्मक भी बना सकते हैं।'' नाटककार के लिए भी भारती को लगता है कि पर्दोंवाला पारसी ही नहीं बल्कि यथार्थ-प्रकृतिवाला वस्तुधर्मी रंगमंच भी अब अनावश्यक और अप्रासंगिक हो गया है। उनके अनुसार, ''लोक-नाट्यों से लेकर आधुनिकतम सांकेतिक मंच-विधान तक एक बड़ा विशाल क्षेत्र है। उसमें से हम क्या लें, क्या नहीं, इसका कोई बँधा हुआ निर्देश नहीं हो सकता। यह तो सदा एक प्रथम कोटि के प्रतिभाशाली लेखक की अंतर्दृष्टि और प्रयोग-क्षमता पर निर्भर होता है।'' **प्रस्तुति-शैली** या नाट्य-शैली के संबंध में भी डॉ. भारती के विचार काफ़ी उदार और संतुलित हैं। उनके अनुसार, ''कुछ ने अपने को केवल लोक-नाट्य शैली से ही आबद्ध कर लिया। कुछ ने तथाकथित यथार्थवादी या जनवादी स्कूल को ही मान्यता दी। कुछ किसी और दायरे में बँध गए। आप जहाँ से जो अच्छा मिले, आपके नाट्यकर्म को नए आयाम या नया विकास दे, उसे खुले मन से स्वीकार करें पर किसी एक वाद या शैली में बँध कर अपने को सीमित न कर दें। जो नाटक आप करने जा रहे हैं उसमें नाटककार जो कह रहा है, उसी को प्रमुखता दें और उसी के अनुरूप नाट्य-शैली की परिकल्पना करें।'' भारती के इस स्वस्थ, संतुलित और सम्यक् दृष्टिकोण का ही परिणाम है कि 'अंधायुग' को इतनी अलग-अलग शैलियों और अद्भुत रंग-रूपों में प्रस्तुत किया जा सका।

अभिनेता और निर्देशक को समुचित महत्त्व देने के बावजूद भारती **नाटककार का रंगमंच** की अवधारणा में ही विश्वास करते हैं। वह नाट्यालेख को ही मूल आधारभूमि मानते हैं जिस पर रंगकर्मी प्रदर्शन का महल खड़ा करता है। भारती

समानधर्मा निर्देशक और अभिनेता के सुझावों का आदर करते हैं। उसे कुछ हद तक स्वतंत्रता देने के भी शायद पक्ष में हैं। वह स्वीकार करते हैं कि, ''निस्संदेह नाटक एक सहकारी कला है, लेकिन वह सहकारिता उसी लेखक और परिचालक में संभव हो पाती है जहाँ बुद्धि और प्रतिभा, सुरुचि और कला-संस्कार की पूँजी समान हों।'' नाटककार और निर्देशक के आपसी संबंधों की दृष्टि से निश्चय ही यह एक कठिन किंतु ज़रूरी शर्त है। दोनों का यह मिलन रचनात्मकता के समान धरातल पर ही संभव हो सकता है।

आज के रंगकर्म में **परंपरा और प्रयोग** का प्रश्न अत्यंत संवेदनशील और गंभीर प्रश्न है। इस संदर्भ में भारती की दृष्टि बिल्कुल स्पष्ट और साफ़ है। वह कहते हैं, ''परंपरा बोझ नहीं बननी चाहिए और प्रयोग फ़ैशन नहीं बनना चाहिए। प्रयोग के लिए प्रयोग करना आपको लक्ष्य से भटका सकता है। लेकिन जहाँ प्रयोग नाटक के मूल कथ्य को उभारता हो वहाँ प्रयोग श्रेयस्कर भी हो सकता है। अपने रंग-विवेक की कसौटी पर कस कर ही अपना निर्णय कीजिए।'' परंपरा ज़रूरी है लेकिन अतीत को बोझ की तरह ढोना ग़लत है। क्योंकि हमें जीना और रंगकर्म तो वर्तमान में ही करना है। इसलिए आवश्यक है कि हम परंपरा की धरोहर के सार्थक और जीवंत तत्त्वों को ग्रहण करें और अपने आज के रंगकर्म में उनका रचनात्मक प्रयोग करके नए रंगमंच को समृद्ध बनाएँ।

आज के दिग्भ्रमित जीवन, मीडिया के आक्रमण और अप-संस्कृति के घटाटोप अंधियारे के बीच रंगकर्म के **वर्तमान और भविष्य** को लेकर जहाँ आशा की कोई किरण दिखाई नहीं दे रही तब वे ऐतिहासिक साक्ष्य और अपने तर्कसंगत विवेचन से हमें यह कहकर निराश होने से बचा लेते हैं कि, ''जब किसी देश या जाति की चेतना संक्रांति काल से गुज़रती होती है, विचारधाराओं, मूल्यों या परंपराओं की टकराहटें तीखी होती हैं, तब नाट्य-चेतना का एक नवोन्मेष होता है—चाहे वह हूणों से आक्रांत कालिदास का भारत हो, चाहे पूर्व से प्रथम बार भरपूर टकराता हुआ शेक्सपियर का इंग्लैंड हो, चाहे युद्धोत्तर विघटन से ग्रस्त सार्त्र का फ्रांस हो।'' इसलिए तमाम विपरीत परिस्थितियों के बावजूद इस बात की प्रबल संभावना है कि निकट भविष्य में मौलिक तथा नवीन भारतीय नाट्य-दृष्टि तथा सार्थक और आधुनिक रंग-सृष्टि का आविर्भाव निश्चय ही होगा।

अंधायुग का काव्य-रूप

अंधायुग सहज ही युद्धोत्तर हिंदी कविता का सबसे महत्त्वपूर्ण, गहन और सार्थक वक्तव्य है और यह आकस्मिक नहीं कि वह वक्तव्य नाटक के रूप में प्रस्तुत हुआ है।

—नेमिचन्द्र जैन

अंधायुग के काव्य-रूप को लेकर जितना विवाद और मतभेद रहा है और है, उतना कम ही रचनाओं के विषय में देखने में आता है। वास्तव में इस विवाद को उठाने में स्वयं रचनाकार का हाथ भी कम नहीं है, जिसने **अंधायुग** के 'निर्देश' में इसे 'दृश्य काव्य', 'लंबा नाटक', 'नाटक', 'गीत नाट्य' और 'रंगमंच की दृष्टि में रखकर लिखा गया काव्य' के विविध नामों से अभिहित किया है। यह समस्या और भी जटिल हो जाती है जब भारती एक साँस में ये कहते हैं कि उन्होंने इसे मूलतः 'काव्य नाटक' (वर्स-प्ले) के रूप में ही लिखा था और दूसरी ही साँस में 'दृश्य-काव्य' शब्द की व्याख्या करते हुए इसे 'विजुअल पोएम'[1] भी कह डालते हैं। मेरे विचार से 'काव्य रूप' और 'दृश्य काव्य' जैसे शब्दों में काव्य का वास्तविक अर्थ 'कविता' न होकर 'साहित्य' है; इसलिए उपर्युक्त व्याख्या भ्रमोत्पादक है। यह सत्य है कि श्रेष्ठ काव्य में नाटकीयता और श्रेष्ठ नाटक में काव्यात्मकता होती ही है; परंतु देखने की बात यह है कि रचनाकार का बल किस (विधा) पर है। 'नाट्य-काव्य' अंततः 'काव्य' ही है जबकि 'काव्य नाटक' मूलतः 'नाटक' है। इस विवाद को उठाने के पीछे रचनाकार का लक्ष्य संभवतः एक ही रचना द्वारा दोनों क्षेत्रों से वाहवाही लूटने का रहा है और बहुत हद तक उसे इसमें सफलता भी मिली है। एक ओर इसे यदि नये नाटकों में शीर्षस्थ स्थान प्राप्त हुआ तो दूसरी ओर इसे नयी कविता की महत्त्वपूर्ण उपलब्धि भी स्वीकार किया गया। हिंदी समीक्षा-जगत् में इसे मूलतः 'प्रबंध-काव्य', 'काव्य-कृति' या 'नाट्य काव्य' माननेवालों की कमी नहीं है।[2] इसे

एक संपूर्ण रंगमंचीय नाटक स्वीकार करनेवालों में सर्वश्री ई. अल्काजी, सत्यदेव दुबे, मोहन महर्षि, अजितेश बनर्जी जैसे अनेक नाट्य-निर्देशक और नेमिचंद्र जैन तथा सुरेश अवस्थी जैसे रंग-समीक्षक प्रमुख हैं। इन दोनों वर्गों के बीच में आते हैं निर्देशक राजिन्दरनाथ–जो इसे एक ऐसी लंबी कविता मानते हैं जो नाटक के रूप में बहुत अच्छी नहीं है[3] और नाटककार-समीक्षक विपिन अग्रवाल जिनकी नज़र में ये न अच्छी कविता है और न सुगठित नाटक।[4]

यही क्या–हिंदी में तो सुविधानुसार 'काव्य-नाटक' को 'खंड-काव्य' और 'खंड-काव्य' को 'काव्य-नाटक' तक मान लिया गया है। **अंधायुग** ही नहीं **एक कंठ विषपायी, संशय की एक रात, आत्मजयी, उर्वशी** जैसी अनेक रचनाओं की यही स्थिति है। यह जटिल समस्या केवल व्यावहारिक ही नहीं अपितु सैद्धांतिक भी है–इसलिए उसी स्तर से इसका विश्लेषण भी करना होगा। सबसे पहले **खंडकाव्य** की परिभाषा पर ही ध्यान दें, जिसके अनुसार : "खंडकाव्य एक ऐसा पद्यबद्ध कथाकाव्य है, जिसके कथानक में इस प्रकार की एकात्म अन्विति हो कि उसमें अप्रासंगिक कथाएँ सामान्यतया अंतर्भुक्त न हो सकें, कथा में एकांगिता साहित्यदर्पण के शब्दों में एकदेशीयता हो तथा कथा-विन्यास में क्रम–आरंभ विकास, चरमसीमा और निश्चित उद्देश्य में परिणति हो।" इसके साथ-साथ, "कथा-विन्यास में नाटकीयता खंडकाव्य के आकर्षण को बढ़ा देती है। खंडकाव्य में वर्णन विस्तार नहीं हो सकता। उसकी वस्तु भावात्मक अधिक होती है, अतः गीतिकाव्य की भावप्रवणता और तीव्र अनुभूति उसमें जितनी अधिक होती है, उसका प्रभाव भी उतना ही अधिक होता है।···खंडकाव्य का कथानक पौराणिक, ऐतिहासिक, कल्पित, प्रतीकात्मक–किसी भी प्रकार का हो सकता है।"[5]

इस परिभाषा से खंडकाव्य की निम्नलिखित विशेषताओं का बोध होता है–

1. पद्य-बद्ध रचना,
2. कथा या कहानी का आश्रय जो पौराणिक, ऐतिहासिक, कल्पित या प्रतीकात्मक किसी भी प्रकार की हो सकती है,
3. कथानक में एकात्मक अन्विति और एकांगिता तथा कथा-विन्यास में क्रम···अर्थात् कार्यावस्थाओं की योजना,
4. नाटकीयता,
5. वर्णन-विस्तार का अभाव,
6. गीत-काव्य की भाव-प्रवणता और तीव्र अनुभूति, तथा
7. निश्चित उद्देश्य में परिणति।

इनमें से एक भी विशेषता ऐसी नहीं है, जो पद्य-नाटक में न पाई जाती हो। यही कारण है कि इस विषय पर काम करनेवाले लगभग सभी विद्वानों ने हिंदी साहित्य के अनेक खंडकाव्यों को 'गीति-नाट्य' या पद्य-नाटक बना दिया और दुर्भाग्य से यह परंपरा अब भी चल रही है। अब हमें देखना यह है कि उपरोक्त लक्षणों के अतिरिक्त और

कौन-सी या कौन-कौन-सी विशेषताएँ हैं, जो पद्य-नाटक की अपनी चीज हैं और इसे खंडकाव्य से अलग करती हैं।

इस संदर्भ में सबसे पहली बात जो ध्यान में रखने की है, वह यह कि पद्य-नाटक मूलतः नाटक है, अतः उसमें शेष बातों के साथ नाटक की मूलभूत विशेषताओं का होना अनिवार्य है।

भारतीय मनीषा ने **अवस्थानुकृतिर्नाट्य**[6] अर्थात् 'अवस्था के अनुकरण को नाट्य' कहा है। पात्रों की अवस्थाओं (स्थितियों, मनःस्थितियों, भाव दशाओं या 'मूड') का अभिनेताओं द्वारा दर्शकों के समक्ष अभिनय के माध्यम से अनुकरण ही 'नाट्य' है। अभिनेता (नट) में पात्र की अवस्था के आरोप के कारण ही इसे रूपक भी कहा जाता है। इसी प्रकार साहित्य दर्पणकार ने भी **दृश्य तत्राभिनेयं**[7] कहकर नाटक के आत्म तत्त्व 'अभिनय' को स्पष्टतः रेखांकित कर दिया है।

दूसरी ओर पाश्चात्य समीक्षा में भी अरस्तू से लेकर आधुनिक नाट्यवेत्ताओं तक सभी ने एक स्वर से इसी बात को बार-बार दोहराया है।[8] प्रसिद्ध पाश्चात्य नाट्य-समीक्षक ब्रैंडर मैथ्यूज का कथन ध्यातव्य है :

''सभी श्रेष्ठ नाटकों की रचना अपने समय की रंगशालाओं में लेखक के समकालीन दर्शकों के सम्मुख अभिनेताओं द्वारा प्रस्तुत करने के लिए की गई थीं।''[9]

ए. निकोल नाटक की मूल विशेषताओं का उल्लेख करते हुए कहते हैं :

"...Playwright must ever be bound by the fact that his play is disigned to be produced in a material theatre, interpreted actors who are, after all, only human and before an audience which is exceedingly human."[10]

स्पष्ट है कि रंगशाला, अभिनेता और दर्शक के माध्यम से यहाँ भी 'अभिनय' को ही नाटक के अंतिम सत्य के रूप में स्वीकार किया गया है।

अतः पद्य नाटक यदि 'अभिनय' नहीं है, तो वह कितना ही श्रेष्ठ काव्य क्यों न हो, नाटक कहलाने का अधिकारी नहीं है। सच्चे पद्य नाटक में प्रत्येक अनाटकीय तत्त्व का अनिवार्यतः बहिष्कार किया जाता है, चाहे वह अपने आप में कितना ही मूल्यवान क्यों न हो।

यहीं स्वभावतः यह प्रश्न उठता है कि काव्य और कहानी-उपन्यास के संदर्भ में सामान्यतः तथा नाटक के संदर्भ में विशेषतः बार-बार प्रयुक्त होनेवाले शब्द—'नाटकीय' का वास्तविक अर्थ क्या है ? अरस्तू ने कथा-वस्तु के मूल गुण बताते हुए 'कुतूहल' का भी उल्लेख किया है। अरस्तू के अनुसार कथावस्तु में कुतूहल की सृष्टि के लिए आवश्यक है कि ''घटनाएँ हमारे समक्ष अचानक ही उपस्थित हों।''[11] यह 'अचानक' केवल संयोग पर आधारित नहीं होना चाहिए इसके पीछे कार्य-कारण शृंखला निश्चित रूप से विद्यमान होनी चाहिए। अतः हम कह सकते हैं कि कथा का आस्वाद 'कुतूहल'

पर आधारित होता है और कुतूहल का आधार है 'आकस्मिकता'। पीकॉक 'नाटकीयता' के लिए 'आकस्मिकता' के साथ-साथ 'तनाव' को भी आवश्यक मानते हैं।[12] अनेक समीक्षकों ने 'नाटकीयता' के मूल में 'द्वंद्व' या 'संघर्ष' की सत्ता को स्वीकार किया है। तात्विक दृष्टि से देखा जाए तो 'द्वंद्व' या 'संघर्ष'—'तनाव' से बहुत भिन्न नहीं है। द्वंद्व या संघर्ष का जन्म 'आकस्मिकता' से होता है और 'तनाव' प्रायः उस स्थिति-विशेष का परिणाम होता है। इसलिए हम कह सकते हैं कि, "विचार, परिस्थिति आदि द्वंद्वात्मक स्थिति नाटकीय चरित्रों एवं परिस्थितियों के उद्‌गम-स्थल समझे जा सकते हैं। वे क्रियाएँ, जो दुरूह एवं तनाव-प्रद (टेन्स) हों, वे कथोपकथन, जो व्यक्तियों के मन की दुविधा एवं भ्रम की स्थिति के परिचायक हों, वे अनुभूतियाँ, जो आकांक्षा एवं विरति के संघर्ष से उद्‌भूत हों, अथवा वे आकस्मिकताएँ जो किसी नयी चीज का रहस्योद्‌घाटन, खोज, स्थिति-परिवर्तन अथवा विरोधी प्रवृत्ति का स्पष्टीकरण करते हों—'नाटकीयता' के उपकरण के रूप में चित्रित मिलते हैं।"[13]

कुतूहल, आकस्मिकता, तनाव, द्वंद्व और संघर्ष के तत्त्वों के थोड़े-बहुत उपयोग से लिखी गई ऐसी संवादबद्ध कविता जो न रंगमंच के दृष्टिकोण से लिखी जाती है और न अभिनेता तथा दर्शक की मोहताज ही होती है—**नाट्य-कविता** कहलाती है। स्टेंडाल ने नाट्य-कविता के विषय में लिखा है—"पात्र ऐसे लगते हैं जैसे सुंदर लालित्यपूर्ण शब्दों की खोज में रुक से गये हों।"[14] नाट्य-कविता मूलतः बंद कमरे के एकांत में पाठक को रसास्वादन करानेवाली कविता होती है, उसे दर्शकों को सम्मिलित रूप से नाट्यानुभूति प्रदान करनेवाले पद्य-नाटक से बिल्कुल भिन्न समझना चाहिए। हिंदी साहित्य की **शेरसिंह का शस्त्र समर्पण, प्रलय की छाया** (प्रसाद) **परिवर्तन** (पंत), **पंचवटी प्रसंग, राम की शक्तिपूजा** (निराला), **बंदी, जयिनी,** (सियारामशरण गुप्त), **असाध्य वीणा** (अज्ञेय), **अंधेरे में** (मुक्तिबोध) तथा धूमिल की **मोचीराम** इत्यादि इसी प्रकार की रचनाएँ हैं। स्पष्ट है कि **अंधायुग** इस प्रकार की रचना नहीं है। अतः उसे 'नाट्य-काव्य' मानना उसके भीतर के 'रंगमंच' और 'दृश्यत्व' को अस्वीकार करना होगा—जो किसी भी दृष्टि से उचित नहीं कहा जा सकता।

खंड-काव्य और नाट्य-कविता के अतिरिक्त **काव्य रूपक** को भी पद्य-नाटक से साफ तौर पर अलग करके देखना अत्यंत आवश्यक है। इस विषय में समीक्षकों को गुमराह करने में लेखकों का योगदान भी कम नहीं है।[15] आजकल **रूपक** शब्द का प्रयोग प्राचीन भारतीय नाट्य-शास्त्र के 'रूपक' वाले अर्थ में न हो कर रेडियो से प्रसारित होने वाले 'फ़ीचर' के अर्थ में होता है। **फ़ीचर** यथातथ्य चरित्रों, घटनाओं एवं सूचनाओं पर आधारित उस नाटकीय रचना को कहते हैं, जो रेडियो के माध्यम का भरपूर उपयोग करती है। लियोनेल गैमलिन के शब्दों में फीचर—

"Based on actual fact, it is presented in dramatic form with real people as the actors, or sometimes with professional actors recreating the characters of the original story or incidents."[16]

अतः जब वास्तविक व्यक्तियों या घटनाओं को उन्हीं की आवाजों में प्रस्तुत करना संभव नहीं होता (जैसा कि प्रायः होता है) तो वास्तविक व्यक्तियों के बदले अभिनेता से भी काम चला लिया जाता है। इस प्रकार सैद्धांतिक रूप से 'काव्य-रूपक' यथातथ्य सूचनाओं अथवा घटनाओं पर आधारित वह नाटकीय रचना है जो कविता (पद्य) में लिखी गई हो और रेडियो से प्रसारण-योग्य हो। अतः हिंदी समीक्षा और शोध में हमें 'काव्य-रूपक' को 'पद्य-नाटक' से अलग करके ही प्रस्तुत करना चाहिए।

काव्य-रूप की इस समस्या को थोड़ा और उलझाने में योग देता है डॉ. नगेन्द्र का शब्द **नाट्य रूपक** और आचार्य हजारी प्रसाद द्विवेदी का **रूपक नाट्य**। डॉ. नगेन्द्र 'नाट्य रूपक' के 'रूपक' शब्द को प्राचीन भारतीय नाट्य-शास्त्र के 'रूपक' से भिन्न मानकर 'रूपक अलंकार' (जिसमें उपमान का उपमेय पर अभेद आरोप होता है) से संबंधित मानते हैं, 'अन्तर यह है कि अलंकार में यह साम्य (उपमान और उपमेय का) क्षणिक और अस्थायी होता है, लेकिन 'रूपक' में स्थायी और आरंभ से अंत तक रहने वाला।'[17] इससे स्पष्ट है कि 'रूपक' में अमूर्त सिद्धांतों और मूर्त कथावस्तु में समानांतर चलनेवाली एक साम्य-भावना का होना अनिवार्य है। और यह 'फ़ीचर' (रूपक) से भी सर्वथा भिन्न है। डॉ. हजारी प्रसाद द्विवेदी ने भी 'रूपक-नाट्य' में 'रूपक' शब्द को इसी अर्थ में प्रयुक्त किया है। वह इसे दो प्रकार का मानते हैं, इनमें "या तो मानवीय मनोरागों—कामना, विलास, सन्तोष, करुणा आदि—को मनुष्य रूप में कल्पना करके नाटकीय रस-सृष्टि करने का प्रयास होता है या प्रकृति के भिन्न-भिन्न उपादानों की मानव रूप में अवतारणा की जाती है।"[18] दोनों विद्वानों ने नाटक के इस रूप को भिन्न-भिन्न मानकर भी उदाहरण समान दिए हैं। इन्होंने प्रसाद के **कामना** और पंत के **ज्योत्सना** को इसके अंतर्गत माना है। यहाँ ध्यान देने की बात यह है कि 'कामना' का माध्यम जहाँ काव्यात्मक गद्य है, वहाँ 'ज्योत्सना' विशुद्ध पद्यमय रचना है। कुछ विद्वान 'ज्योत्सना' को **प्रतीक रूपक**[19] मानते हैं। ठीक यही स्थिति सेठ गोविन्ददास के **नवरस** की है। डॉ. नगेन्द्र इसे 'नाट्य रूपक' कहते हैं और गिरजादत्त शुक्ल 'गिरीश' इसे 'प्रतीक नाटक' मानते हैं।[20] ये नाटक वास्तव में प्रतीक पर आधारित हैं अथवा रूपक पर यह सैद्धांतिक विवाद का विषय है। हमारी धारणा है कि इस प्रकार विशेषण लगाकर यदि रचनाओं को नाम दिए जाते रहे तो असंभव नहीं कि रचनाओं से अधिक उनके वर्ग बन जाएँ। अतः अच्छा यह होगा कि हम माध्यम को आधार मानकर सबको मोटे तौर पर नाटक (अर्थात् गद्य नाटक) और पद्य-नाटक के दो वर्गों में विभक्त कर लें और उसके बाद सूक्ष्म विवेचन करके उसके आत्म-तत्त्व को उद्‌घाटित करें।

अब अपेक्षाकृत कम पारस्परिक अंतर रखनेवाले प्रमुख तीन रूप शेष बचते हैं—गीति-नाट्य, भाव-नाट्य और काव्य-नाटक।

इनमें से **भाव-नाट्य** को लेकर विद्वानों में काफी मतभेद है। डॉ. नगेन्द्र भाव-नाट्य

और गीति-नाट्य में कोई तात्विक भेद नहीं मानते। उनके अनुसार इनमें केवल माध्यम की भिन्नता है, 'गीति-नाट्य सर्वथा कविताबद्ध है। भाव-नाट्यों का माध्यम गद्य होता है।'[21] आचार्य हजारी प्रसाद द्विवेदी का मत भी इसी प्रकार का है। उनके शब्दों में, 'भावावेग, कल्पना और झंकार का कवित्वमय वातावरण लिए एक और प्रकार के नाटक होते हैं, जो गद्य में लिखे जाते हैं। इन्हें 'भाव-नाट्य' नाम दिया गया है।'[22] ये दोनों विद्वान भाव-नाट्य का माध्यम 'गद्य' मानते हैं। इनके विपरीत हिंदी के सर्वाधिक चर्चित और प्रतिष्ठित 'भाव-नाट्यों' (**मत्स्यगंधा, विश्वामित्र** और **राधा**[23]) के प्रणेता पं. उदयशंकर भट्ट के अनुसार, "...भाव मानसिक आवेग हैं। इससे आंतरिक सृष्टि का संचालन होता है। इन्हीं भावों का चित्रण भाव-नाट्यों में है, इसी से मैंने इनकी संज्ञा 'भाव-नाट्य' दी है। गद्य की अपेक्षा पद्य में भावों के सूक्ष्म चित्रण, कल्पना का योग रहने तथा मर्मस्पर्शिता का अवसर अधिक रहता है।"[24]

उपरोक्त उद्धरण की अंतिम पंक्ति अत्यंत महत्त्वपूर्ण है। सभी विद्वान इस बात पर एकमत हैं कि भाव-नाट्य का संबंध मस्तिष्क की अपेक्षा हृदय से अधिक है। तीव्र संवेगात्मकता, कल्पना, कवित्वमय वातावरण, भावना की तरलता और संगीतमयता इसकी विशेषताएँ हैं। तब स्वभावतः प्रश्न उठता है कि इन विशेषताओं को संपूर्ण अभिव्यक्ति देने में क्या चिंतन, मनन और तर्क का सशक्त माध्यम 'गद्य' समर्थ हो सकता है ? हमारा विचार यह है कि इसके लिए पद्य ही सर्वाधिक स्वाभाविक और उपयुक्त माध्यम है। हाँ, 'गद्य गीतों' की तरह यदि कोई अपनी गद्य-भाषा को अनुभूतिमयी, संवेदनशील, कल्पना-प्रधान, तरल और संगीतात्मक इंद्रधनुषी रूप दे सके अर्थात् काव्य भाषा बना सके तो, अपवाद स्वरूप, गद्य में भी 'भाव नाट्य' लिखे जा सकते हैं। अतः गद्य को 'भाव-नाट्य' का एकमात्र 'माध्यम' मानना नितांत असंगत और भ्रामक है। यदि इस प्रकार के नाटकों को अलग से कोई नाम देना अत्यंत आवश्यक हो भी तो मेरी राय में 'गद्य-गीत' के साम्य पर हम इन्हें 'गद्य-गीति-नाट्य' अथवा 'गद्य-भाव-नाट्य' कह सकते हैं।

जब हम इस क्रम में 'भाव-नाट्य' से **गीति-नाट्य** पर आते हैं और 'गीति' शब्द पर विचार करते हैं, तो ज्ञात होता है कि इनके बीच का अंतर भी झीना है। कुछ विद्वान 'गीति' का संबंध 'गीत' से जोड़ते हैं तो कुछ अन्य इसे 'लिरिक' का पर्यायवाची मानने के पक्ष में हैं। इसकी परिभाषा देते हुए हीगेल ने लिखा है कि, "गीति काव्य में किसी ऐसे व्यापक कार्य का चित्रण नहीं होता जिससे बाह्य संसार के विभिन्न रूपों एवं ऐश्वर्य का उद्घाटन हो, उसमें तो कवि की निजी आत्मा के ही किसी एक रूप विशेष के प्रतिबिंब का निदर्शन होता है।" यहाँ 'वैयक्तिकता' और 'भावात्मकता' के तत्त्वों पर बल दिया गया है। अर्नेस्ट रिस के मत से, "गीति काव्य एक ऐसी संगीतमय अभिव्यक्ति है, जिसके शब्दों पर भावों का पूर्ण आधिपत्य होता है, किंतु जिसकी प्रभावशालिनी लय में सर्वत्र उन्मुक्तता रहती है।" इस परिभाषा में 'भावों' के साथ 'संगीतात्मकता' या

'लयात्मकता' के तत्त्व को रेखांकित किया गया है। नितांत वैयक्तिक 'गीति' और नितांत निर्वैयक्तिक 'नाट्य' में जब परिणय होता है, तब दोनों अपनी अतियों का त्याग कर मध्यम मार्ग पर समझौता कर लेते हैं। इसीलिए इस विधा में एक प्रकार की वस्तुपरक कलागत दूरी (आब्जैक्टिव डिस्टेंस् ऑफ आर्ट) आ जाती है। इस प्रकार हम देखते हैं कि वैयक्तिकता, अबाध-कल्पना, असीम भावुकता, विशुद्ध भावात्मकता और संगीतमयता या लयात्मकता के तत्त्व भाव (नाट्य) और गीति (नाट्य) में समान रूप से मिलते हैं और नाट्यत्व तो दोनों की मूलभूत समानता है ही। अतः स्पष्ट है कि दोनों में कोई तात्विक भेद नहीं है। इसीलिए पं. उदयशंकर भट्ट गीतिकाव्य को भाव-नाट्य का बहिरंग मानने[25] के पक्ष में हैं। लगभग यही स्थिति, पाश्चात्य समीक्षक जाफ्राय के अनुसार, गीति-नाट्य और काव्य-नाटक की भी है क्योंकि 'दोनों में समान तत्त्वों का अंतर्भाव होता है।'

फिर भी 'भाव-से 'काव्य' रस तक की एक लंबी प्रक्रिया है, जिसे उपेक्षित नहीं किया जा सकता। 'भाव-नाट्य' का विषय अत्यंत सूक्ष्म और वायवी है। इसमें मानव मन के मानसिक आवेगों की संवेदनात्मक अभिव्यक्ति होती है और स्थूल कार्य-व्यापार का प्रायः अभाव होता है। कथा के तंतु विरल होते हैं और पात्र प्रतीक बन जाते हैं।

'भाव-नाट्य' से थोड़ा आगे की स्थिति है 'गीति-नाट्य'। इसकी कथा में घनत्व की न्यूनता रहती है और आंतरिक संघर्ष की प्रधानता होती है। पात्र पूर्णतः व्यक्तित्व-संपन्न न होते हुए भी कुछ-कुछ मांसल और जीवंत प्रतीत होते हैं। यह काव्यात्मक-लयात्मक भाषा की भावात्मक शक्ति के द्वारा प्रतीकों और बिम्बों की सहायता से जीवन और जगत् की तथ्यात्मकता से आगे बढ़कर आंतरिक यथार्थ के गहन-गंभीर सत्यों का नाटकीय प्रस्तुतीकरण करता है। यह अलग बात है कि 'गीत-नाट्य' की नाटकीयता अधिक सूक्ष्म और तरल होती है।

काव्य-नाटक 'गीति-नाट्य' का अगला चरण है क्योंकि ''काव्य-नाटकों में मनुष्य का अंतर्जीवन और बहिर्जीवन एक साथ ही चित्रित होता है।''[26] साहित्य के दूसरे रूपों से पृथक् करनेवाली इसकी सबसे बड़ी विशेषता यह है कि 'आवेगों की तीव्रता के कारण काव्य-नाटक में छंदोबद्ध, लयपूर्ण और अलंकृत भाषा का व्यवहार किया जाता है।'[27] कुल मिलाकर, पुष्ट और सघन कथानक, तीव्र तनावपूर्ण स्थितियाँ, बाह्य और आंतरिक संघर्ष, मांसल व्यक्तित्व-संपन्न चरित्र, नाटकीय प्रभावशाली संरचना तथा छंदोबद्ध लयपूर्ण बिंबात्मक भाषा काव्य-नाटक की मूलभूत विशेषताएँ हैं।

इस प्रकार हम देखते हैं इन सब रूपों में गहरे में पारस्परिक सूक्ष्म अंतर विद्यमान हैं। परंतु फिर भी इनमें अनेक ऐसी स्पष्ट और प्रमुख समानताएँ हैं, जो इन्हें एक वर्ग या नाम के अंतर्गत रखे जाने का समर्थन करती हैं। एक ही साहित्य विधा के विविध रूपों में लक्ष्मण रेखा खींचना प्रायः न तो संभव ही होता है और न आवश्यक ही; क्योंकि बलात ऐसा करने पर यदि रावण रेखा के उस पार न भी जाए तो सीता ही इस पार

निकल आती हैं। इनमें पारस्परिक अंतरावलंबन की प्रक्रिया सदैव चलती ही रहती है इसलिए मेरा विचार है कि अंग्रेजी 'पोयटिक ड्रामा' के लिए हमें मौटे तौर पर 'पद्य-नाटक' और यदि 'पद्य' शब्द में कविता कम और इतिवृत्तात्मकता अधिक लगे तो 'काव्य-नाटक' शब्द का प्रयोग रूढ़ कर लेना चाहिए। इस नाम में **मत्स्यगंधा** जैसे 'भाव-नाट्य' से लेकर **अंधायुग** जैसे 'पद्य-नाटक' तक सब सहज समाहित हो जाते हैं। ऐसा नहीं है कि यह भ्रांति और अनिश्चय की स्थिति केवल हिंदी में ही हो। अंग्रेजी में भी 'ड्रेमेटिक लिरिक्स', 'लिरिकल प्ले', 'वर्स प्ले', 'पोयट्री ड्रामा' और 'पोयटिक ड्रामा' को लेकर भी लगभग यही भ्रम एवं विवाद है।

'काव्य-नाटक' न तो 'काव्य' है, न 'नाटक' और न इन दोनों का योग। टी.एस. इलियट का यह विचार पूर्णतः उचित है कि 'कविता और नाटक की रचना में अलग-अलग पारंगत होने पर कोई 'काव्य-नाटक' की रचना में सफल नहीं हो सकता और न ही दोनों का समन्वय ही काव्य-नाटक की अभिधा पा सकता है।' यह एक प्रकार से काव्य और नाटक का 'गेस्टाल्ट' है। धनंजय वर्मा के अनुसार, 'काव्य-नाटक न तो केवल ऐसा नाटक है जिसका माध्यम काव्य है और न ही केवल ऐसा काव्य है जिसकी विधि नाटक है। वह एक साथ ही एक ऐसी नाट्य-कृति है जिसका धरातल और स्तर काव्यात्मक है और ऐसा काव्य है जिसकी अनिवार्यता नाटक है।'[28] जब तक अनिंद्य सुंदरी कविता सर्वांगपूर्ण नाट्य-पुरुष के समक्ष पूर्ण समर्पित नहीं होती और जब तक वे दोनों एकात्मक नहीं होते तब तक 'काव्य-नाटक' का जन्म नहीं होता। इसलिए 'काव्य-नाटक' के काव्य-सौंदर्य को भी नाटक के संदर्भ में ही देखा जाना नितांत आवश्यक है। टी.एस. इलियट के शब्दों में :

"...If poetry is merely a decoration, an added embellishment, if it merely gives people of literary tastes the pleasure of listening to poetry at the same time that they are witnessing a play, then it is superfluous."[29]

कहने का तात्पर्य यह है कि 'काव्य-नाटक' का काव्य केवल संभार और अलंकरण के रूप में न होकर नाटक के अपरिहार्य अंग के रूप में होना चाहिए। इसमें नाटक तत्त्व, कथानक का निर्माण करता है, घटनाएँ देता है, संघर्ष देता है, पात्रों की सृष्टि करता है और काव्य तत्त्व इसमें अनुभूतियों का दान देता है।

'काव्य-नाटक' का सर्वाधिक महत्त्वपूर्ण गुण उसकी नाटकीयता है, काव्यात्मकता का स्थान उसके बाद आता है। इसलिए कोई भी सच्चा काव्य-नाटककार सदैव अपने समसामयिक रंगमंच के स्वरूप, उसकी रूढ़ियों, आवश्यकताओं और विकास-दिशाओं से पूर्णतः परिचित होता है और अपने नाट्य-लेखन में उनका समुचित उपयोग भी करता है।

आज के जटिल और संश्लिष्ट मानव जीवन के अनाटकीय नाटक को उसके सभी स्तरों और आयामों में प्रस्तुत कर पाना बहुत कठिन कार्य है। इसे न तो अकेला नाटक

और न ही अकेला काव्य पूर्णतः पकड़ सकता है। 'काव्य-नाटक' अपनी नाटकीय क्षमता और काव्यात्मक सामर्थ्य के कारण संभवतः उसे अधिक गहराई और मजबूती से पकड़कर अधिक जीवंत और सार्थक ढंग से अभिव्यक्त कर सकता है। वह एक साथ मानव जीवन की कई परतें हमारे सामने खोलता चला जाता है। इसी तथ्य को प्रसिद्ध नाट्य समीक्षक क्रिस्टोफ़र हैसेल ने काव्य-नाटक की बहुत बड़ी विशेषता मानते हुए लिखा है–"It is characteristic of Poetic Drama to move on two plaines at once, to present human figures that can simultaneously be seen and seen through."[30]

इस प्रकार हम देखते हैं कि 'काव्य-नाटक' की धारणा और उसका स्वरूप कितना ही विवादास्पद और अनिश्चित क्यों न हों, उसका महत्त्व असंदिग्ध है। हिंद्री काव्य-नाटक का इतिहासकार इस विधा का आरंभ प्रसाद के **करुणालय** (सन् 1912) से मानता है। यूँ तो इसके अंतर्गत इतिहासकारों समीक्षकों ने स्वतंत्रतापूर्व लिखित मैथिलीशरण गुप्त के 'अनघ', हरिकृष्ण प्रेमी के 'स्वर्ण विहार', भगवती चरण वर्मा के 'तारा', सियारामशरण गुप्त के 'उन्मुक्त', उदयशंकर भट्ट के 'मत्स्यगंधा', 'विश्वामित्र' और 'राधा' तथा स्वतंत्रता के बाद छपे पंत के 'शिल्पी' (शिल्पी, अप्सरा, ध्वंस शेष), 'रजत शिखर' (रजत शिखर, फूलों का देश, उत्तर शती, शुभ्र पुरुष, विद्युत वसना, शरत् चेतना), और 'सौवर्ण' (सौवर्ण, स्वप्न और सत्य, दिग्विजय), उदयशंकर भट्ट के 'अशोक वन, बन्दिनी', 'संत तुलसीदास', 'गुरु द्रोण का अंतर्निरीक्षण', 'अश्वत्थामा', भगवतीचरण वर्मा के 'महाकाल', 'कर्ण', 'द्रौपदी', गिरिजाकुमार माथुर के 'कल्पांतर', 'दंगा', 'राम', 'धरादीप', 'इंदुमती', 'व्यक्ति मुक्त', 'स्वर्ण श्री' तथा 'अमर है आलोक', सिद्धनाथ कुमार के 'सृष्टि की सांझ और अन्य काव्य नाटक' (सृष्टि की सांझ, लौह देवता, संघर्ष, विकलांगों का देश तथा बादलों का शाप) आदि के नाम गिनाये हैं। परंतु 'काव्य-नाटक' की कसौटी पर संभवतः इनमें से एक भी ऐसी रचना नहीं है जो पूरी तरह खरी उतरे। वैसे भी ये सब पूर्ण नाटकों की अपेक्षा एकांकी ही अधिक हैं। काव्यात्मकता तो थोड़ी-बहुत इन सभी में मिल जाती है परंतु जहाँ तक 'नाटक' और 'रंगमंच' का प्रश्न है, उससे इनका दूर का भी रिश्ता नहीं है। ये कृतियाँ या तो पाठ्य-क्रमों में पढ़ाने के लिए लिखी गई हैं या रेडियो से प्रसारण के लिए। इनमें कथा अत्यंत क्षीण और सपाट है। इनमें न कोई अंतर्बाह्य संघर्ष है और न नाट्य-कौशल। लंबी-लंबी कविताएँ पढ़ते या एकालाप करते एकायामी वर्गपात्र, संवादों का भ्रम तक उत्पन्न नहीं कर पाते। हाँ, बिंब-प्रतीक-रूपक से परिपूर्ण काव्य की कारीगरी और गहन गंभीर समस्याओं का फुर्सत में किया गया चिंतन अनेक रचनाओं में मिलता है। चारित्रिक अंतर्द्वंद्व और नाटकीय प्रभावपूर्ण स्थितियों की योजना इनमें खोजने पर भी नहीं मिलती। संभवतः 'रेडियो नाटक' या 'काव्य रूपक' की कसौटी पर ये अपनी विशेषताएँ अधिक अच्छी तरह उजागर कर पाएँगे। इनमें 'दृश्य' की अपेक्षा 'श्रव्य' साधनों का उपयोग ही अधिक मिलता है। इनमें से 'तारा', 'मत्स्यगंधा', 'राधा'

और 'विश्वामित्र' ही ऐसे 'पद्य-एकांकी' हैं जिनकी कथा के मूल में संघर्ष विद्यमान है और यदि लेखकों ने रंगमंच की अपेक्षाओं को ध्यान में रखा होता तो ये कृतियाँ संभवतः सफल 'काव्य-नाटक' बन जातीं।

इन परिस्थितियों में धर्मवीर भारती कृत **अंधायुग** को हिंदी का पहला पूर्ण 'काव्य-नाटक' कहना गलत नहीं होता। स्वतंत्रता के बाद इस दिशा में विशेष प्रगति नहीं हुई है। 'काव्य-नाटक' को मूलतः रंगमंच से जुड़ा पाकर और उसके कठिन अनुशासन के कारण ही संभवतः कम लेखकों ने इस दिशा में आने का साहस किया हो। 'काव्य-नाटक' की गंभीर चुनौती को स्वीकार करनेवाले कवि नाटककार हिंदी में बहुत ही कम हैं। इसीलिए 'अंधायुग' के अतिरिक्त इस क्षेत्र में केवल दुष्यंत कुमार के **एक कंठ विषपायी**, डॉ. लक्ष्मीनारायण लाल के **सूखा सरोवर,** अज्ञेय के **उत्तर-प्रियदर्शी,** भारतभूषण अग्रवाल के **अग्निलीक,** प्रभात कुमार भट्टाचार्य के **काठ महल** तथा डॉ. विनय के **एक प्रश्न मृत्यु** का ही नाम लिया जा सकता है। इस संदर्भ में महत्त्वपूर्ण तथ्य यह है कि ये सभी रचनाएँ किसी न किसी रूप में 'अंधायुग' से प्रभावित हैं। परंतु अलग-अलग अपनी तमाम विशेषताओं के बावजूद समग्रतः **अंधायुग** की साहित्यिक-रंगमंचीय ऊँचाइयों को छूने में असमर्थ रही हैं।

संदर्भ

1. इनैक्ट : मई 1972, डॉ. धर्मवीर भारती का 3-5-1972 का पत्र।
2. आचार्य नंद दुलारे वाजपेयी (धर्मयुग : 13-20 अगस्त, 1967), डॉ. रामस्वरूप चतुर्वेदी (हिंदी नवलेखन), विश्वम्भर मानव (नयी कविता : नये कवि), डॉ. सुरेश चंद्र गुप्त (हिंदी के श्रेष्ठ काव्यों का मूल्यांकन : सं. डॉ. यश गुलाटी), डॉ. हरिश्चंद्र वर्मा (अंधायुग : एक विवेचन तथा 'नयी कविता के नाट्य काव्य'), धर्मचंद मुखेजा (हिंदी साहित्य में नाट्यात्मक काव्य का स्वरूप), इन्द्रनाथ मदान, कृष्णदत्त पालीवाल, पुष्प पाल सिंह (धर्मवीर भारती : सं. लक्ष्मण दत्त गौतम), डॉ. जगदीश कुमार (नयी कविता : विलायती संदर्भ), डॉ. गो. रा. कुलकर्णी (पौराणिक काव्य : आधुनिक संदर्भ) इत्यादि।
3. Enact : May 1972 & (Ajitesh Banerjee Interviewed)
4. आधुनिकता के पहलू (कविता या नाटक या दृश्यकाव्य), पृ. 96
5. हिंदी साहित्य कोश : भाग 1, पृ. 274
6. नाट्य शास्त्र की भारतीय परंपरा और दशरूपक : डॉ. हजारी प्रसाद द्विवेदी, पृ. 80
7. साहित्य दर्पण : आचार्य विश्वनाथ (अनु. श्री शालिग्राम शास्त्री), पृ. 170
8. अरस्तू का काव्यशास्त्र : अनु. डॉ. नगेन्द्र, पृ. 64
9. नाटक साहित्य का अध्ययन : ब्रैंडर मैथ्यूज़ (अनुवादक : इन्दुजा अवस्थी), पृ. 2
10. The Theory of Drama : Allardyee Nicoll, P. 31
11. अरस्तू का काव्यशास्त्र : डॉ. नगेन्द्र, पृ. 74
12. "but surprise, and particularly tension, are the truer symptoms".— The Art of Drama, R. Peacock, p. 160

13. हिंदी गीति नाट्य : कृष्ण सिंहल, पृ. 42
14. नाटक साहित्य का अध्ययन : ब्रैंडर मैथ्यूज, (अनु : इंदुजा अवस्थी), पृ. 140
15. 'शिल्पी' के तीनों रूपकों को पंतजी ने 'काव्य-रूपक' कहा है और आलोचकों ने उन्हें आँख बंद कर 'गीति-नाट्य' का समानार्थक स्वीकार कर लिया है।
16. रेडियो-नाट्य-शिल्प : सिद्धनाथ कुमार, पृ. 67 से उद्धृत
17. आधुनिक हिंदी नाटक, पृ. 73
18. साहित्य सहचर, पृ. 123
19. देखें : हिंदी साहित्य कोश : भाग-2, पृ. 208
20. भारतीय नाट्य साहित्य : संपादक : डॉ. नगेन्द्र, पृ. 333
21. आधुनिक हिंदी नाटक, पृ. 117
22. साहित्य सहचर, पृ. 123
23. ध्यातव्य है कि डॉ. नगेन्द्र तथा कृष्ण सिंहल ने इन्हें 'गीत-नाट्य' कहा है।
24. विश्वामित्र और दो भाव नाट्य : (स्पष्टीकरण), पृ. क
25. वही, (स्पष्टीकरण), पृ. 1
26. हिंदी साहित्य कोश : भाग 1, पृ. 255
27. वही, पृ. 245
28. आस्वाद के धरातल, 166
29. Selected Prose, p. 68
30. Verse Drama : Christopher Hassall, p. 5

अंधायुग : कथ्य और शिल्प

संस्कृत में शूद्रक के बाद आधुनिक युग में भारती का 'अंधायुग' उस क्लासिक नाट्य-परंपरा का पहला महत्त्वपूर्ण भारतीय नाटक है।

–गिरीश कर्नाड

हिंदी नाटक के इतिहास में जयशंकर प्रसाद के **करुणालय** से लेकर प्रभात कुमार भट्टाचार्य के **काठमहल** और डॉ. विनय के **एक प्रश्न मृत्यु** तक काव्य-नाटक की एक लंबी परंपरा है। परंतु काव्य-नाटक को ठीक-ठीक परिभाषित करने, उसकी शक्ति और सीमा, उपलब्धि और संभावना को रेखांकित करने तथा इस विधा की नाट्यात्मक क्षमता एवं काव्यात्मक सामर्थ्य को प्रदर्शित करके श्रेष्ठ नाटक का प्रतिमान स्थापित करने में जो योगदान **अंधायुग** ने दिया है, वह इसे केवल हिंदी नाटक ही नहीं बल्कि संपूर्ण आधुनिक हिंदी साहित्य की अत्यंत महत्त्वपूर्ण कृति सिद्ध करने के लिए पर्याप्त है। आचार्य नंददुलारे वाजपेयी के मत से, "हिंदी के क्षेत्र में यह कार्य उसी भूमिका का है जिस भूमिका का कार्य टी.एस. इलियट के **मरडर इन द कैथेड्रल** नामक कृति का है।"[1] हिंदी रंगमंच के उद्‌भव, विकास, प्रयोग-समृद्धि और उपलब्धि की दृष्टि से, 'अंधायुग' निःसंदेह एक आधुनिक क्लासिक है।

महाभारतकालीन घटनाओं तथा पात्रों के बहाने से अपने समकालीन यक्ष-प्रश्नों और कुछ शाश्वत् सवालों से हमारा सीधा साक्षात्कार करानेवाली इस नाट्यकृति का नाम केवल इसलिए 'अंधायुग' नहीं है कि रचना में लेखक ने छः बार इस शब्द का प्रयोग किया है और न इसलिए कि वर्णित युग के सिंहासन पर जन्मजात अंधे धृतराष्ट्र का अधिकार था या माता गांधारी ने आँखों पर पट्टी बाँधकर स्वयं अंधता का वरण कर लिया था। सत्य तो यह है कि वह संपूर्ण युग ही भयानक अंधता से बुरी तरह और पूर्णतः आक्रांत था। विवेच्य नाट्य-कृति में, डॉ. शिव प्रसाद सिंह के शब्दों में, "...समाज़ के अंदर जो दिशाहारा स्थिति, नो इक्ज़िटवाली स्थिति–कोई रास्ता नहीं हमारे सामने,

कोई विकल्प नहीं है, हम जानते हैं कि भष्टाचार है, जानते हैं कि बेईमानी है, घूसखोरी है, कालाबाजारी है, सब कुछ है लेकिन किधर जाएँ, रास्ता क्या है इसका, कोई रास्ता नहीं है। जो यह बेचारगी की स्थिति है, इस स्थिति को ही कई नामों से पुकारा जा सकता है। इसको फ्रांस के बहुत बड़े दार्शनिक ज्याँ पाल सार्त्र ने एब्सर्डिटी यानी की निरर्थकता का बोध कहा। इसको गुस्से में आप बेहूदगी कह लीजिए। कुछ ऐसी चीज है, कुछ हम चाहते हैं कि परिवर्तन हो, नेता ईमानदार हों, हम ईमानदार हों, अफसर ईमानदार हों, लेकिन सब कुछ मिला करके लगता है कि नीचे से ऊपर तक सड़ चुका है—लेकिन क्या किया जाए, कोई रास्ता नहीं दिखलाई पड़ता···क्या इसी को प्रकारांतर से 'अंधायुग' नही कहा जा सकता ? इसी स्थिति को यदि नाम देना हो ? क्या है यह सब ? यह कौन सा युग है ? इसमें इस प्रकार की स्थितियाँ हैं कि अन्याय हम अपनी आँखों के सामने देखते हैं कि हो रहा है—द्रौपदी का चीरहरण हो रहा है, किंतु न तो अर्जुन का गांडीव उठता है और न भीम की गदा उठती है। सब मौन बैठे हुए हैं उस सभा में। बड़े-बड़े न्याय के जाननेवाले हैं, वह सब खामोश बैठे हुए हैं। ऐसी स्थिति में समय जिस संकट, जिस क्राइसिस से होकर गुजरता है तो उसको क्या नाम दिया जाए ? तो 'अंधायुग' एक ऐसा नाटक है जो मिथक यानी माइथालाजी के एक अंश को लेकर उसे आधुनिक दृष्टि से उपस्थित करने का प्रयत्न करता है।"[2]

यह युग इसलिए अंधा है क्योंकि यहाँ कौरवों से लेकर पांडवों तक और राजा से लेकर प्रजा तक सबके सब एक सर्वग्रासी युगांधता में पूरी तरह डूबे हुए हैं। आदि से लेकर अंत तक यहाँ भय का अंधापन, ममता का अंधापन और अधिकारों का अंधापन व्याप्त है जिसमें अंधे शासक, अंधे माता-पिता, अंधे आदेश, अंधे श्रोता, अंधे साँप, अंधे प्रेत, अंधे संशय, अंधी आशा, अंधी प्रतिहिंसा, अंधी प्रवृत्तियाँ, अंधी गहन गुफाएँ, अंध लोक, अंध बर्बर पशु, आत्मघाती अंध, अंध गह्वर, अंधा समुद्र और अंधा दर्शन[3] कुछ ऐसा प्रलयंकर हो रहा है कि इसने आस्था, विश्वास, विवेक, ज्ञान, न्याय, प्रकाश और भविष्य को भी अंधा कर दिया है। अंधेपन की इस अटल परंपरा में चीत्कारता-फूत्कारता यह दृष्टिहीन युग **अंधायुग** के अतिरिक्त और हो ही क्या सकता था ?

धृतराष्ट्र की जन्मजात और गांधारी द्वारा स्वयं धारण की गई अंधता के अतिरिक्त अश्वत्थामा, युयुत्सु, संजय, कृतवर्मा, कृपाचार्य, प्रहरी इत्यादि पात्रों की अंधता मूलतः उनके किन्हीं व्यक्तिगत कारणों की परिणति नहीं है। यह उस व्यापक राजनैतिक, सामाजिक और नैतिक परिवेशगत अंधता का अनिवार्य परिणाम है, जिसे भारती समग्रतः 'अंधी संस्कृति' की संज्ञा देते हैं। यह अंधायुग वास्तव में इन पात्रों की नस-नस में पैठ गया है। संभव है इस नामकरण के पीछे भारती के चेतन-अवचेतन में इलियट की प्रसिद्ध रचना **वेस्ट लैंड** अथवा बर्डेव के शब्द **डार्क नाइट** या **डार्क अरा** विद्यमान रहे हों क्योंकि, "अपने समकालीन यूरोपीय धर्मनिरपेक्ष अथवा धर्महीन (अथवा गैर-एंग्लोकैथलिक) समाज को इलियट ने वेस्टलैंड कहा। और धर्मवीर भारती ने मर्यादा-निरपेक्ष अथवा

मर्यादाहीन युग को अंधायुग बताया।"[4] बर्डेव भारती के प्रिय चिंतक भी रहे हैं। डॉ. परमानंद श्रीवास्तव के अनुसार, "रवींद्रनाथ ने धृतराष्ट्र-गांधारी संवाद में धृतराष्ट्र को मोहांध बताया था। भारती ने एक युग को ही 'अंधायुग' बताया है। अंधायुग कवि के सामने एक जीवन संकट के रूप में आता है पर सब मिलाकर वह एक अंतराल है—स्थितियों, मनोवृत्तियों, आत्माओं की विकृति से जर्जर एक अंतराल।"[5] तो क्या सचमुच 'भारती' का 'अंधायुग' किसी 'एक युग' विशेष अथवा 'अंतराल' से ही संबद्ध है ? क्या सचमुच हमारे आज के जीवन या कल के समय से इसका कोई संबंध नहीं है ? सत्य तो यह है कि विष्णुपुराणकार का 'कलियुग' ही वास्तव में भारती का 'अंधायुग' है, जिसके विषय में कहा गया है कि :

धर्म-अर्थ ह्रासोन्मुख होंगे
क्षय होगा धीरे-धीरे सारी धरती का।
सत्ता होगी उनकी
जिनकी पूँजी होगी।
जिनके नकली चेहरे होंगे
केवल उन्हें महत्त्व मिलेगा।
राजशक्तियाँ लोलुप होंगी,
जनता उनसे पीड़ित होकर
गहन गुफाओं में छिप-छिप कर दिन काटेगी।
(गहन गुफाएँ वे सचमुच की या अपने कुंठित अंतर की।)[6]

क्षयग्रस्तता, मूल्यांधता, मर्यादाहीनता, स्वार्थपरता, सत्ता-लोलुपता, चरित्रहीनता, बर्बरता, संशय और कुंठाग्रस्तता चाहे महाभारत काल की हो, चाहे प्रथम और द्वितीय विश्व महायुद्ध काल की या राष्ट्रीय स्तर पर स्वतंत्रता प्राप्ति के बाद सन् 1950-51 के आसपास की—कोई अंतर नहीं पड़ता। किसी भी देश-काल में स्थितियों, मनोवृत्तियों और आत्माओं की विकृति तथा दिग्भ्रम, मदांधता एवं विनाश ही 'अंधा युग' के जनक बनते हैं। आज के युग में जबकि डॉ. भारती के अनुसार, "कहीं आर्थिक वैषम्य के कारण, कहीं चिंतन पारतंत्र्य के कारण मनुष्य विवेक से शून्य, स्वतंत्र संकल्प से रहित, भावावेशों, या बाह्य हिप्नाटिक प्रभावों और ऐंद्रजालिक अंतर्विरोधों से परिचालित मानव-यंत्र मात्र रह गया है। यदि हम उसकी मानवीयता का पुनरुद्धार करके उसे पुनः मूल्यों की खोज और निर्धारण कर अपनी नियति के स्वामी के रूप में प्रतिष्ठित नहीं करते तो हम एक ऐसे अमानुषिक अंधकार के युग में जा गिरेंगे जो मध्य युग के भयानक से भयानक युगों से ज्यादा त्रासदायक होगा।"[7] क्योंकि हम देख चुके हैं कि कोई भी 'प्रभु' या 'महामानव', 'विज्ञान' या 'व्यवस्था' मानव-भविष्य को बचाने में असमर्थ है। भावी स्वर्णयुग का काल्पनिक उषाकाल अपने जन्म से पहले ही काला पड़ने लगा है। हम निःसंदेह एक भयानक काली रात की दहलीज़ पर खड़े हैं और अंधे युग की गहराती

हुई ये जो स्याह छायाएँ घिर रही हैं, इनका सीधा संबंध हमारे ही वर्तमान और भविष्य से है। **अंधायुग** के 'अंतराल' में नाटककार प्रेतात्मा के माध्यम से केवल पात्रों की ही आंतरिक असंगति समझने का प्रयास नहीं करता बल्कि उस संपूर्ण युग को भी अंधे समुद्र के साँग रूपक के माध्यम से गहराई तक चीर-फाड़ कर देखता-दिखाता है। उसके अनुसार—यह अंधायुग चौतरफा पहाड़ों से घिरे एक ऐसे अंधे समुद्र की तरह है जिसमें दर्रों और गुफाओं से उमड़ते हुए भयानक तूफान चारों ओर ही उसे मथ रहे हैं और नागलोक के गह्वर में एक-दूसरे से लिपटे हुए केंचुल चढ़े सैकड़ों अंधे साँप टेढ़े-मेढ़े, रेंग-रेंग कर उसके बहाव में गति पैदा कर रहे हैं अर्थात सैकड़ों धाराएँ, उपधाराएँ, सिद्धांत, विचार, मान्यताएँ और वाद परस्पर संघर्ष कर रहे हैं और अवचेतन की दमित इच्छाओं के वशीभूत होकर मोहांध और विषाक्त प्रकृति के व्यक्ति आँखों पर केंचुलों की तरह सफेद पट्टियाँ बाँधकर सर्वव्यापक अंधता और विनाश का कारण बन रहे हैं।

यहाँ शंका उठ सकती है कि इस महाभारतीय **अंधायुग** के अवतरण का मूल कारण हमारी वह आध्यात्मिक और विचारात्मक संस्कृति थी जिसने हमें नैतिक रूप से विकलांग बनाकर समय की सच्चाइयों से काट कर अंधा बना दिया था। परंतु क्या प्रमाण है कि वर्तमान युग की भौतिकवादी संस्कृति भी हमें वहीं नहीं ले जाएगी ? इसके उत्तर में मैं भविष्य की नहीं वर्तमान की बात करते हुए मात्र इतना कहना चाहूँगा कि यदि हम अपने आज को—इस भौतिक और इंद्रियपरक पश्चिमी संस्कृति को आँख खोल कर (?) देख सकें तो स्थिति में कोई भी मूलभूत अंतर नहीं दिखाई देगा। प्रसिद्ध दार्शनिक, समाजशास्त्री और चिंतक **पित्रिम सोरोकिन** के अनुसार, "जीवन का हर पहलू, हर संघटन, हर संस्था और संस्कृति एक अद्वितीय संकट के दौर से गुजर रहे हैं। बाहरी कलेवर और आंतरिक मानस रोगग्रस्त है। और इस सामाजिक शरीर का शायद ही कोई ऐसा हिस्सा हो, जो सूजा न हो, घायल न हो, शायद ही कोई ऐसा स्नायु मिले, जो समुचित ढंग से अपना कार्य कर रहा हो···काली छायाएँ निरंतर मँडरा रही हैं, हमारे लिए कुछ भी स्पष्टता से देख पाना निरंतर मुश्किल होता जा रहा है, इस गड़बड़ी में अपने को बचाकर सही दिशा में ले जाना असंभव-सा लगने लगा है। इस संक्रमण-कालीन संध्या की कालिमा घुमड़ रही है, दुःस्वप्न उभर रहे हैं, दिल कँपानेवाली डरावनी छायाएँ बढ़ रही हैं और निरंतर विकसमान संत्रास को चीर पाना कठिन हो गया है।"[8] यह स्थिति 1941 की है जिसे सोरोकिन ने एक शब्द में **कालीरात** कहा था और चेतावनी दी थी कि, "यह इंद्रियपरक संस्कृति अपराध भावना, युद्ध, क्रांति, आत्महत्या, मानसिक रोग और भयानक गरीबी को अनिवार्य रूप से जन्म देगी।" कौन कह सकता है कि उसकी भविष्यवाणी सत्य सिद्ध नहीं हुई और वह 'कालीरात' आज अंधायुग बनकर उपस्थित नहीं है, जिसमें मनुष्य के बीज-वंश तक के समूल नष्ट हो जाने का खतरा सिर पर मँडरा रहा है। और इसी बिंदु पर इस कृति का नामकरण और कृतिकार का यह कथन सत्य प्रतीत होने लगता है कि :

उस दिन जो अंधा युग अवतरित हुआ जग पर
बीतता नहीं रह-रह कर दोहराता है।

क्योंकि हमेशा कहीं न कहीं किसी न किसी मूल्य-मर्यादा (कृष्ण, ईसा, गाँधी, मार्टिन लूथर किंग) की हत्या होती रहती है और अश्वत्थामा की अमानुषिक बर्बरता, संजय की निष्क्रिय घातक तटस्थता, युयुत्सु की आत्मघाती घृणा और प्रहरियों की दासवृत्ति के गहराते अंधकार से छुटकारा पाना लगभग असंभव ही प्रतीत होता है। इसलिए 'अंधायुग' किसी विशिष्ट स्थिति अथवा युग विशेष का द्योतक न होकर अतीत, वर्तमान और भविष्य को एक साथ अपने में समाए हुए है। अतः कुण्ठा, हताशा, रक्तपात, घृणा, प्रतिशोध, विकृति, संत्रास, भय, मूल्यहीनता, कुरूपता और विध्वंस के सर्वग्रासी सूचीभेद्य अंधकार का संगत और सार्थक बिंब एवं प्रतीक है—अंधायुग। और यहीं इस अत्यंत प्रासंगिक और महत्त्वपूर्ण प्रश्न से हमारा सामना होता है कि आखिर यह 'अंधायुग' क्यों और किन परिस्थितियों में अवतरित होता है और इसके लिए ज़िम्मेदार कौन है या हैं ?

सुप्रसिद्ध नाट्य-निर्देशिका अमाल अल्काज़ी (अब अल्लाना) के शब्दों में, "Bharti assumes that darkness is blindness... In Andhayug the darkness stems from the breakdown of moral values due to the folly of man. War and destruction inevitably lead to a faithless age where nothing can be relied on. Therefore it is an Andhayug—a yug when Lord Krishna in destroyed. He who had before assumed responsibility for our actions is now no longer with us. He was the light, but man himself has cursed and destroyed him."[9]

यह इस परिस्थिति और संकट को देखने का एक कोण है कि मनुष्य ने अपने रक्षक और मसीहा को स्वयं ही समाप्त कर दिया है, इसलिए उसका अंधेरे में भटकना स्वाभाविक और अनिवार्य है। परंतु बुनियादी सवाल यह है कि वे परिस्थितियाँ कौन-सी हैं और क्यों हैं जिनमें अंधा होकर व्यक्ति 'प्रभु' तक को चुनौती देने और उसे मारने तक का दुस्साहस कर जाता है। इसलिए बात को देखने का एक कोण यह भी हो सकता है और है कि अंधेयुग का अवतरण 'प्रभु की मृत्यु' के दिन से नहीं हुआ बल्कि इसका आरंभ उसी दिन हो गया, जब हमने मान लिया कि मर्यादा की उलझी डोरी को—

सिर्फ कृष्ण में साहस है सुलझाने का,
वह है भविष्य का रक्षक, वह है अनासक्त।

और अपने समस्त कर्मों और भविष्य का संपूर्ण उत्तरदायित्व उसे सौंप कर हम निश्िंचत और आश्वस्त हो गए। व्यक्ति चाहे यह समर्पण अपनी इच्छा से करे और चाहे उसे ऐसा करने के लिए विवश किया जाए, हर हालत में, "...किसी देश की बौद्धिक

सक्रियता, जागरूकता और मौलिक चिंतना शक्ति के लिए इतिहास का इससे दुर्भाग्यपूर्ण क्षण और कोई नहीं हो सकता कि देश एक व्यक्ति के समक्ष छोटा या मूल्यहीन साबित किया जाने लगे; समूचे जन-मानस की संकल्प शक्ति और जीवन-दृष्टि को अक्षम और निःसार बनाने के लिए इससे ज्यादातर कारगर और कोई तरीका इतिहास में नहीं रहा है कि एक व्यक्ति की छाया से सारे आकाश को ढँक दिया जाए।''[10] फिर यह व्यक्ति प्रभु कृष्ण है, या कोई भी अन्य इतिहास पुरुष—कोई फ़र्क नहीं पड़ता।

शासन का 'प्रहरी' (सामान्य-जन) जब-जब तटस्थ, निर्लिप्त और दास बन जाएगा तब-तब अंधेयुग का अवतरण अनिवार्यतः होगा ही। संभवतः इसीलिए शासन को भ्रष्टाचारी और निरंकुश होने से बचाने के लिए जनता को सतत जागरूक और शक्तिशाली नियंत्रक-शक्ति बने रहना अत्यन्त आवश्यक है।

महाभारत के अट्ठारहवें दिन की संध्या से लेकर प्रभास तीर्थ में श्रीकृष्ण की मृत्यु के क्षण तक की घटनाओं पर आधारित **अंधायुग** में जो कुछ कहा गया है, जो संप्रेषणीय कथ्य है, वह आज का है। इसलिए 'अंधायुग' की मूल कथा-वस्तु यद्यपि पौराणिक है, पर उसका रेशा-रेशा आधुनिक युग की समस्याओं तथा स्थितियों से बना है।[11]

आधुनिक युग की समस्याओं तथा स्थितियों का संबंध एक ओर समग्र रूप से संपूर्ण विश्व से है तो दूसरी ओर हमारे निजी संदर्भ में भारतवर्ष से। द्वितीय विश्वयुद्ध के बाद अपने अनिश्चित भविष्य से वहाँ का मनुष्य संत्रस्त और भयभीत हो उठा। उस भय ने उसका नैतिक बोध छीन लिया। मर्यादा, आदर्श, दायित्व, मानव-मूल्य खोखले-ध्वस्त शब्द मात्र रह गए। इससे संवेदनशील साहित्यकार हाथी दाँत की नक्काशीदार मीनारों में बंद नहीं रह सके और उन्होंने युद्ध एवं युद्धोत्तर जीवन-जगत् को 'वस्तु' बनाकर अनेक कृतियों की सृष्टि की। यहीं पर एक स्वाभाविक प्रश्न उठता है, जैसा कि अनेक समीक्षकों ने उठाया भी है, भारत ने महायुद्ध को अपनी छाती पर नहीं झेला था, द्वितीय विश्व महायुद्धोत्तर यूरोप और भारत की स्थिति में कोई साम्य नहीं था, फिर 'अंधायुग' में अनुभव की तीव्रता और प्रामाणिकता तथा भारती की सच्चाई और ईमानदारी का प्रमाण क्या है ? उत्तर में फ्रांसिस स्कार्फ के **आडेन एंड आफ्टर** की ये पंक्तियाँ याद की जा सकती हैं :

"The best war poetry is necessarily written not by those who see war but by those who feel it most intensely." इस संदर्भ में स्वयं लेखक ने भी स्वीकार किया है कि—''...न केवल इस ख़्याल से कि अखिल मनुष्य जाति की नियति एक है पृथक-पृथक खंडों में विभाजित नहीं, हम एशिया के लेखक और बुद्धिजीवी यूरोप के इस संकट के प्रति जागरूक और संवेदनशील हो उठे, वरन् ठोस ऐतिहासिक वस्तु-स्थिति ने इस बात का स्पष्ट संकेत दिया कि इस वात्याचक्र से एशिया बच नहीं सकता, और जब हिरोशिमा पर पहला अणुबम गिरा तब अकस्मात हमने चौंककर अनुभव किया कि हम अब तक इतिहास की इस चुनौती को अनसुनी करते रहे तो

करते रहे पर अब इसे अनसुनी न कर सकेंगे।"[12] और 'अंधायुग' इसी चुनौती का साहित्यिक उत्तर है।

भारतीय संदर्भ में भी यदि हम ध्यान से देखें तो पता चलता है कि स्थिति अधिक भिन्न नहीं थी। लंबे संघर्ष, बलिदान और त्याग के बाद हमने स्वतंत्रता पाई थी, लेकिन उसके साथ ही हमें विभाजन का अभिशाप भी मिला था। संघर्ष के समाप्त होते ही सत्ता, शासन और भोग का युग आया। आशाएँ और कल्पनाएँ निराधार सिद्ध हुईं। भव्यता के प्रभामण्डल निस्तेज पड़ने लगे और नायकों तथा परिस्थितियों में अंतर्निहित असंगतियाँ, स्वार्थलिप्सा, मर्यादाहीनता, अविवेक और खोखल स्पष्ट दीखने लगे। कल के चाँद और सूरज आज पाँव में चुभनेवाले काँच के टुकड़े बन गए। सामान्य जन का 'मोहभंग' हुआ। पंडित नेहरू ने यूनेस्को के अधिवेशन में इसी स्थिति को 'अंतरात्मा के विध्वंस' की संज्ञा दी थी। स्वयं भारती के शब्दों में, "हम जो लेखक हैं, बुद्धिजीवी हैं, चिंतक हैं, मानव आत्मा के शिल्पी हैं, हमारे लिए इस संकट का ज्यादा अर्थ है। ...हमारे लिए तो प्रश्न यह है कि यह संपूर्ण सभ्यता जिन मूल्यों पर आधारित थी वे झूठे पड़ गए हैं, परिणाम यह है कि एक भयानक विघटन उपस्थित है, शब्द और अर्थ के बीच में विघटन है, आचरण और धारणा के बीच में खाई है, भाषा अशुद्ध और अक्षम हो गई है, अनुभूति के धरातल विक्षुब्ध हो गए हैं और मिथ्या को प्रश्रय देने लगे हैं, और परिणाम यह है कि मानवीय गौरव को कभी प्रजातंत्रवाद और कभी जनवाद और कभी अध्यात्मवाद और कभी स्वातंत्र्य, कभी दायित्व और कभी अलौकिकता के नाम पर प्रतिक्षण आहत और पददलित किया जा रहा है।"[13] इस संदर्भ और परिप्रेक्ष्य में देखने पर कौन कह सकता है कि **अंधायुग** में लहूलुहान आस्थाओं, क्षत-विक्षत विश्वासों, घायल मान्यताओं, ध्वस्त मर्यादाओं और बद्धमूल कुंठाओं का जो सड़ांध एवं तनाव भरा वातावरण आद्यंत विद्यमान है, उसका हमसे या हमारे आज से कोई सीधा रिश्ता नहीं है ? जिन विद्वानों को 'अंधायुग' में इतिहास के प्रति एक बड़ा 'अतिचार' तथा 'भारतीय संस्कृति के प्रति अन्याय'[14] दिखाई देता है, अथवा वे जिन्हें लगता है कि 'इससे न केवल जन-साधारण के अंतःकरण में निहित सत् संस्कारों को ठेस पहुँचती है, वरन् भारतीय संस्कृति को भी आघात लगता है।'[15] ऐसे विद्वानों को यह स्मरण रखना चाहिए कि इस काव्य-नाटक का मूल उद्देश्य महाभारत की कुछ घटनाओं को दोहराना मात्र नहीं है। नाटककार आज के जीवन की समस्याओं और मूल्यांधता की स्थिति को प्रस्तुत करना चाहता है और इस प्रस्तुतीकरण को प्रभावपूर्ण तथा सहज संवेद्य बनाने के लिए महाभारत के उत्तरार्द्ध की कुछ घटनाओं का 'आश्रय' भर ग्रहण कर लेता है। कथ्य में **परंपरा और प्रयोग** की दृष्टि से पौराणिक अतीत का ग्रहण भारती ने इसलिए किया क्योंकि "उन संदर्भों के माध्यम से वर्तमान के मूल्य-संकट को व्यक्त कर पाने में अधिक सफलता मैंने अनुभव की...जब मैं कहता हूँ 'युद्धोपरांत यह अंधायुग अवतरित हुआ' तब आज का युद्धोपरांत ही व्यंजित होता है।"[16] आज के जीवन को आज के पात्रों

से सीधे-सीधे अभिव्यक्ति न देने का कारण बताते हुए भारती आगे कहते हैं—"ये पौराणिक पात्र शताब्दियों से हमारे जातीय मानस से इस कदर आत्मीय हो चुके हैं कि उनके माध्यम से कही जानेवाली बात संस्कारी पाठक के मन को कई स्तरों पर अधिक गहराई से झंकृत करती है और शब्दों की संप्रेषण-क्षमता कहीं अधिक सक्रिय हो उठती है।"[17] संभवतः इसीलिए अनेक विद्वानों ने काव्य-नाटक और पौराणिक कथाओं का घनिष्ठ संबंध माना है। जे. आइजेक्स के शब्दों में—"The Texture of poetic drama is verse, its substance is myth."[18] वैसे भारती ने 'अंधायुग' में महाभारत की किसी भी महत्त्वपूर्ण घटना को मनमाने ढंग से प्रस्तुत नहीं किया है। किसी तथ्य को तोड़ा-मरोड़ा नहीं है। हाँ, उन्हें अपनी दृष्टि से देखकर नई मौलिक व्याख्या अवश्य प्रस्तुत की है। साहित्यकार को यह अधिकार होता है कि वह अपने उद्देश्य की सिद्धि के लिए, अपनी कल्पना के अनुरूप इतिहास से कुछ स्थलों को ग्रहण कर, शेष को छोड़ दे। और भारती ने अपने इसी अधिकार का उपयोग यहाँ किया है।

'अंधायुग' की सभी प्रमुख घटनाएँ तथा कौरवों और पांडवों दोनों द्वारा मर्यादा भंग के सभी उद्धरण, प्रसंग और संदर्भ **महाभारत*** से ज्यों के त्यों प्रस्तुत किए गए हैं। कौए और उल्लू के प्रतीकात्मक प्रसंग द्वारा अश्वत्थामा को अर्द्ध सत्य की प्राप्ति और पांडवों को कपटपूर्वक मारने का निश्चय;[19] पांडव-शिविर के बाहर अश्वत्थामा को शिव का विराट् रूप दीखना, उसका हार मानकर वंदना करना, शिव का प्रसन्न होकर अपनी दैवी असि प्रदान करना तथा अश्वत्थामा द्वारा पांडव-शिविर में नृशंस हत्या-कांड;[20] ब्रह्मास्त्र का प्रयोग और प्रभाव;[21] अश्वत्थामा के ब्रह्मास्त्र का उत्तरा के गर्भ पर गिरना, श्रीकृष्ण द्वारा मृत-शिशु को जीवित कर देने की घोषणा और श्रीकृष्ण का नराधम अश्वत्थामा को शाप[22] की सभी घटनाएँ महाभारत के सौप्तिक-पर्व से ली गई हैं। संजय की दिव्य-दृष्टि का लोप;[23] गांधारी का शाप और श्रीकृष्ण द्वारा उसका सहर्ष स्वीकार[24] स्त्री-पर्व से ग्रहण किए गए हैं। वनदाह की घटना[25] यदि 'महाभारत' के आश्रमवासिक पर्व से ली गई है तो अपशकुन वर्णन तथा प्रभु की मृत्यु[26] मौसल पर्व से। अंतराल (पंख, पहिए और पट्टियाँ) में वृद्ध-याचक द्वारा सम्मोहित पात्रों को दर्शक के मानसिक संदेहों को दूर करने के लिए प्रस्तुत करना 'महाभारत' के आश्रमवासिक पर्व से प्रभावित हैं जहाँ व्यासजी अपनी तपस्या के आश्चर्यजनक प्रभाव से मरे हुए वीरों को प्रकट करके, उन्हें उनके संबंधियों से मिलाकर उनके 'मानसिक संदेहों का निवारण' करते हैं।[27]

चरित्र-सृष्टि की दृष्टि से भी अधिकार-अंध धृतराष्ट्र, आँखों पर पट्टी बाँधे पुत्र-वत्सल गांधारी, दिव्य-दृष्टिवाला निष्क्रिय संजय, प्रतिहिंसा में अंधा बर्बर अश्वत्थामा तथा डाँवाडोल आस्तिक विदुर, कृतवर्मा, कृपाचार्य, द्विधाग्रस्त युधिष्ठिर (मंच से अनुपस्थित श्रीकृष्ण और बलराम)—सबके सब पात्र 'महाभारत' से लिए गए हैं और उनका चरित्र भी यथासंभव मूल रूप में ही प्रस्तुत किया गया है। इन पात्रों की महाभारत कालीन बाह्य रेखाओं के भीतर ही भारती ने अपने नाटक की मूल भावना और उद्देश्य के अनुरूप

मनवांछित रंग भरे हैं। यही कारण है कि अपने ऐतिहासिक अस्तित्व के बावजूद 'अंधायुग' में गांधारी का अत्यधिक कठोर पाषाणी-रूप, नर पशु अश्वत्थामा का श्रीकृष्ण के समानांतर प्रस्तुतीकरण और युयुत्सु का संपूर्ण दंशित चरित्र भारती की नितांत अपनी कृति हैं। कथागायक, दो प्रहरी, वृद्ध याचक जरा तथा एक पंगु गूँगा सैनिक जैसे गौण परंतु नाटकीय दृष्टि से महत्त्वपूर्ण इन पात्रों की कल्पना भी नाटककार की अपनी सृष्टि है। **महाभारत** के पात्रों के प्रत्येक कृत्य का 'क्योंकि' धर्म की दृष्टि से पूर्व नियोजित है, जब कि **अंधायुग** के पात्रों के सभी कृत्यों का 'क्योंकि' उनकी मानवीयता में छिपा है और मनोविज्ञान पर आधारित होने के कारण अधिक विश्वसनीय तथा स्वाभाविक है।

डॉ. धर्मवीर भारती ने 'अंधायुग' के प्रत्येक पात्र को मूल्यांधता के किसी न किसी रूप, स्तर या पक्ष—दैहिक, मानसिक, नैतिक और आध्यात्मिक—के प्रतीक रूप में भी प्रस्तुत किया है। आशा, विश्वास, आस्था और मर्यादा के मोरपंख तथा रक्तरँगी, भयानक अदम्य, अंधी घृणा के कौए के कटे काले पंख के बीच मानवीयता के न जाने कितने रूप-रंग इस रचना में बिखरे पड़े हैं। धृतराष्ट्र दैहिक अंधतावश, गांधारी जड़ पुत्र-मोह के कारण, अश्वत्थामा पाश्विक प्रतिशोध और अंधी घृणा के कारण संजय अपनी तटस्थता-निष्क्रियता के कारण, युधिष्ठिर अर्द्ध-सत्य-संशयग्रस्तता और युयुत्सु स्वनिर्णयहीनतावश सत्य का साक्षात्कार करने में असमर्थ है। जनसाधारण के प्रतीक प्रहरियों की कल्पित निर्लिप्तता और श्रीकृष्ण की आचरणगत मर्यादाहीनता (गांधारी के शब्दों में—'प्रभुता का दुरुपयोग') भी उसी अंधता के ही प्रतिरूप हैं, जिनके विषय में भारती का कथन है :

> भय का अंधापन, ममता का अंधापन
> अधिकारों का अंधापन जीत गया
> जो कुछ सुंदर था, कोमलतम था
> वह हार गया···द्वापर युग बीत गया।

'द्वापर युग' भले ही बीत गया हो, परंतु वह 'अंधापन' आज भी जीवित है और इस जीवित अंधेपन का महाभारत काल से लेकर आज तक ज्यों का त्यों चले आना वैसा ही बने रहना—बल्कि और अधिक गहराकर जन-मानस में पैठ जाना—इस रचना को समसामयिक संगति प्रदान करता है। डॉ. रामस्वरूप चतुर्वेदी का यह कथन सही है कि, "पौराणिक कथानक को लेकर अपने युग के प्रति इतना गहरा 'कन्सर्न' किसी अन्य रचना में कठिनाई से मिलेगा। और यह स्मरणीय है कि 'अंधायुग' समासोक्ति अथवा रूपक नहीं है, वह इतिहास की पुनरावृत्ति का सहानुभूतिपूर्ण अध्ययन है।"[28]

'अंधायुग' पाँच अंकों में विभक्त पौराणिक कथा पर आधारित एक आधुनिक पूर्ण-कालिक काव्य-नाटक है। पाँचों अंकों के प्रतीकात्मक शीर्षक दिए गए हैं—कौरव नगरी, पशु का उदय, अवश्त्थामा का अर्द्ध-सत्य, गांधारी का शाप और; विजय, एक

क्रमिक आत्महत्या, पारंपरिक ढंग के 'स्थापना' (अंधायुग) और 'समापन' (प्रभु की मृत्यु) के साथ-साथ तीसरे और चौथे अंक के बीच 'अंतराल' (पंख, पहिए और पट्टियाँ) का भी नियोजन किया गया है। स्वयं रचनाकार के शब्दों में, "ये छः शीर्षक कथा-विकास तथा मानवीय मर्यादा की सापेक्ष स्थिति को सूचित करते हैं।"[29]

फॉर्म की दृष्टि से 'अंधायुग' पर एक ओर यदि पर्दोंवाले पारसी रंगमंच का असर है तो दूसरी ओर पाँच अंकों में पारंपरिक पाँचों कार्यावस्थाओं की योजना के कारण संस्कृत के नाट्य-शास्त्र का प्रभाव भी स्पष्ट दीख पड़ता है। 'कथा गायन' में शास्त्रीय नाटक के 'सूत्रधार', लोक-नाटक की 'गायक मंडली' तथा ब्रेख्त के 'नैरेटर' के साथ-साथ ग्रीक 'कोरस' की झलक भी साफतौर से देखी जा सकती है।

इस नाटक के प्रायः प्रत्येक अंक के आरंभ और अंत में कथा-गायन की योजना है, परंतु दृश्य-परिवर्तन अथवा किसी अन्य प्रयोजन से पहले, चौथे और पाँचवें अंकों तथा 'समापन' के मध्य में भी कथा-गायन रखा गया है। इसके विपरीत, तीसरे और पाँचवें अंकों का समापन कथा-गायन से नहीं होता। 'स्थापना' तथा 'अंतराल' में भी कथा-गायन नहीं है। गंभीरता से विचार करने पर पता चलता है कि जहाँ कहीं (अंक के आरंभ अथवा अंत में) कथा-गायन नहीं है, वहाँ या तो नाटककार ने एकरसता तोड़ने के लिए इसके स्थानापन्न किसी अन्य साधन—जैसे प्रहरी (पाँचवें अंक में) या वृद्ध-याचक (अंतराल में) का उपयोग किया है अथवा नाटकीय उत्तेजना को एक निश्चित रूप देने के लिए तनावक्षण पर ही अंक समाप्त कर दिया है—जैसे तीसरे अंक के अंत में। 'स्थापना' में कथा-गायन के स्थान पर नेपथ्य से उद्घोषणा तथा मंच पर नर्तक के मूकाभिनय द्वारा मंगलाचरण की योजना की गई है। एक ओर यदि कथा-गायन के ये अंश अपनी गेयता के कारण नाटक में काव्य-रस और शब्द-संगीत की अजस्र धारा बहाते हैं तो दूसरी ओर नाटकीय कार्य-व्यापार की तीव्रता को खंडित भी करते हैं। पर्दोंवाले मंच को कल्पना के कारण नाटककार ने कथागायन का उपयोग प्रायः वातावरण की सृष्टि करने के उद्देश्य से किया है और यही कारण है कि यथार्थवादी (वस्तु-संग्रही) मंच पर इसके अनेक अंश निरर्थक और दृश्य की पुनरावृत्ति होने के कारण उबाऊ लगते हैं। इसके अतिरिक्त, कथागायन का इस्तेमाल भारती ने पात्रों के अंतर्मन को उद्घाटित करने, मंच से बाहर घटित कार्यों की सूचना देने, घटनाओं की व्याख्या करने तथा कार्य-व्यापार की शृंखला को जोड़ने के लिए भी किया है। परंतु इन्हीं सब उद्देश्यों की पूर्ति के लिए नाटककार ने 'प्रहरी' और 'वृद्ध याचक' की भी सृष्टि की है। फर्क इतना है कि वे 'कथा-गायन' की तरह मुख्य नाटकीय कार्य व्यापार से बिलकुल कटे हुए नहीं हैं। वे नाटक के पात्र हैं—विशेष रूप से वृद्धयाचक—और उनकी भूमिका नाटक से प्रत्यक्ष संबंध रखती है। फिर भी, कुल मिलाकर कथा-गायन, याचक और प्रहरियों की भूमिका में काफी दूर तक मूलभूत समानता होने से नाटक के कसाव में कमी आई है और बार-बार की पुनरुक्ति से ऊब पैदा होती है। इसीलिए 1964 के तालकटोरा-खण्डहर

वाले प्रदर्शन में अल्काज़ी ने 'कथागायन' के अनेक अंशों को काटकर नाटक की **संरचना** को कस दिया था जबकि 1974 के पुराना किला वाले प्रदर्शन में कथागायक (कोरस) पर अत्यधिक बल देने और उन्हें ज्यों का त्यों प्रस्तुत करने की धुन ने नाटक की गति को शिथिल कर दिया। डॉ. सुरेश अवस्थी के शब्दों में, "इस आयोजना में एक तो भावों और कथनों की पुनरावृत्तियाँ होती हैं और ऐसा बोध होता है कि पात्र नाटकीय क्रिया-व्यापार से अलग खड़े हैं, न उसमें नियोजित हैं और न उससे निर्मित हैं। समूचा नाटक ऐसे छोटे-छोटे संवाद-खण्डों सा लगने लगता है जो कथा-चातुर्य से जोड़ तो दिए गए हैं पर जिनमें नाटकीय शक्ति नहीं आ पाई है।"[30] परंतु ऐसा लगता है कि भारती पर भी प्लांशें की तरह 19वीं सदी के आरंभ में एक चतुर रंगमंच-प्रबंधक द्वारा दी गई इस सलाह का ख़ासा असर पड़ा है, जिसमें उसने कहा था कि, "यदि तुम चाहते हो कि जो कुछ कर रहे हो अंग्रेज़ जनता उसे समझे, तो तुम्हें यह भी बताना होगा कि तुम यह करने जा रहे हो, फिर यह बताना होगा कि यह कर रहे हो और अंत में यह भी बताना होगा कि तुम यह कर चुके हो, इसके बाद शायद वे तुम्हें समझ सकें। 'अंधायुग' जैसे कठिन और जटिल नाटक को जन-सामान्य तक सम्प्रेषित करने के लिए ही संभव है, नाटककार ने कुछ उच्च-भ्रू पाठकों-दर्शकों और समीक्षकों की नाराज़गी की परवाह न की हो।

'अंधायुग' की **कथावस्तु** प्रख्यात है और इसका आधार स्रोत महाभारत है। और बहुत दूर तक इसका **वस्तु-संघटन** तथा **रंग-विधान** भी महाभारत की कथा-शैली और वक्ता-श्रोता पद्धति से ही प्रभावित प्रतीत होता है। भारती ने महाभारत के शल्य-पर्व, सौप्तिक पर्व, स्त्री पर्व, शांति पर्व, मौसल पर्व, आश्रमवासिक पर्व, महाप्रस्थानिक पर्व इत्यादि से कुछ तीव्र एवं नाटकीय घटनाओं, प्रसंगों तथा संदर्भों का चुनाव करके उन्हें अत्यंत प्रभावपूर्ण युक्तियों से संयोजित कर दिया है। कहीं सम और कहीं विषम प्रभाव वाले दृश्यों की समानांतर योजना है तो कहीं अनेक छोटे-छोटे दृश्यों के कोलाज से एक समन्वित प्रभाव उत्पन्न किया गया है। कहीं कथागायन या दो-तीन पात्रों के वार्तालाप में प्रस्तुत प्रसंग अथवा घटना की चित्रावली प्रस्तुत की गई है तो कहीं संजय की दिव्य-दृष्टि के प्रताप का नाटकीय उपयोग करते हुए रचनाकार ने प्रत्यक्ष और परोक्ष तथा वर्तमान और अतीत अथवा भविष्य के दृश्यों को साथ-साथ प्रस्तुत करके संकलन-त्रय की कृतिम बाधाओं पर विजय प्राप्त कर समग्र प्रभाव को सघन एवं तीव्र बना दिया है। घटना, चरित्र और संवाद के सभी धरातलों पर **नाट्य-विडंबना** का बहुविधि प्रयोग 'अंधायुग' की वस्तु-संरचना की एक अन्य महत्त्वपूर्ण विशेषता है।

सुप्रसिद्ध नाट्य-समीक्षक नेमिचन्द्र जैन के अनुसार अंधायुग की संरचना में, "Devices like simultaneous and parallel action, synchronization and juxtapositon of the inner thought process and its external manifestation, constant and smooth change of locale and time, ...all these and many other old Indian dramatic conventions have been used imaginatively and often very creatively."[31]

पर्दों के विधान की दृष्टि से आकस्मिकता प्रधान पारसी थियेटर से प्रभावित होने के बावजूद भारती ने दर्शक को झटका (शॉक) देने की पद्धति को पूर्णतः अस्वीकार किया है। रचनाकार, ठीक ब्रेख्त की तरह, 'कथा-गायन', 'प्रहरी' या 'वृद्ध याचक' के द्वारा भावी घटना अथवा प्रसंग का विवरण या पूर्व-संकेत अपने पाठक-दर्शक को पहले ही देकर उसे मानसिक रूप से तैयार करके तब मुख्य दृश्य को प्रस्तुत करता है। इसलिए तथ्यात्मक दृष्टि से सही होने के बावजूद तात्विक दृष्टि से यह कहना उचित नहीं है कि "उसमें जितना संगठन है वह केवल प्रबंध-काव्य की आवश्यकताओं की पूर्ति करता है। 'या' नाटककार बार-बार प्रबंधकाव्य की कथन-शैली और कलात्मक संगठन के नियमों को अपनाने लगता है।"[32] दरअसल, 'अंधायुग' की वस्तु-संरचना में विभिन्न नाटक परंपराओं से उद्भूत एक अभिनव मिश्र प्रयोग हुआ है जो रचनाकार की मौलिकता तथा प्रतिभा का प्रमाण है।

संरचना की दृष्टि से किसी भी नाटक में 'उद्‌घाटन' का सर्वाधिक महत्त्व होता है और ब्रैंडर मैथ्यूज के मतानुसार, "अन्य कलाओं की भाँति नाटक में भी सरलता सबसे अच्छी नीति है, और वही उद्‌घाटन सबसे अधिक संतोषजनक होता है, जो सबसे सरल, द्रुत और स्पष्ट हो।"[33] 'अंधायुग' में 'उद्‌घाटन' के लिए रचनाकार ने दो एक अत्यन्त पुरानी नाट्य-युक्तियों का ग्रहण करते हुए दो प्रहरियों तथा लंबे स्वगत कथनों का प्रयोग किया है। 'कथा-गायन' के सामान्य वक्तव्य के बाद प्रहरियों के वार्तालाप से हमें अतीत की घटनाओं के संकेत देकर नाटककार धृतराष्ट्र-विदुर और गांधारी के संवादों से नाट्य-कथा को वर्तमान से जोड़ देता है। पिछली घटनाओं के अनेक महत्त्वपूर्ण संदर्भों को अन्य पात्रों के माध्यम से यथासमय प्रस्तुत करके वह उद्‌घाटन को रोचक और प्रभावपूर्ण बनाता है। पाठक-दर्शक की दृष्टि से 'अंधायुग' का **रुचि-रेखाचित्र** कुछ इस प्रकार का होगा :

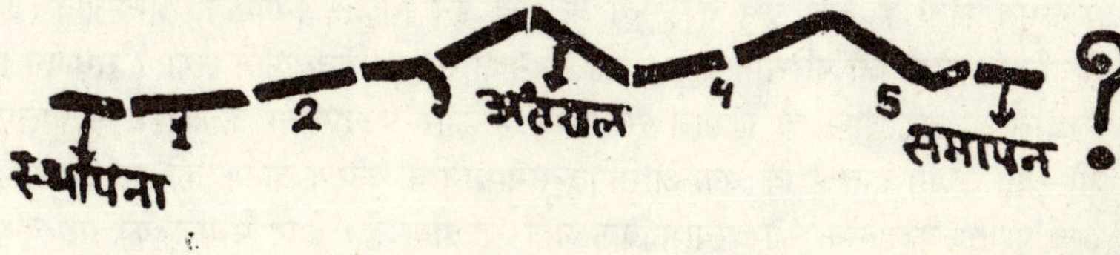

चित्र

स्थापना में पुरानी कथा की नई व्याख्या के प्रति सामान्य जिज्ञासा उत्पन्न होती है। **पहले अंक** में 'उद्घाटन' से पूर्व-कथा का ज्ञान होता है और संजय द्वारा लाए जानेवाले युद्ध समाचार के प्रति हल्की-सी उत्सुकता जागती है। **दूसरे अंक** में अश्वत्थामा का एकालाप रोचक है क्योंकि वह अश्वत्थामा के चरित्र और उसके भावी संघर्ष को निश्चित करनेवाली आंतरिक प्रेरणा अथवा कुंठा की नाटकीय जानकारी देता है। वृद्ध की हत्या में कार्य-व्यापार तीव्रता ग्रहण करता है। **तीसरे अंक** में दैत्याकार योद्धा के मायावी रूप, युयुत्सु-गांधारी प्रसंग की विडंबना, गूँगे सैनिक के करुण-त्रासद प्रसंग, दुर्योधन-भीम के द्वंद्व युद्ध के परिणाम के प्रति दर्शक-पाठक का कुतूहल निरंतर बढ़ता रहता है जो अश्वत्थामा द्वारा अर्द्ध-सत्य की प्राप्ति तथा उसकी प्रतिशोध-प्रतिज्ञा के साथ अपने चरम पर पहुँच जाता है। **अंतराल** में प्रेतलोक के से वातावरण और वृद्ध याचक के संवाद में विचित्रता के कारण रुचि पैदा होती है, किंतु युयुत्सु, विदुर तथा संजय की सपाट व्याख्याओं से वह तत्काल ही समाप्त भी हो जाती है। **चौथे अंक** के आरंभ में गांधारी के पाषाणी रूप से दर्शक प्रभावित होता है किंतु संजय-विदुर के संवादों द्वारा अश्वत्थामा के प्रतिशोध के जीवंत वर्णन भी दृश्यत्व के अभाव के कारण दर्शक को पूरी तरह बाँधे रखने में सफल नहीं हो पाते। संजय की माया में दृश्यत्व की जिज्ञासा है जबकि तर्पण-यात्रा में कोई रोचकता नहीं है। परंतु तकाल अश्वत्थामा और अर्जुन के ब्रह्मास्त्र युद्ध से क्रिया व्यापार तीव्र हो उठता है। दुर्योधन के कंकाल तथा अश्वत्थामा के प्रति कृष्ण के अन्याय के विरुद्ध गांधारी के शाप पर नाटक का कार्य-व्यापार अपनी चरम सीमा का स्पर्श कर लेता है और गांधारी की जबरदस्त ईहा से दर्शक-पाठक अभिभूत हो उठता है। यहीं कृष्ण द्वारा शाप की शांत स्वीकृति भारतीय दर्शक-पाठक के संस्कारों को तथा उसके मन में कृष्ण की परम्परागत उदात्त प्रतिमा की पुनःप्रतिष्ठा करके उसकी आस्तिक-धार्मिक भावनाओं को संतुष्ट कर एक विशेष प्रकार की तुष्टि प्रदान करती है। **पाँचवें अंक** में युधिष्ठिर की चिंता, तत्कालीन राजनीतिक स्थिति का वर्णन, युयुत्सु का आत्मघात, धृतराष्ट्र तथा गांधारी का आत्मदाह इत्यादि सभी प्रसंग लगभग विवरणात्मक ही हैं। यहाँ दर्शक-पाठक की रुचि समाप्तप्रायः होने लगती है। अंत में केवल इतनी ही जिज्ञासा शेष बचती है कि गांधारी का शाप कब और कैसे फलीभूत होता है तथा प्रभु की मृत्यु के बाद इन विकृत, निष्क्रिय, आत्मघाती और विगलित चरित्रों की परिणति क्या होगी ? इनका उत्तरदायित्व कौन लेगा ? **समापन** इन जिज्ञासाओं की तुष्टि के लिहाज से रोचक है और प्रश्नान्तता के कारण कुतूहलपूर्ण भी—यह अलग बात है कि एक आरोपित समाधान के कारण नाटक का यह आस्थामय अंत पूर्णतः कलात्मक और स्वाभाविक नहीं रह गया है। ब्रैंडर मैथ्यूज़ का यह कथन 'अंधायुग' के विषय में भी शायद सही हो कि, "नाटक ही महत्त्वपूर्ण है, कथा को समाप्त करने का ढंग नहीं। दर्शकगण जीवन के चित्र से आनंद उठाते हैं, और अधिकांश को उस नैतिक निष्कर्ष में कोई रुचि नहीं होती जो नाटक से निकलता है।"[34] फिर भी,

इतना तो कह ही सकते हैं कि 'अंधायुग' में 'अंतराल' तथा चौथे अंक के बाद का संपूर्ण नाटक संरचनात्मकता एवं दर्शक की रुचि की दृष्टि से शिथिल तथा कम रोचक है। इसके अतिरिक्त कृष्ण का विरोध करनेवाली मूल शक्ति के रूप में नायकत्व (?) का प्रश्न भी गांधारी और अश्वत्थामा के बीच उलझ जाने के कारण इसके समग्र प्रभाव की एकाग्रता एवं तीव्रता भी अपेक्षाकृत क्षीण हो गई है।

'अंधायुग' की संरचना पर गंभीरता से विचार करने के बाद अंततः हम इसी निष्कर्ष पर पहुँचते हैं कि, "Bharti is not quite certain about his theatrical design and he used far too many devices which sometime hamper the action—Still the dramatic form of Andha Yug is not only an achievement in itself it also indicates new directions for a creative exploration of many of our traditional theatrical conventions and practices for evolving a vital and distinct form for the Hindi Drama."[35]

इसका सबसे बड़ा प्रमाण यह है कि 'अंधायुग' और इसकी संरचना ने हिंदी के तमाम परवर्ती पद्य-नाटकों को प्रत्यक्ष अथवा परोक्ष रूप से बहुत दूर तक प्रभावित किया है।

'अंधायुग' के विवादास्पद **चरित्र** हिंदी रंगमंच की एक विशिष्ट उपलब्धि हैं। ये आर्केटाइपनुमा पौराणिक रूप-रंगवाले आधुनिक चरित्र किसी भी कल्पनाशील नाट्य-निर्देशक तथा प्रतिभा-संपन्न अभिनेता के लिए एक चुनौतीपूर्ण आकर्षण रहे हैं। सुप्रसिद्ध नाट्य-निर्देशक इब्राहिम अल्काज़ी के अनुसार, "They are clearly defined. Each character has a characteristic rhythm and language which sets him apart from the others. Aswatthama, Sanjay, Yuyutsu, Yudhishtir, Gandhari, Dhritarashtra...each is chiselled out with a few sharp coutours, each has a texture and a grain uniquely his own. And yet they remain part of a composite whole, in the sense in which Rodin's The Burghers of Calais are."[36] इसके विपरीत साहित्य-समीक्षकों का एक वर्ग ऐसा भी है जो महसूस करता है कि, "महाभारत में पाण्डव सत् के प्रतीक हैं, कौरव असत् के, कृष्ण विवेक के। सामान्य धारणा अभी तक ऐसी ही रही है। 'अंधायुग' में कृष्ण और युधिष्ठिर भी दुर्योधन की पंक्ति में खींचकर खड़े कर दिए गए हैं।"[37] परंतु यहाँ विचारणीय प्रश्न यह है कि यदि किसी हद तक यह सच है भी तो ऐसा किया क्यों गया ? पात्रों को केवल प्रतीक रूप में प्रस्तुत करना नाट्य-कला की दृष्टि से नाटककार की बहुत बड़ी कमज़ोरी होती है। नाटक गुण-दोष संपन्न जीवंत-मांसल मानवीय पात्रों की अपेक्षा करता है। संभवतः इसीलिए 'अंधायुग' के पात्र अपने प्रतीकार्थ रखते हुए भी केवल प्रतीक-मात्र नहीं हैं। दूसरे, पात्रों को सत्-असत् के वर्गों में बाँटकर स्थिर पात्रों के रूप में चित्रित करना भी आधुनिक दृष्टि से उचित नहीं माना जाता, इसलिए भारती ने अपने पात्रों

को व्यक्ति-पात्र की रंगत देकर प्रस्तुत किया है। नाटककार ने 'अंधायुग' के प्रत्येक पात्र को मानवीय धरातल पर प्रतिष्ठित कर मानवीय दृष्टि से देखा है। और यही दृष्टि इन पौराणिक पात्रों को आधुनिक भंगिमाएँ प्रदान कर सकी है। इस प्रकार भारती ने अपनी कृति में किसी महत् चरित्र को छोटा नहीं किया है अपितु दिव्य की मानवीय धरातल पर प्रतिष्ठा कर मानव-प्रगति के आगामी सोपानों का निर्देश किया है और मानवीय गौरव की स्थापना की है।

कृष्ण 'अंधायुग' का केंद्रीय, जटिल, महत्त्वपूर्ण और रोचक चरित्र है। नाटककार ने इस चरित्र का दोहरी भंगिमा के साथ नाटकीय प्रस्तुतीकरण किया है। एक ओर कृष्ण 'प्रभु' हैं, जिनके विषय में भारती की धारणा है कि मर्यादा की उलझी हुई डोरी को– 'सिर्फ कृष्ण में साहस है सुलझाने का, वह है भविष्य का रक्षक, वह है अनासक्त' और 'समापन' में प्रभु की मृत्यु से पूर्व की यह वंदना :

दो मुझे शब्द, दो रसानुभव, दो अलंकरण,
मैं चित्रित करूँ तुम्हारा करुण रहस्य-मरण।

'अंधायुग' के कृष्ण इतिहास के नियंता हैं, मानव-नियति हैं और काफी दूर तक भागवत से प्रभावित भी हैं। परंतु इनके इस 'प्रभु' रूप के साथ-साथ पूरे नाटक में इनका एक दूसरा 'मानव' रूप भी झलकता दिखाई देता है। यही कारण है कि संपूर्ण नाटक में कहीं भी भारती ने उनके आसपास दिव्यता का आभा-मंडल नहीं रचा है और उन्हें अश्वत्थामा के विरुद्ध समीन धरातल पर खड़ा कर एक सामान्य 'व्यक्ति' के रूप में प्रस्तुत किया है। यह उनका सामान्य व्यक्ति का ही रूप है जिससे कि आरंभ में उन्हें 'प्रभु' मानकर चलनेवाला पात्र भी किसी विशिष्ट मनःस्थिति में उन्हें अन्यायी, मर्यादाहीन, निकम्मी-धुरी और वंचक तक कहने का साहस कर लेता है। प्रभु और मानव के यह दोनों रूप आपस में एक रहस्यमय ढंग से कृष्ण के चरित्र में कुछ और इस प्रकार अन्तर्भुक्त हो जाते हैं कि संपूर्ण अनास्था और विरोध के बावजूद अश्वत्थामा और युयुत्सु जैसे अत्यंत प्रबल चरित्र भी अंततः उसके समक्ष नतमस्तक हैं। कृष्ण के माध्यम से कवि-नाटककार ने मानव के गौरव की प्रतिष्ठा भी की है और मानव के लिए उसके आगामी सोपान तक पहुँचने का मार्ग भी आलोकित किया है :

पता नहीं
प्रभु है या नहीं
किंतु, उस दिन यह सिद्ध हुआ
जब कोई भी मनुष्य
अनासक्त होकर चुनौती देता है इतिहास को,
उस दिन नक्षत्रों की दिशा बदल जाती है।
नियति नहीं है पूर्व-निर्धारित–
उसको हर-क्षण मानव-निर्णय बनाता मिटाता है।

'याचक' के संवादों में कृष्ण के चरित्र के इस द्वैत के दर्शन बार-बार होते हैं। एक ओर वह कृष्ण की अलौकिक शक्तियों की ओर इंगित करता है और दूसरी ओर उन्हें बार-बार सामान्य 'व्यक्ति' कहकर पुकारता है जो अपनी दृढ़ इच्छा-शक्ति और अनासक्त कर्तव्य पालन से नक्षत्रों की गति तक बदल सकता है, जो मानव-नियति और भविष्य का नियंता है, जो समय और परिस्थितियों से निर्धारित नहीं होता बल्कि स्वयं उन्हें निर्धारित करता है। कृष्ण के भागवतवाले परंपरागत प्रभु-रूप का प्रस्तुतीकरण भारती ने कथा गायन द्वारा करवाया है और इसके विरुद्ध उनके मानवी रूप का चित्रण स्वयं कृष्ण के कार्य-कलापों द्वारा प्रस्तुत किया है। कृष्ण के चरित्र के इस संश्लिष्ट स्वरूप के दर्शन 'प्रभु की मृत्यु' के समय भी होते हैं। कृष्ण एक बिल्कुल सामान्य व्यक्ति की तरह—बल्कि उससे भी हीनतर दशा में—पशुवत्—मारे जाते हैं, परंतु जिस प्रकार वह मरते हैं (अश्वत्थामा के शब्दों में "दिव्य शांति छाई थी, उसके स्वर्ण मस्तक पर।") और उनकी मृत्यु का जो प्रभाव सब पर पड़ता है, जैसे क्षण-भर को उनके शत्रु भी उनके अवसान को अपनी निजी हानि मान असहाय से हो जाते हैं—वह सब प्रभुवत् है, अलौकिक है।

'कृष्ण' का चरित्र नाटक में अप्रस्तुत रहकर भी केंद्रीय चरित्र है और नाटक के सभी पात्र सौर-मंडल के ग्रहों की तरह इसी सूर्य के इर्द-गिर्द घूम रहे हैं। सब पात्रों की धुरी (निकम्मी ?) वास्तव में कृष्ण ही हैं।

अश्वत्थामा और कृष्ण में शत्रुता का संबंध है। वे दोनों एक-दूसरे के बिल्कुल विपरीत हैं और यह विपरीतता का संबंध ही उन्हें कहीं बहुत गहरे में जोड़े हुए है। अश्वत्थामा के मन में यदि कृष्ण के प्रति अटूट आस्था न होती और कृष्ण (तथा युधिष्ठिर) के मर्यादाहीन आचरण से उसका मोह-भंग न होता तो अश्वत्थामा का वह पशु-रूप कभी न होता, जो घृणा और प्रतिशोध के उबलते लावे सा 'अंधायुग' में आद्यंत विद्यमान है। वह इनका अटूट संबंध ही है जो नाटक के अंत में अश्वत्थामा को कृष्ण के समक्ष सादर ला खड़ा करता है।

कृष्ण और **गांधारी** का पारस्परिक संबंध भी अत्यंत जटिल और गहरा है। कृष्ण गांधारी को 'माँ' कहते हैं। परंतु गांधारी को यह शब्द जलते हुए लोहे की सलाखों सा चुभता है, उनकी दृष्टि में कृष्ण वंचक है क्योंकि उसने अपनी सुविधानुसार मर्यादा को अपने हित में बदल लिया है। पुत्र-स्नेह और मोहान्धता के कारण अति कटु होकर गांधारी कृष्ण को अपना सबसे बड़ा शत्रु समझ पशुवत् मरने का शाप देती है और कृष्ण उसे पुत्रवत् सहज विनम्रता से स्वीकार कर लेते हैं। इसी चरम बिन्दु पर पाषाणी गांधारी से करुणा का झरना फूट पड़ता है :

> रोई नहीं मैं अपने
> सौ पुत्रों के लिए
> लेकिन कृष्ण तुम पर

मेरी ममता अगाध है।
कर देते शाप यह मेरा तुम अस्वीकार
तो क्या मुझे दुःख होता।
मैं थी निराश, मैं कटु थी,
पुत्रहीना थी।

आग की लपटों में अपने जीवन को होम होते देख भी गांधारी को कृष्ण की ही याद आती है और उन्हें लगता है कि अपने शाप की आग में पहली समिधा वह स्वयं ही बन रही हैं। पुत्र-शोक से जर्जर, कातर, विह्वल, विक्षिप्तप्रायः कटु गांधारी का दृढ़ पाषाणी चरित्र अंधायुग की उपलब्धि है। गांधारी को ज्ञात है कि :

निर्णय के क्षण में विवेक और मर्यादा
व्यर्थ सिद्ध होते आए हैं सदा
हम सबके मन में कहीं एक अंध गह्वर है।
बर्बर पशु, अंधा पशु वास वहीं करता है,
स्वामी जो हमारे विवेक का

इसीलिए बाहर के वस्तु-जगत् के झूठे आडम्बर से घृणा कर उसने स्वेच्छा से आँखों पर पट्टी बाँध ली थी। परंतु अपनी आँखें मूँद लेने से वस्तु-जगत् नष्ट नहीं हो जाता और न ही बदल जाता है। उसका प्रभाव सबको झेलना पड़ता है। उसके तीव्र-भयंकर प्रभाव से गांधारी तिलमिला उठती हैं और ममता के अंधेपन में कृष्ण को शाप तक दे डालने का दुस्साहस करती हैं। युयुत्सु को तीक्ष्ण व्यंग्य-बाणों से बेधकर जिस प्रकार वह बिना रुके, बिना उसकी मर्म व्यथा सुने तेज़ी से चली जाती हैं, वह प्रसंग अद्‌भुत नाटकीयता और मानवीय करुणा से ओतप्रोत है। चौथे अंक में भी अवसर पाते ही गांधारी युयुत्सु को व्यंग्याहत किए बिना नहीं रहती :

पुत्र कहीं छिप जाओ
प्राण बचाओ
अब तुम्हीं हो आश्रय
अपने अंधे पिता वृद्ध माता के

अपने विषाक्त तीव्र व्यंग्य-बाणों से समय-समय पर युयुत्सु को मर्माहत करने वाली, अश्वत्थामा की प्रलयंकर बर्बरता से आनंदित होनेवाली इस पाषाणी गांधारी की व्यथा व्यापक स्तर पर यह है कि :

कृष्ण सुनो !
तुम यदि चाहते तो रुक सकता था युद्ध यह !

और व्यक्तिगत स्तर पर अपने पुत्र के अस्थिशेष—कंकाल को देखकर उसके भीतर की माँ चीत्कार उठती है—'मैंने प्रसव नहीं किया था। कंकाल वह।' इस प्रकार गांधारी के चरित्र में भारती ने पत्नी, शत्रु, माँ और भक्त के विविध रंग भरे हैं।

विदुर और कृष्ण का पारस्परिक संबंध भक्त-भगवान जैसा है (मैं विदुर हूँ। कृष्ण का अनुगामी, भक्त और नीतिज्ञ)। उन्हें कृष्ण पर अगाध श्रद्धा और 'अंध' विश्वास है, यद्यपि कभी-कभी उन्हें प्रभु के 'बिल्कुल निकम्मी धुरी' होने का संदेह होने लगता है परंतु 'संशय पाप है और मैं पाप नहीं करना चाहता' कहकर वह पुनः अपनी अंधता के गह्वर में घुस जाते हैं। उनका चरित्र एक ऐसे बिंदु के समान है जो सीधी रेखा में कृष्ण तक पहुँचाता है, यह अलग बात है कि उस सीधी रेखा में कहीं-कहीं हल्का सा कंपन भी महसूस होता है।

संजय यद्यपि तटस्थ है फिर भी उसकी अंतिम इच्छा हर हालत में 'प्रभु' (कृष्ण) तक पहुँच जाने की है। **वृद्ध याचक** अपने घोषित भविष्य को अपनी शक्ति से पलट देनेवाले अनासक्त व्यक्ति—कृष्ण—से अभिभूत है और एक अद्‌भुत विश्वास की डोर से बँधा है और अंत में उन्हीं का मरण उसे प्रेतकारा से मुक्त करता है।

कृष्ण के प्रति सर्वाधिक आस्था **युयुत्सु** की है। इसीलिए उनके प्रति अनास्था का सबसे प्रबल स्वर भी युयुत्सु का ही है। युयुत्सु की सारी त्रासदी के लिए कृष्ण ही उत्तरदायी हैं, कम से कम युयुत्सु को यही लगता है। युयुत्सु आरंभ में आस्था और विश्वास से और बाद में अनास्था और अविश्वास के माध्यम से कृष्ण से पूरी तरह जुड़ा हुआ है। शेष सब पात्र भी कृष्ण के ही पक्ष या विपक्ष में हैं, इसलिए किसी न किसी स्तर पर उनसे घनिष्ठ रूप से जुड़े हैं।

इस प्रकार हम देखते हैं कि कृष्ण दैहिक रूप से मंच पर एक बार भी उपस्थित न होने के बावजूद नाटक में हर पल विद्यमान हैं—कहीं विभिन्न पात्रों के संवादों के माध्यम से, कहीं वन्दना और कथा गायन द्वारा, कहीं रथ की घंटियों में, कहीं कृष्ण-छाया और कृष्ण-ध्वनि के रूप में, कहीं नेपथ्य में बलराम से वार्तालाप द्वारा और कहीं वंशी की तान तथा गिरते हुए मोरपंख के प्रतीकों के माध्यम से। प्रसिद्ध नाट्य-समीक्षक नेमिचंद्र जैन के शब्दों में :

"In fact the relationship of all other characters to Krishna, who himself does not appear in person except through his voice after Gandhari's curse, is one of the major threads which bind the play and its action together."[38]

यह कैसी विडंबना है कि अनास्था, अविश्वास, हिंसा, प्रतिशोध, अधिकार-लिप्सा और घृणा से ओतप्रोत 'अंधायुग' के भयानक वातावरण में केवल कृष्ण ही (गांधारी के शाप को स्वीकार कर) मानवीय प्रतिक्रिया का संकेत देते हैं और अंततः उन्हीं को पशुवत् मरना पड़ता है। इस प्रकार, सुश्री कीर्ति जैन के विचार से, "On the one hand he is breaking the cycle of violence and on the other he is providing a continuity on the level of animal existence, by his animal-like death."

कृष्ण के इस भव्य चरित्र के ठीक विपरीत, विशुद्ध प्रयोग-दृष्टि से, यदि गांधारी

के शाप के बाद कृष्ण की शांत, गंभीर, घनी और मधुर ध्वनि को षड्यंत्रपूर्ण, चालाक, खोखली और खलत्वपूर्ण आवाज़ में बदल कर देखें तो आप पाएँगे कि 'अंधायुग' के कृष्ण को एक बिल्कुल नया आयाम मिल जाता है। वह प्रभु, ईश्वर या पुरुष-श्रेष्ठ की भूमिका से उतर कर आज के सत्ता-लोलुप स्वार्थी राजनीतिज्ञ के चेहरे में साफ पहचाने जाने लगते हैं। कृष्ण के संवाद समकालीन नेताओं के आकर्षक परंतु निष्फल नारों-वादों और स्पष्टीकरणों की तरह बेशर्म कूटनीति का ही एक घिनौना रूप प्रतीत होने लगते हैं :

तुमने किया है प्रभुता का दुरुपयोग

× × ×

वंचक था, कायर था, शक्तिहीन था वह
बचा नहीं पाया परीक्षित को या मुझको

'आरंभ' और 'अंत' को यदि छोड़ दें तो मूल नाटक में कृष्ण की भूमिका बहुत कुछ नायक का मुखौटा ओढ़े एक खलनायक जैसी ही है। 'अंधायुग' के कृष्ण न तो भविष्य के रक्षक हैं और न ही अनासक्त। वह पांडवों और प्रकारांतर से अपनी विजय के प्रति प्रतिबद्ध हैं। उनकी दृष्टि पूरी तरह साधन के बजाए साध्य पर टिकी है और उसके लिए वह कोई भी चाल या हथकंडा इस्तेमाल करने से हिचकिचाते नहीं हैं। लेकिन आश्चर्य होता है यह देखकर कि सभी पात्रों की असंगति का विश्लेषण करनेवाला नाटककार कृष्ण की असंगति पर उँगली रखने में क्यों डर जाता है ?

इस दृष्टि से कृष्ण के इस खलनायकत्व का विरोध करनेवाला ही इस नाटक का **नायक** (केंद्रीय चरित्र) होना चाहिए। इस विरोध की शक्ति पहले **गांधारी** में है और शाप के बाद इसे **अश्वत्थामा** सभालता है। परंतु ये दोनों विद्रोही अंततः कृष्ण के तथाकथित प्रभुत्व के समक्ष झुक जाते हैं—किसी न किसी रूप में इसके ईश्वरत्व को स्वीकार कर लेते हैं। इस स्थिति में, पूरी कृति में सिर्फ एक पात्र बचता है जो अंत तक पूर्णतः अनास्थावान् शंकालु और कृष्ण के महत्त्व या ईश्वरत्व को चुनौती देने की सामर्थ्य रखता है और यह पात्र है—युयुत्सु। परंतु भारती ने कृष्ण के महत्त्व को जबरदस्ती प्रतिपादित और प्रतिष्ठित करने के लिए इस पात्र के प्रति भी अन्याय करने से कतई गुरेज़ नहीं किया। मेरा विश्वास है कि इस दृष्टि से कृष्ण और युयुत्सु के चरित्रों को एक नई व्याख्या मिल सकती है और किसी प्रतिभा संपन्न नाट्य-निर्देशक को इस दिशा में अवश्य पहल करनी चाहिए।

फैंटेसी और यथार्थ के झिलमिल रंगों से चित्रित 'अंधायुग' के कृष्ण का अद्भुत नाटकीय चरित्र अपने इस बहुविध स्वरूप के कारण पाठक-दर्शक के लिए भी यह सोचने का पर्याप्त कारण प्रस्तुत करता है कि—इस पात्र के चरित्रांकन में धर्मवीर भारती स्खलित हो गए हैं और उनके धर्मभीरु हृदय तथा विद्रोही मस्तिष्क अंत तक समझौता करने में असफल रहे हैं। कृष्ण के प्रभु रूप पर भारती का मस्तिष्क भी बार-बार अश्वत्थामा

की भाँति 'शर, शक्ति, प्रास, नाराच गदाएँ सारी' क्रोधित होकर मारता है, परंतु कृष्ण के व्यक्तित्व पर किंचित प्रभाव न पड़ता देख 'वह हार वंदना करने' लगता है। यह प्रश्न नाटककार के मन में फिर-फिर उठ खड़ा होता है—'पता नहीं ! प्रभु है या नहीं' अथवा 'प्रभु हो या परात्पर हो ?' और दर्शक-पाठक अनचाहे ही इस निर्णय पर पहुँच जाता है कि तमाम खोखली मान्यताओं और रुग्ण नैतिक मूल्यों को झकझोर कर जड़ से हिला देनेवाले भारती के व्यक्तित्व की तहलटी में तमाम बदलाव और आधुनिकता के बावजूद 'धर्म' की पुरानी मान्यताएँ कुंडली मारे बैठी हैं। इसीलिए नाटक के अंत में भागवत के रंग का गहरा जाना संयोग मात्र नहीं है।

इस संदर्भ में हम केवल यही कहना चाहते हैं कि सोलह कला संपन्न कृष्ण का चरित्र भारतीय मानस में सदा से एक गतिशील संश्लिष्ट चरित्र के रूप में विद्यमान रहा है और उसमें द्वैतों में अद्वैत एवं विरोधी में अविरोधी बने रहने की अद्भुत क्षमता है। कृष्ण की इस मिथकीय छवि का आश्रय ग्रहण कर भारती ने 'अंधायुग' में कृष्ण के चरित्र को गढ़ा है और यहाँ 'कवि की आस्था एक आस्तिक की है, धार्मिक की नहीं।'[39]

रंगमंचीय यथार्थ और नाटकीय प्रभाव के अद्भुत मिश्रण से बना **अश्वत्थामा** का चरित्र 'अंधायुग' की एक महत्त्वपूर्ण उपलब्धि है। भारती ने अश्वत्थामा की भूमिका कृष्ण के समांतर प्रस्तुत की है और लेखक की सहानुभूति बहुत दूर तक इस पात्र के साथ दिखाई देती है। स्रष्टा की इस हार्दिक सहानुभूति के कारण ही यह पात्र सर्वाधिक सशक्त, जीवंत और नाटकीय बन गया है। इसके चरित्र में अंतर्द्वंद्व और संघर्ष के जितने भिन्न स्वर और स्तर देखने को मिलते हैं, उतने किसी अन्य पात्र में नहीं हैं—यद्यपि युयुत्सु और गांधारी भी इस दृष्टि से कम उल्लेखनीय नहीं हैं। महाभारत में भी अश्वत्थामा की भूमिका कृष्ण के समकक्ष भले ही न हो, कम महत्त्व की कतई नहीं है।[40] अश्वत्थामा के चरित्र का मूल स्वर 'भारती' ने वहीं से ग्रहण किया है और इस पात्र के चेहरे की कुछ धुंधली रेखाओं को उभार कर उसे ऐसी प्रखर भंगिमा प्रदान की है कि वह सारे नाटक और उसके पात्रों पर बुरी तरह हावी हो गया है। उसे पराजित करने के लिए कृष्ण को भी 'शाप' का सहारा लेना पड़ता है और अपने सामने उसे झुकाने के लिए स्वयं मरना पड़ता है।

अश्वत्थामा 'पशु' नहीं है, परिस्थितियाँ उसमें 'पशु का उदय' कराती हैं। व्यास के तीन बार 'तुम पशु हो' कहकर धिक्कारने पर अश्वत्थामा विकट अट्टहास कर स्पष्ट शब्दों में स्वीकार करता है :

> था मैं नहीं
> मुझको युधिष्ठिर ने बना दिया।

वह एक ईमानदार योद्धा है। कौरव-पक्ष की ओर से लड़ने के बावजूद प्रभु कृष्ण पर उसकी अगाध आस्था है। धर्मराज युधिष्ठिर पर अटूट विश्वास है। परंतु महाभारत युद्ध के अंत तक यह आस्था, यह विश्वास—जो अश्वत्थामा के व्यक्तित्व के प्राण तत्त्व

हैं—कुछ इस प्रकार टूटते हैं कि उनकी टूटन अश्वत्थामा के चरित्र को टूक-टूक कर देती है, निःसत्व बना देती है। आस्था और विश्वास के टूटने की स्थिति—मोहभंग होने की स्थिति, व्यक्ति को जितना असहाय, अरक्षित और खंडित करती है उतनी और कोई चीज़ नहीं करती। 'अंधायुग' के अश्वत्थामा के प्रथम दर्शन हमें इस प्रकार से पूरी तरह टूटे हुए असहाय व्यक्ति के रूप में होते हैं—जो घुप्प अंधेरे में एक प्रकाशवृत्त के भीतर अपना टूटा धनुष—जिसकी प्रत्यंचा खुद द्रोण ने चढ़ाई थी—लिए बैठा है और पिता की निर्मम हत्या और न्याय तथा धर्म के नाम पर पाण्डवों द्वारा किए गए कुकृत्यों के विषय में सोच रहा है। विडंबना तो यह है कि स्वयं धर्मराज युधिष्ठिर के अर्द्ध-सत्य ने न केवल द्रोण की ही हत्या की बल्कि उसने अश्वत्थामा के अंदर के शुभ और करुण-कोमल की भी भ्रूण-हत्या करके मानवता पर दोहरा आघात किया है।

सत्य, शिव और सुंदर की इस हत्या से; विश्वास, आस्था और मर्यादा के इस खून से; अश्वत्थामा की यह दशा हुई है कि वह अपने नपुंसक अस्तित्व से छुटकारा पाने के लिए आत्मघात करके नरकाग्नि में उबलने तक को तैयार हो जाता है।

परंतु उसकी सोच के यहाँ तक आते-आते उसमें प्रतिहिंसा और घृणा की आग जल उठती है और युधिष्ठिर के अर्द्ध-सत्य की प्रतिक्रिया कुछ इस प्रकार होती है :

> जीवित रहूँगा मैं
> अंधे बर्बर पशु सा
> वाणी हो सत्य धर्मराज की।

और इस निर्णय के साथ ही :

> वध, केवल वध, केवल वध
> अन्तिम अर्थ बने
> मेरे अस्तित्व का।

'वध' अश्वत्थामा के लिए एक 'मनोग्रंथि' बन जाता है और पराजित योद्धा अश्वत्थामा के भीतर एक हिंस्र, बर्बर पशु का उदय होता है। पृष्ठ 33 से शुरू होकर पृष्ठ 36 तक चलनेवाला लगभग साढ़े तीन पृष्ठों और 88 पंक्तियों का लंबा एकालाप अश्वत्थामा के व्यक्तित्व के भीतर की स्पष्ट झाँकी प्रस्तुत करता है, उसके अंतर्द्वंद्व की गहरी परतों को उद्घाटित करता है और उसके पशु-रूप को मनोवैज्ञानिक धरातल पर प्रतिष्ठित कर अश्वत्थामा को मानवीय दृष्टि से अधिक विश्वसनीय तथा यथार्थ रूप प्रदान कर सबकी सहानुभूति का पात्र बना देता है।

इसके बाद अश्वत्थामा द्वारा संजय का गला दबाना, वृद्ध याचक का वध करना, रात्रि में सोते हुए पांडवों की निर्मम हत्या, ब्रह्मास्त्र छोड़ना और अंततः उसे उत्तरा के गर्भ पर गिराना आदि घटनाएँ उसके कुंठित चरित्र की स्वाभाविक प्रतिक्रिया प्रतीत होती हैं। नाटककार ने उसके क्रिया-कलापों को उसकी विकृत मानसिक स्थिति से जोड़ कर और उसकी हरकतों को शब्दों में कुशलतापूर्वक पिरोकर एक ऐसे शक्तिशाली चरित्र

का सृजन किया है—जो अपने तूफानी प्रवाह में सब कुछ बहा ले जाने की क्षमता रखता है। वृद्ध याचक की सम्मोहन चेष्टा भी जहाँ असफल हो जाती है और वह स्वीकार करता है कि अश्वत्थामा की "गति को मैं तो क्या कृष्ण भी रोक नहीं पाए हैं।"

अपना प्रतिशोध ले लेने के बाद उसकी शक्ति—प्रतिशोध, क्रोध और घृणा की शक्ति—चुक जाती है और तब वह भय की प्रतिमूर्ति प्रतीत होता है, जिसके काँपते हाथों से रथ की वल्गाएँ तक छूट जाती हैं। वह वल्कल धारण कर तपोवन में चला जाना चाहता है। परंतु पांडवों के साथ कृष्ण उसे ढूँढ़ निकालते हैं और आत्मरक्षा के लिए अंतिम उपाय के रूप में विवश अश्वत्थामा को ब्रह्मास्त्र का आश्रय लेना पड़ता है :

मैं क्या करूँ
मुझको विवश किया अर्जुन ने
मैं था अकेला और अन्यायी कृष्ण पांडवों के सहित
मेरा वध करने को आतुर थे।

कृष्ण भ्रूण-हत्या का शाप देकर अश्वत्थामा को आजीवन रौरव नरक की यातना भोगने के लिए जीवित (?) छोड़ देते हैं। अंग-अंग पर फोड़े लिए, पीप, लहू, थूक और कफ़ से सना अश्वत्थामा 'करोड़ो यमलोकों की यातना' झेलने के बावजूद अपने को हीन या दुर्बल नहीं समझता। 'प्रभु की मृत्यु' से कुछ पहले तक वह अपने में और कृष्ण में सिर्फ़ इतना ही फ़र्क मानता है कि :

मैंने मारा था शत्रुओं को
पर उसने अपने ही वंश वालों को मारा है।

इसलिए यदि अश्वत्थामा दोषी है तो कृष्ण भी कम दोषी नहीं हैं; फिर दंड केवल अश्वत्थामा ही क्यों भोगे, उसका न्यायोचित प्रश्न है :

क्यों ये, ज़ख्म फूट नहीं पड़ते हैं। उसके कमल-तन पर ?

और जब 'प्रभु की मृत्यु' के समय अश्वत्थामा अपनी आँखों से देखता है कि कृष्ण के :

तलवों में बाण बिंधते ही
पीप भरा दुर्गंधित नीला रक्त
वैसा ही बहा
जैसे इन ज़ख्मों से अक्सर बहा करता है
चरणों में वैसे ही घाव फूट निकले···

तो उसके मन की चिर-संचित घृणा और कृष्ण-विरोध की प्रबल अंधी भावना बह जाती है। विगत-शोक अश्वत्थामा स्वयं को अपेक्षाकृत स्वस्थ अनुभव करता है और एक लम्बी यात्रा के बाद फिर आस्था पर लौट आता है। अंत में अपने पापों की 'आत्मस्वीकृति' (कन्फैशन) के बाद दंडित होकर भी वह स्वयं को मुक्त अनुभव करता है। भारती ने अनास्था को आस्था की अनिवार्य भूमिका के रूप में स्वीकार किया है। इसलिए यह

कहना कि "कृष्ण और अश्वत्थामा को जिस दृष्टि से देखा गया है उससे लगता है कि कवि ने ईश्वर को छोड़कर शैतान के साथ समझौता कर लिया है।"[41] सही नहीं है; क्योंकि 'अंधायुग' का कवि शैतान (?) को भी अंततः ईश्वर (?) के समक्ष नत-मस्तक होने को बाध्य कर देता है।

नाटककार ने अश्वत्थामा का चित्रण कृष्ण के समानांतर जिस प्रकार अपनी संपूर्ण हार्दिक सहानुभूति से प्रस्तुत किया है, यह उसी का परिणाम है कि कृष्ण-शत्रु, नराधम, अमानुषिक, क्रूरकर्मा, अंध-बर्बर पशु होकर भी अश्वत्थामा पाठक-दर्शक की सर्वाधिक सहानुभूति का पात्र बन जाता है। अश्वत्थामा का मनोविश्लेषणात्मक चित्रण उसकी अमानवीयता और पशुता का सटीक एवं अकाट्य कारण प्रस्तुत करता है और यह स्पष्ट कर देता है कि अश्वत्थामा अपनी इस असामान्य स्थिति के लिए स्वयं उत्तरदायी नहीं है। इसके अतिरिक्त, अन्याय और अनाचार के विरुद्ध प्रभु तक को चुनौती देने का जो अद्वितीय साहस हमें अश्वत्थामा के चरित्र में देखने को मिलता है—वह दुर्लभ है और प्रत्येक मनुष्य के हृदय में छिपी हुई अन्याय-विरोध की उत्कट भावना का प्रतिनिधित्व करने के कारण वह सबकी सहानुभूति प्राप्त कर लेता है।

युयुत्सु 'अंधायुग' का एकमात्र ऐसा पात्र है जिसके चरित्रांकन में नाटककार ने अपनी कल्पना शक्ति और रचना के मूल उद्देश्य के अनुरूप परिवर्तन के अधिकार का भरपूर उपयोग किया है। इसका चरित्र अत्यंत जटिल और बहुआयामी है—शायद इसीलिए इसकी कोई एक सीधी, स्पष्ट और निर्भ्रांत व्याख्या भी संभव नहीं है। अलग-अलग कोणों से देखने पर उसका स्वरूप और उसकी त्रासदी के मूल कारण भी अलग-अलग दिखाई देने लगते हैं। आस्था के प्रति अनास्था का सबसे गहरा और तीखा स्वर युयुत्सु का ही है—इसीलिए कि आस्था द्वारा प्रताड़ित, प्रवंचित और प्रपीड़ित भी सबसे ज्यादा वही हुआ है। आधुनिक व्यक्ति की संशयग्रस्त, द्वंद्वात्मकता और अनिर्णय की त्रासदी को भारती ने इसी चरित्र के माध्यम से अभिव्यक्त किया है।

महाभारत के अनुसार कौरवों और पांडवों के युद्ध में धर्मराज युधिष्ठिर के कहने पर कि 'जो भी सत्य के पक्ष में लड़ना चाहे पांडवों की ओर से लड़े—क्योंकि पांडव सत्य की रक्षा के लिए धर्मयुद्ध लड़ रहे हैं'—कौरवों का 101वाँ भाई **युयुत्सु** अपने सगे भाइयों के विरुद्ध पांडवों से आ मिलता है। **शल्य पर्व** में युद्ध के बाद युयुत्सु के हस्तिनापुर लौटने, विदुर जी से मिलने और वह रात अपने घर पर व्यतीत करने का उल्लेख है। **शांति पर्व** के अनुसार युधिष्ठिर उसे वृद्ध राजा धृतराष्ट्र की सेवा करने का आदेश देते हैं। **आश्रमवासिक पर्व** में बताया गया है कि युयुत्सु को पहलेवाला महल प्रदान कर दिया गया और वन जाते समय धृतराष्ट्र ने कृपाचार्य और युयुत्सु को युधिष्ठिर के हाथों सौंप दिया। 'महाभारत' में युयुत्सु की अंतिम झाँकी **महाप्रस्थानिक पर्व** में वहाँ दिखाई देती है जहाँ पाँचों पांडव और द्रौपदी एक कुत्ते के साथ राज्य छोड़कर महाप्रस्थान के लिए जाते हैं। तब हम देखते हैं कि, 'धीरे-धीरे समस्त पुरवासी और कृपाचार्य आदि

युयुत्सु को साथ लिए लौट आए हैं'। इस प्रकार यह स्पष्ट है कि महाभारत में युयुत्सु का चरित्र और उसकी भूमिका भले ही प्रखर और भास्वर रंगों में रेखांकित न की गई हो फिर भी उसके चरित्र की संपूर्ण रूपरेखा वहाँ विद्यमान अवश्य है।

भारती अपनी रचना के लिए युयुत्सु के ऐतिहासिक चरित्र के पूर्वार्द्ध को ज्यों का त्यों ग्रहण करके उत्तरार्द्ध को पूर्णतः अस्वीकार कर देते हैं। अपने मूल उद्देश्य के अनुरूप वह उसे कुछ इस रूप में प्रस्तुत करते हैं कि 'अंधायुग' का युयुत्सु न केवल नाटक का महत्त्वपूर्ण पात्र बनकर दर्शक-पाठक की सहानुभूति प्राप्त कर लेता है बल्कि 'निर्णय' का अधिकार 'प्रभु को सौंप देने और अपने वरण' के अधिकार का उपयोग करते हुए पांडवों के पक्ष से लड़ने के कारण भीषण त्रासदी झेलते हुए एक गहरे स्तर पर आधुनिक व्यक्ति की पीड़ा और यंत्रणा का साकार प्रतिरूप भी बन जाता है। स्वतंत्रता और देश के विभाजन के बाद भारत के न मालूम कितने सत्यनिष्ठ, ईमानदार और धर्मप्रिय स्वतंत्रता सेनानियों को युयुत्सु के चरित्र में अपना चेहरा, उसके अंतर्द्वंद्व में अपने मन के भीषण झंझावात और उसकी पीड़ा में अपने जीवन की त्रासदी दिखाई देती होगी।

अंधायुग का युयुत्सु नाटक के तीसरे अंक में प्रवेश करता है। वह **महाभारत** के युयुत्सु की भाँति ही पराजित कौरव सेना के साथ नगरी में लौटकर विदुर से मिलता है। भारती को युयुत्सु के जीवन का यह बिंदु अत्यंत नाटकीय, विस्फ़ोटक और अमित संभावनागर्भित प्रतीत होता है। इसलिए वह उसे अपने घर में चुपचाप रात व्यतीत करने देने के स्थान पर अपने तमाम बेटों की अंतिम पराजय और मृत्यु से व्याकुल एवं उत्तेजित माता गांधारी के सामने ला खड़ा करते हैं। इधर युयुत्सु अपनी ही प्रजा द्वारा मायावी, शिशु-भक्षी, दैत्याकार गिद्ध इत्यादि कहे और समझे जाने के तीक्ष्ण मानसिक संताप, द्वंद्व और क्लेश की मनःस्थिति में माँ से ममता और अपनत्व की अपेक्षा कर रहा है। परंतु अट्ठारह दिनों के भीषण संग्राम से अक्षत और अनाहत लौट आनेवाला युयुत्सु यहाँ गांधारी के विष बुझे तीक्ष्ण व्यंग्य-बाणों से रोम-रोम कुछ ऐसे बिंधता है कि आह तक नहीं कर पाता। गांधारी के लंबे संवाद के बीच नाटककार ने चार लघु अंतराल दिए हैं और वहाँ युयुत्सु के 'मौन' का प्रयोग जिस कुशलता से किया गया है वह कई-कई लंबे संवादों और क्रिया-व्यापारों से अधिक प्रभावपूर्ण, अर्थगर्भी और नाटकीय है। युयुत्सु को बोलने का अवसर दिए बिना गांधारी जिस प्रकार उपेक्षा और निष्ठुरता से तत्काल चली जाती है—वह 'प्रस्थान' हतप्रभ युयुत्सु को पूरी तरह झकझोर देता है और उसकी व्यथा अनायास इन शब्दों में फूट पड़ती है :

> यह क्या किया ?
> माँ ने यह क्या किया
> विदुर ?

युद्ध के घातक और विषाक्त शस्त्रास्त्र उतना तीव्र प्रहार नहीं कर सकते जितना

अपनों की उपेक्षा और तिरस्कार से होता है। माँ की निष्ठुरता और प्रजा के तीक्ष्ण आघात से युयुत्सु जर्जर हो जाता है—टूट जाता है। युयुत्सु की त्रासदी को अधिक प्रभावपूर्ण बनाने के लिए भारती ने उसके विषय में इस तथ्य को भी अत्यंत चतुराई से छिपा लिया है कि वह वास्तव में कौरवों का भाई होने के बावजूद गांधारी का अपना पुत्र नहीं था—क्योंकि उसका जन्म एक वेश्या दासी के गर्भ से हुआ था।

यहाँ युयुत्सु की दृष्टि से इस परिस्थिति पर विचार करें तो उसकी विवशता और टूटन का सहज ही अनुमान लगाया जा सकता है। युधिष्ठिर, कृष्ण, व्यास और स्वयं गांधारी ने यह स्वीकार किया था कि विजय उधर होगी, जिधर धर्म होगा। उसे बताया गया कि धर्म उधर है—जिधर कृष्ण हैं। अतः धर्म की रक्षा के लिए अपने व्यक्तिगत रागात्मक संबंधों से ऊपर उठकर युयुत्सु ने धर्म का कमज़ोर पक्ष ग्रहण करने का अभूतपूर्व साहस दिखाया। उसने धर्म के लिए कृष्ण और पांडवों की ओर से लड़ते हुए स्वयं अपने भाइयों का संहार कर अपने कठिन कर्तव्य का निर्वाह किया है। वह चूँकि अपने किसी निजी या व्यक्तिगत स्वार्थ के कारण पांडवों के पक्ष में नहीं हुआ था, अतः उनकी विजय के बाद पुनः अपने वृद्ध और दुखी माता-पिता और पराजित सेना-प्रजा के पास लौट आता है। वह एक साथ दो स्तरों पर जी रहा है—व्यापक-धर्म और निजी-धर्म के स्तर पर। परंतु दुर्भाग्य से गांधारी पुत्र-शोक के असहनीय दुख के कारण और प्रजा व्यापक विध्वंस और विनाश के कारण युयुत्सु के चरित्र के इस गहन परंतु महत्त्वपूर्ण सूक्ष्म स्तर भेद को समझने में असमर्थ रहती है। (द्वितीय विश्व युद्ध के दौरान महात्मा गाँधी ने देशवासियों को जब अपने सबसे बड़े शत्रु (अंग्रेजी सरकार) का पक्ष ग्रहण करने को कहा था—तब क्या उन्हें भी अपने निकटतम सहयोगियों और समर्थकों तक से इसी प्रकार की प्रतिक्रियाओं का सामना नहीं करना पड़ा था ?) और ऐसे ही मोहभंग के चरम क्षणों में युयुत्सु को लगता है कि :

> अंतिम परिणति में
> दोनों जर्जर करते हैं
> पक्ष चाहे सत्य का हो
> अथवा असत्य का।…

युयुत्सु द्वारा गूँगे, घायल सैनिक को पानी देने पर एक मामूली से सैनिक द्वारा व्यक्त अस्वीकार और तिरस्कार का प्रसंग भी अत्यंत कारुणिक है। कृष्ण की विजय और अपनी यह घोर पराजय देखकर युयुत्सु की आस्था बुरी तरह टूटती है। चौथे अंक में भी, तर्पण के लिए जाते समय अवसर पाकर गांधारी उसे एक बार फिर व्यंग्य-बाणों से बुरी तरह बेध देती है। और इसके बाद—कृष्ण शापग्रस्त हुए तथा धृतराष्ट्र और गांधारी वन में चले गए। भीम द्वारा प्रतिदिन के अपमान और उपहास, बंधुजनों के तिरस्कार और प्रजा की प्रतिपल की घृणा ने भीतर से पूरी तरह जर्जर युयुत्सु को गूँगा कर दिया। युयुत्सु का गूँगापन स्थूल तथ्यात्मक यथार्थ से ऊपर उठकर अपना

प्रतीकात्मक अर्थ भी रखता है। महायुद्ध के भीषण तांडव ने व्यापक सांसारिक विनाश के साथ-साथ शब्दों के अर्थ और उनकी संप्रेषणीयता को भी क्षत-विक्षत कर दिया है। कौन है जो युयुत्सु की भावनाओं को समझे, उसके सत्य को स्वीकारे, उसकी संवेदना, भावना, विचार, अनुभव और अभिव्यक्ति का संसार शेष संसार से कुछ ऐसे टूटकर अलग हुआ है कि उसकी बात (भाषा) अब किसी तक नहीं पहुँचती। यह संवादहीनता और असंप्रेषणीयता एक प्रकार का गूंगापन ही है, जो प्रत्येक युयुत्सु की नियति है। घर और बाहर, अपने और पराए—सबसे एक साथ लांछित-उपेक्षित होकर 'अंधायुग' का युयुत्सु अंततः आत्म-हत्या कर लेता है और प्रेत बनकर अंध लोकों में भटकता फिरता है। उसकी स्थिति यह है कि :

मैं उस पहिये की तरह हूँ
जो पूरे युद्ध के दौरान रथ में लगा रहा
पर जिसे अब लगता है कि वह ग़लत धुरी में लगा था
और मैं अपनी उस धुरी से उतर गया हूँ।

युयुत्सु की इस त्रासद नियति के मूल कारण या कारणों की तलाश कर लेना प्रासंगिक और उपयोगी होगा। स्वयं युयुत्सु के अनुसार उसकी इस नियति या परिणति का मूल कारण यह है कि वह 'कृष्ण की झूठी आस्था के ज्योतिवृत्त' को सत्य का प्रकाश समझकर उसमें उलझ गया जो अंततः उसे आत्महत्या और अंध प्रेत-लोकों के अंधेरों में भटकने के लिए अकेला और असहाय छोड़कर चुपचाप ग़ायब हो गया।

धृतराष्ट्र के अनुसार युयुत्सु उनके अंधेपन से उत्पन्न था—यह उसकी सबसे बड़ी सीमा थी। उसने अपनी इस परिधि का उल्लंघन करके 'ज्योतिवृत्त' में रहने का जो असंभव प्रयास किया—उसकी दुर्दशा का वही मूल कारण है।

विदुर की दृष्टि में युयुत्सु की यह पीड़ा एक निश्चित परिपाटी से पृथक होकर अपना पथ आप निर्धारित करने का अनिवार्य परिणाम है। अस्तित्ववादी दृष्टि से भी दुःख व्यक्ति द्वारा अपने 'चुनाव' कर सकने की स्वतंत्रता के अधिकार के प्रयोग का एकमात्र प्रमाण है। इसलिए युयुत्सु यहाँ अपने 'वरण' या 'चुनाव' करने के कारण ही इस पीड़ा को भोगने के लिए अभिशप्त है।

परंतु मेरे विचार से इन सब कारणों के अतिरिक्त युयुत्सु की इस त्रासदी का एक प्रमुख कारण शायद यह भी है कि व्यवहार में उसका जीवन मूलतः अप्रतिबद्धता और निर्णयहीनता से आक्रांत है। वह धर्म और सत्य संबंधी कृष्ण के निर्णय को ही अपना निर्णय मान लेता है। बिना उसकी परीक्षा या छान-बीन किए अपने आचरण की स्वतंत्रता या निर्णय के व्यक्तिगत अधिकार कृष्ण को सौंप कर समर्पित हो जाता है। परंतु युद्ध के बाद मोह-भंग होता है तो उन्हें छोड़कर पुनः कौरवों से आ मिलता है। वहाँ से भी भीषण तिरस्कार, अपमान और घृणा पाकर फिर पांडवों की ओर लौटता है। विजय के मद में डूबे हुए पांडवों और विशेषतः भीम से भी उसे यही सब

मिलता है और अंततः इस सतत तनाव, यातना और त्रासदी का चरमोत्कर्ष यह है कि वह अश्वत्थामा की भाँति नर-पशु बनकर हिंसा, क्रोध और प्रतिशोध के माध्यम से अपनी घृणा को अभिव्यक्त भी नहीं कर सकता; इसलिए भीतर की यह आग अंततः स्वयं उसी को जला देती है। कोई भी व्यक्ति सतत आत्म-संघर्ष, घृणा, क्रोध, तनाव तथा पीड़ा में नहीं जी सकता। भीतर की इस नकारात्मक-विध्वंसक अंध-शक्ति की अभिव्यक्ति अश्वत्थामा में बहिर्मुखी ढंग से होती है और युयुत्सु में अंतर्मुखी ढंग से। अपने आंतरिक तनाव और दबाव से निरंतर लड़ते-लड़ते स्वयं ही चुक जाने की आत्मघाती नपुंसक ह्रासोन्मुख प्रवृत्ति आधुनिक व्यक्ति की एक उल्लेखनीय विशेषता है और इसी बिंदु पर आकर युयुत्सु आज के व्यक्ति का प्रतिरूप और 'आधुनिक आचरण के विभ्रमों का प्रतीक' बन जाता है।

युयुत्सु की आत्महत्या और 'समापन' में प्रभु की मृत्यु के समय अंधे-प्रेत के रूप में उसका पुनः प्रवेश भारती की मौलिक उद्भावना है। प्रभु की मृत्यु पर अश्वत्थामा में नई आस्था के उदय पर वह व्यंग्यपूर्ण अट्टहास कर कह उठता है :

आस्था नामक यह घिसा हुआ सिक्का
अब मिला अश्वत्थामा को
जिसे खोटा और नकली समझ मैं
कूड़े पर फेंक चुका हूँ वर्षों पहले

कोई युयुत्सु और केवल युयुत्सु ही यह बात कह सकता है। झूठी आस्था और फरेबी विश्वास से जो बुरी तरह ठगा गया है और अब पूरी तरह जिसका मोह-भंग हो चुका है। जिस 'प्रभु' के पीछे उसने जीवन भर सबकी उपेक्षा और घृणा सही और कहीं आश्रय न पाकर आत्मघाती बन अंध प्रेत-लोक में भटकने को विवश हुआ—वहीं 'प्रभु' अपने मरण तक को महिमामय बनाकर चुपचाप अपने लोक चला गया। व्याध मुक्त हुआ और अश्वत्थामा विगत-शोक—परंतु युयुत्सु को क्या मिला ? उसे तो न कृष्ण के जीवन से कुछ मिला और न ही मरण से। संभवतः इसीलिए संपूर्ण कृति में यही एक ऐसा पात्र है जो भारती की तमाम कोशिशों के बावजूद समापन तक में 'कृष्ण' के सामने झुकने से इंकार करता है और अंत तक अनास्था और अविश्वास की आग में सुलगता रहता है। इसकी इस अभिशप्त नियति का मूल कारण क्या यह है कि इसने अपनी मनोबुद्धि पूरी आस्था के साथ कृष्ण को समर्पित कर दी या यह कि उसके प्रति संशयात्मक होने के कारण विनाश को प्राप्त हुआ ? उसका अपराध बतानेवाला कोई पात्र 'अंधायुग' में नहीं है। तब क्या अस्तित्ववादियों की तरह जीवन और जगत् को तर्कहीन और एब्सर्ड ही मान लिया जाए ? मानव-भविष्य से संबंधित युयुत्सु के संगत और जलते हुए प्रश्न अंत तक अनुत्तरित ही रह जाते हैं।

युद्ध की भयानकता का बाह्य क्रूर-विध्वंसक रूप प्रस्तुत करने के स्थान पर नाटककार युयुत्सु के भीतरी संसार में पैठकर मानवीय संबंधों और संवेदना के धरातल

से युद्ध की विभीषिका का सूक्ष्म उद्‌घाटन करता है। युयुत्सु के जीवन की सबसे बड़ी विडंबना यह है कि युद्ध में अपने हाथ-पैर खोने के बजाए वह अपनी आस्था और विश्वास खो बैठा है। वह शारीरिक यातना के स्थान पर निरंतर उपेक्षा, घृणा, अपमान, व्यंग्य और तिरस्कार की मानसिक यंत्रणा भोगता हुआ आत्महत्या में अपने तनाव और संघर्ष के समाधान की मृग-मरीचिका में फँस जाता है। भारती ने इस अभिशप्त पात्र की जटिल पीड़ामय अनुभूतियों के माध्यम से अपने परिवेश के समय-सत्य और उसकी विसंगतियों के अनुसंधान और चित्रण का महत्त्वपूर्ण प्रयास किया है।

युयुत्सु के चरित्र में हमें तमाम विसंगतियों और विडंबनाओं के बावजूद एक आधुनिक बुद्धिजीवी, निष्ठावान, जिज्ञासु और सत्य के लिए व्याकुल आत्मा तथा उसकी त्रासद अभिशप्त नियति के दर्शन होते हैं। भारती ने इस पात्र में निहित अपरिमित नाटकीय संभावनाओं को उसके विविध स्तरों-धरातलों-पक्षों और आयामों में यदि कुछ और महत्त्वपूर्ण ढंग से प्रस्तुत किया होता तो यह पात्र अश्वत्थामा के समांतर प्रतिष्ठित किया जा सकता था। 'अंधायुग' के युयुत्सु के साथ न केवल कौरव और पांडव बल्कि स्वयं उसका रचनाकार भी न्याय नहीं करता। पाँचवें अंक से उसे अकारण और जबरदस्ती हटा दिया गया है। यहाँ उसकी यातना और यंत्रणा को सूच्य रखने के बजाए यदि दर्शक के सामने प्रदर्शित किया गया होता तो इससे एक ओर यदि युयुत्सु का चरित्र-विकास अधिक स्वाभाविक एवं तर्कसंगत होता तो दूसरी ओर गूँगे युयुत्सु की असह्य पीड़ा को प्रभावशाली मूकाभिनय द्वारा संप्रेषित करना अभिनेता के समक्ष एक रचनात्मक चुनौती प्रस्तुत करता। मेरा विश्वास है कि कोई भी प्रतिभावान निर्देशक युयुत्सु पर इस दृष्टि से काम करके 'अंधायुग' के संप्रेष्य का एक अछूता आयाम प्रस्तुत कर सकता है।

वृद्ध-याचक 'अंधायुग' का अत्यंत महत्त्वपूर्ण चरित्र है। ज्योतिषी, याचक और प्रेतात्मा के रूप में यह एक कल्पित चरित्र है और कृष्ण के वधकर्ता व्याध–जरा– के रूप में भागवत का ऐतिहासिक/पौराणिक ख्यात चरित्र। 'उन्नत ललाट, श्वेतकेशी और आजानुबाहु' बनाकर भारती ने इसे 'अंधायुग' के अंधे, कुंठित, प्रतिशोधी, हिंसक और द्विधाग्रस्त अन्य सभी चरित्रों से अलग एक विशिष्ट रंग-रूप एवं केंद्रीय भूमिका देकर लगभग आध्यात्मिक स्तर प्रदान किया है। नाटकीय दृष्टि से भारती ने इसे संस्कृत के सूत्रधार या बांग्ला के लोक-नाट्य जात्रा के 'विवेक' की तरह चित्रित किया है जो चरित्रों एवं घटनाओं के बीच सेतु का काम करता है। वह उलझी हुई स्थितियों की व्याख्या भी करता है और संशयग्रस्त, अनिश्चित तथा दिग्भ्रमित चरित्रों की विसंगतियों-विडंबनाओं का विश्लेषण भी। डॉ. सुरेश अवस्थी के शब्दों में, "He provides the focal point to the drama to which all the events flow and which gives a concentric movement to the dramatic story, are cycle pilling upon another, starting from and returning to the same point."[42] इस चरित्र के कई आयाम हैं। आरंभ

में यह अपने स्वार्थ, लोभ और लाभ के लिए, आज के सरकारी पुरस्कार या सम्मान पानेवाले बुद्धिजीवियों/कलाकारों की तरह, सत्ता पक्ष की चाटुकारिता करता है। तदनंतर परिस्थितियों का तटस्थ आकलन और 'अंतराल' में चरित्रों का गंभीर मनोवैज्ञानिक विश्लेषण भी करता है। वह नाटककार का प्रतिनिधि बनकर उसके मंतव्यों को वाणी देता है। यही नहीं, वह पराजित, अकेले, निराश और लगभग निरर्थक हो चुके कृष्ण/प्रभु की हत्या भी करता है और उसके अंतिम संदेश को स्वर देकर उसके जीवन-मूल्यों की प्रतिष्ठा भी करता है। यह संयोग नहीं है कि 'समापन' के अंत में दोनों बाँहें उठाकर बोला गया इस वृद्ध का यह संवाद :

कोई सुनेगा ?
क्या कोई सुनेगा ?
क्या कोई सुनेगा···।

महाभारत के अंत में हताश कृष्ण के इस कथन कि, ''ऊर्ध्व बाहु विरौम्येषु न च कश्चित श्रृणोतु में' (मैं दोनों बाँहें उठा-उठा कर कह रहा हूँ, पर अब मेरी कोई सुनता ही नहीं) का हूबहू अनुवाद जैसा ही लगता है।

रंग-शिल्प की दृष्टि से याचक का यह चरित्र इस काव्य-नाटक की संरचना को केवल शक्ति और समृद्धि ही प्रदान नहीं करता, एक आंतरिक अन्विति भी प्रदान करता है।

इन महत्त्वपूर्ण चरित्रों के अतिरिक्त 'अंधायुग' के अंक परिवर्तन के लिए रचनाकार ने भारतीय लोक-नाट्य पद्धति से **कथा-गायन** का ग्रहण किया है। अपने मूल स्वरूप में ग्रीक कोरस से मिलता-जुलता यह 'कथा-गायन' नाटक में मंचेतर घटनाओं की सूचना देने, दृश्य निरूपण एवं वातावरण को सघन करने, पात्रों की मनःस्थितियों के संकेत देने और कभी-कभी प्रतीकात्मक अर्थों को स्पष्ट करने के लिए इस्तेमाल किया गया है। प्रहरियों की भूमिका भी इससे बहुत मिलती-जुलती है। नाटककार के शब्दों में–**प्रहरी** 'जो घटनाओं और स्थितियों पर अपनी व्याख्याएँ देते चलते हैं, बहुत कुछ ग्रीक कोरस के निम्न वर्ग के पात्रों की भाँति हैं; किंतु, उनका अपना प्रतीकात्मक महत्त्व भी है।' और 'अंधायुग' में ऐसे संवादों की कमी नहीं है जिनमें इन्हें सामान्य जन (की दास-वृत्ति) के प्रतीक रूप में प्रस्तुत किया गया है। प्रजा की प्रकृति संबंधी भारती की दृष्टि का अनुमान प्रहरियों के संवादों से सहज ही लग जाता है :

प्रहरी 1–जानते नहीं हैं ये प्रकृति प्रजाओं की
प्रहरी 2–ज्ञान और मर्यादा
प्रहरी 1–उनका करें क्या हम ?
प्रहरी 2–उनको क्या पीसेंगे ?
प्रहरी 1–या उनको खाएँगे ?
प्रहरी 2–या उनको ओढ़ेंगे ?

प्रहरी 1–या उन्हें बिछाएँगे ?
प्रहरी 2–हमको तो अन्न मिले
प्रहरी 1–निश्चित आदेश मिले
प्रहरी 2–एक सुदृढ़ नायक मिले
प्रहरी 1–अंधे आदेश मिलें
प्रहरी 2–नाम उन्हें चाहे हम युद्ध दें या शांति दें।
प्रहरी –जानते नहीं हैं ये प्रकृति प्रजाओं की।

यह सत्य है कि रोटी, कपड़ा और मकान व्यक्ति की आधारभूत और सामान्य आवश्यकताएँ हैं तथा 'राजनीति की कई चिंतन धाराओं ने बीसवीं शताब्दी के आरंभ में यह दावा पेश किया था कि वे मानव मुक्ति को ही लक्ष्य बनाकर चल रही हैं पर उन्होंने जिन व्यवस्थाओं को स्थापित किया उनको जनतंत्र का नाम तो अवश्य दिया, पर अधिकांश व्यवस्थाओं में तंत्र औरों के ही हाथ में रहा 'जन' तो ज्यों-का-त्यों दास बना रहा। यह बात केवल विदेशों पर ही लागू नहीं होती दुर्भाग्यवश यह कटु सत्य हमारे देश पर भी लागू होता दीख रहा है।'[43] परंतु क्या यह अर्द्ध-सत्य मात्र ही नहीं है ? क्या यह स्थूल दैहिक आवश्यकताएँ ही सामान्य जन के अस्तित्व और जीवन का एकमात्र और संपूर्ण परिचय हैं ? क्या सामान्य-जन ने इस दासता के विरुद्ध कभी कहीं कोई आवाज नहीं उठाई ? ऐसा नहीं है कि भारती मानवीय यथार्थ की जटिलता से परिचित ही नहीं हैं। वह स्वयं स्वीकार करते हैं कि, 'सामान्य जन के स्वतंत्र होने का अर्थ यही नहीं है कि उसे भरपेट भोजन (और) जरूरत के मुताबिक कपड़ा मिल जाए। यह भी है तथा इनके अलावा और बहुत कुछ भी है। उसके मानस में जो अंध रूढ़ियाँ हैं, कुंठाएँ हैं, अविवेक है, मूर्च्छना है, मृत परंपराएँ और प्रवृत्तियाँ हैं, जिसके कारण वह युयुत्सु से दास बनता चला आया है–उनसे भी उन्हें मुक्त कराना है। इस दृष्टि से स्वातंत्र्य न केवल एक बाह्य परिस्थिति है, वरन एक आंतरिक मूल्य भी है और जब साहित्यकार सामान्य-जन के स्वातंत्र्य का दायित्व लेता है तो वह संपूर्ण बाह्य और आंतरिक जटिल मानवीय यथार्थ की पृष्ठभूमि में उसे ग्रहण करता है, केवल सीमित राजनीतिक अर्थ में नहीं।'[44] संभवतः प्रहरियों के उक्त उद्धृत संवादों के माध्यम से भारती सामान्य जन के मानस की इन्हीं अंध-रूढ़ियों, कुंठाओं, विकृतियों और मृत-परंपराओं को चित्रित करना चाहते हैं और इनकी यह निर्लिप्तता, निष्क्रियता, तटस्थता और उदासीनता भी युग के अंधेपन की ही देन है। जीवन के सूने गलियारे में दाएँ से बाएँ और बाएँ से दाएँ निरर्थक चक्कर लगाते हुए निरुद्देश्य जीवन काट देना **सिसीफ़स** की याद दिलाता है। उनके जीवन की असंगति, विडंबना और सबसे बड़ी त्रासदी यह है कि :

रक्षक थे हम केवल
लेकिन रक्षणीय कुछ भी नहीं था यहाँ।

परंतु कुल मिलाकर मेरे विचार से, प्रहरियों की इस निर्लिप्तता, उदासी, ऊब, थकन, निरर्थकता और शून्यता को एक व्यापक परंतु फिर भी विशिष्ट परिस्थिति की एक विशिष्ट 'विकृति' या 'स्थिति' भर माना जा सकता है—जनता की सार्वभौम 'प्रकृति' नहीं। 'अंधायुग' के संदेश अथवा संप्रेष्य के (अपनी अन्य अनेक विशेषताओं के बावजूद) अविश्वसनीय और कम प्रभावपूर्ण रह जाने का एक प्रमुख कारण संभवतः यही है कि नाटककार ने इस 'विकृति' को सामान्य जन की 'प्रकृति' मान लिया है। नाटक के अंत में वृद्ध के माध्यम से मरणासन्न ईश्वर का यह संदेश द्रष्टव्य है :

सबका दायित्व लिया मैंने अपने ऊपर
अपना दायित्व सौंप जाता हूँ मैं सबको।

इन 'सबको' में निष्क्रिय, आत्मघाती और विगलित संजय, युयुत्सु तथा अश्वत्थामा जैसे लोग नहीं हैं बल्कि 'शेष' लोग हैं—'बाकी सभी'। विचारणीय प्रश्न है कि 'अंधायुग' के संदर्भ में 'बाकी सभी' का क्या अर्थ है ? नाटक के 'तीसरे अंक' के आरंभ में एक चित्र है :

दुपहर होते-होते हिल उठा नगर
खंडित रथ टूटे छकड़ों पर लद कर
थे लौट रहे ब्राह्मण, स्त्रियाँ, चिकित्सक,
विधवाएँ, बौने, बूढ़े, घायल, जर्जर।

दूसरा चित्र 'पाँचवें अंक' में है :

वह देखो
भिखमंगे, लंगड़े, लूले, गंदे बच्चों की
एक बड़ी भीड़···

इनके अतिरिक्त पांडव हैं, जो कृपाचार्य के शब्दों में, "वे सब अज्ञानी मूढ़, दुर्विनीत, अहमृग्रस्त भाई युधिष्ठिर के।" स्वयं युधिष्ठिर "तिल-तिल कर फलीभूत होने वाले आत्मघात" के अतिरिक्त अपने लिए और कोई रास्ता नहीं देख पा रहे और कृपाचार्य निर्वासित होने को लालायित हैं। नाटक के अंत तक यदुवंशियों की व्यापक हत्या तो स्वयं कृष्ण के हाथों ही हो चुकी है। तब प्रश्न यह है कि 'अंधायुग' में वे 'बाकी सभी' कौन हैं ? क्या नाटककार या प्रभु का इशारा सामान्य-जन के प्रतीक 'प्रहरी' की ओर है ? परंतु इसका जो रूप और इसकी जैसी प्रकृति नाटक में चित्रित है, उससे अकस्मात् यह आशा कर बैठना कि वह—

सभी परिस्थितियों का अतिक्रमण करते हुए
नूतन निर्माण करेगा पिछले विध्वंसों पर

तथा अपने मर्यादायुक्त आचरण से, निर्भयता, साहस, ममता और रस के क्षणों में नूतन सृजन के माध्यम से 'प्रभु' को जीवित और सक्रिय कर देगा—महज़ एक ज़बरदस्ती-भर लगती है।

'अंधायुग' के एक निर्देशक के अनुसार, "ये (प्रहरी) स्वतंत्र द्रष्टा, जनप्रवृत्ति के प्रतिनिधि, पौराणिकता और आधुनिकता के बीच की कड़ी हैं। शासन तंत्र द्वारा रौंदे जानेवाले पायदान मात्र हैं, जिनको हस्तक्षेप का अधिकार नहीं है और जिसे व्यवस्था के विधान में बँधे रहकर भोगना पड़ता है एक आम आदमी का संत्रास। इनमें लावा है, इनमें बारूद है, पर जो कहीं थके हुए हैं, टूटे हुए हैं। सब ध्वंस करके उन्हें कुछ बचाने का दायित्व सौंपा जाता है, पर इन्हें अपने ही अस्त्रों पर न तो अधिकार है, न निर्धारित लक्ष्य को बदल पाने की स्वतंत्रता और न ही दायित्व में दासता के बोध से मुक्ति।"[45] परंतु मेरे विचार से ये प्रहरी न तो स्वतंत्र-द्रष्टा हैं और न ही इन्हें आम आदमी का संत्रास भोगना पड़ता है। नाटक का एक भी कार्य या संवाद इनमें लावा और बारूद भरे होने का संकेत नहीं देता। वास्तव में इनकी तटस्थता और निरपेक्षता भी अंधे युग की सर्वग्रासी अंधता का ही एक स्तर है। सामान्य जन की मानसिकता बड़ी जटिल होती है। एक ओर यदि वह अपने छोटे-छोटे संकीर्ण स्वार्थों की परिधि में चक्कर काटते हुए सब ओर की उथल-पुथल और व्यापक परिवर्तनों से निरपेक्ष रह कर 'कोऊ नृप होय, हमें का हानी' की रट लगाता रहता है तो दूसरी ओर वही सामान्य जन जागरूक और संगठित होकर देश और मानव नियति की निर्णायक शक्ति भी बन जाता है। इतिहास साक्षी है कि कभी 'चोट' से और कभी 'वोट' से उसने अपनी इस अपरिमित और दुर्दमनीय शक्ति का प्रमाण बार-बार दिया है। परन्तु 'अंधायुग' में उसका चित्रण अत्यंत सरलीकृत और एकायामी ढंग से हुआ है। इस प्रकार, युद्ध चाहे देश के भीतर हो या बाहर, छोटा हो या बड़ा—हर हालत में उसके दुष्परिणाम आम आदमी को ही भोगने पड़ते हैं। परंतु आश्चर्य होता है यह देखकर कि भारती के ये प्रहरी महाभारत के उस महायुद्ध में भी कोई कष्ट या संताप नहीं भोगते।

परिस्थितियों से लगातार लंबे संघर्ष के बाद अपने जीवन से उपलब्ध मूल्य और सत्य को आचरण में उतारकर ही कोई व्यक्ति या जाति भविष्य का निर्माण कर सकती है। यहाँ देखने की बात यह है कि 'अंधायुग' के इन प्रहरियों को कौन से सत्य या मूल्य की उपलब्धि हुई है ? कृष्ण द्वारा प्रतिष्ठित मूल्य और मर्यादाएँ इस बीच झूठी और निरर्थक सिद्ध हो चुकी हैं। उन्हें परखे बिना समर्पित भाव से समग्रतः स्वीकार करने का मूल्य केवल किसी व्यक्ति या जाति को नहीं, पूरे युग को चुकाना पड़ा है। ऐसी स्थिति में नाटक की समाप्ति से पहले पुनः उसी कृष्ण के नए मूल्य और नई मर्यादाओं को स्वीकार करने का आह्वान क्या अर्थ रखता है ? यह नया सत्य किसने उपलब्ध किया है ? और क्या प्रमाण है कि पहले की तरह इस बार भी संपूर्ण सत्य का दावा करता यह चमचमाता ज्योति-वृत्त एक बार फिर से उसी तरह आधा-अधूरा, खोखला और बेमानी सिद्ध नहीं होगा ?

'अंधायुग' में पात्रों के **पारस्परिक संबंधों** का एक व्यापक स्पैक्ट्रम देखने को मिलता है। पति-पत्नी (धृतराष्ट्र-गांधारी), पिता-पुत्र (धृतराष्ट्र-युयुत्सु तथा दुर्योधन और

द्रोणाचार्य-अश्वत्थामा), भाई-भाई (कौरव-पाण्डव तथा कृष्ण-बलराम), ताऊ-भतीजा (धृतराष्ट्र-युधिष्ठिर), चाचा-भतीजा (विदुर-युयुत्सु-दुर्योधन), मामा-भांजा (अश्वत्थामा, कृपाचार्य), स्वामी-सेवक (धृतराष्ट्र-प्रहरी), गुरु-शिष्य (द्रोणाचार्य तथा कौरव-पांडव), दाता-भिक्षुक (धृतराष्ट्र-वृद्ध याचक), भगवान-भक्त (कृष्ण और विदुर-संजय) इत्यादि इंसानी रिश्तों के कई रूप यहाँ मौजूद हैं। परंतु युद्ध जैसी असामान्य स्थिति ने संबंधों की धुरी को हिला कर उनके मूल स्वरूप को परिवर्तित कर दिया है। आस्था और विश्वास का स्थान यहाँ संशय और अविश्वास ने ले लिया है। ऊर्ध्वाधर संबंधों का स्वरूप क्रमशः विघटित होने की प्रक्रिया में है। यह अलग बात है कि नाटक के अंत में रचनाकार अकस्मात् संबंधों के स्वस्थ-परंपरित स्वरूप की पुनः प्रतिष्ठा करके यथार्थ पर आदर्श का आरोपण कर देता है।

मानवता के विविध-स्तरों की एक संपूर्ण झाँकी भी हम इस रचना में देख सकते हैं। एक ओर देवत्व के स्तर पर यदि कृष्ण (व्यास, शंकर भी) प्रतिष्ठित हैं तो दूसरी ओर पशुत्व के स्तर पर अश्वत्थामा मौजूद है। मनुजता के अन्य धरातलों पर यदि विदुर, धृतराष्ट्र, संजय, गांधारी, कृपाचार्य, भिक्षुक, सैनिक और प्रहरी विद्यमान हैं तो प्रेत-योनि में भटकते हुए युयुत्सु और वृद्ध-याचक भी यहाँ उपस्थित हैं। 'अंधायुग' में मनुष्य के सभी रूपों और स्तरों की संपूर्ण अभिव्यक्ति का एक और प्रमाण यह भी है कि यहाँ हमें मनुष्य की लगभग सभी मूलवृत्तियों की तीव्र नाट्याभिव्यक्ति देखने को मिलती है।

मानव मन की जटिलता और दुर्बोधता को देखते हुए मनुष्य की मूल प्रवृत्तियों की संख्या के संबंध में वैज्ञानिकों का एकमत न हो पाना कतई आश्चर्यजनक नहीं है। जेम्स ने 32, थार्नडाइक ने 40 से 100 तक, ड्रेवर ने 2 तथा फ्रायड ने 1 मूल प्रवृत्ति मानी है। इस संदर्भ में मैक्डूगल का मत अपेक्षाकृत अधिक मान्य है—जिसके अनुसार मनुष्य की मूल प्रवृत्तियाँ 14 हैं। नीचे की तालिका में संवेग, प्रवृत्ति तथा 'अंधायुग' में उसकी स्थिति की एक स्थूल-सी झाँकी द्रष्टव्य है :

क्र. सं.	संवेग	प्रवृत्ति	अंधायुग में उपस्थिति
1.	क्रोध	युयुत्सा	अश्वत्थामा, गांधारी, युयुत्सु, गूंगा सैनिक के चरित्र
2.	जुगुप्सा	प्रतिकूलता, घृणा	युयुत्सु का प्रवेश, गांधारी द्वारा दुर्योधन तथा अश्वत्थामा दर्शन; गांधारी अश्वत्थामा यथा युयुत्सु के चरित्र
3.	आश्चर्य	जिज्ञासा	(युद्ध के परिणाम के प्रति) धृतराष्ट्र अश्वत्थामा के प्रतिशोध तथा उत्तरा

क्र. सं. संवेग	प्रवृत्ति	अंधायुग में उपस्थिति
		के गर्भ पर अश्वत्थामा के ब्रह्मास्त्र के परिणाम के प्रति, चौथे अंक का कथागायन, गांधारी-शाप का प्रतिफलन
4. आत्महीनता	दैन्य	अश्वत्थामा (आरंभिक संवाद पृ. 35 तथा 96), युयुत्सु (पृ. 57, 58, 87, 106), अंतराल, धृतराष्ट्र (पृ. 89, 113), गांधारी (पृ. 99, 101), युधिष्ठिर (पृ. 104-105), संजय (पृ. 31, 121)
5. भूख	आहार की खोज	वृद्ध याचक की भिक्षा, व्याध द्वारा शिकार
6. कामुकता	यौन प्रवृत्ति	
7. वात्सल्य	संतानैषणा एवं संततिरक्षा	गांधारी में दुर्योधन (अश्वत्थामा) के प्रति तथा कृष्ण में पांडवों और उत्तरा की भावी संतान के प्रति
8. एकाकीपन	संघ प्रवृत्ति	अश्वत्थामा-कृतवर्मा तथा कृपाचार्य (पृ. 64, 67) प्रतिहिंसा में अश्वत्थामा का अकेलापन
9. भय	पलायन	संजय का मृत्यु-साक्षात्कार, अश्वत्थामा (पृ. 90), पांडव शिविर में अग्निदाह (पृ. 80), युयुत्सु की आत्म-हत्या
10. कातरता	शरणागति	कृष्ण द्वारा उत्तरा के गर्भ की रक्षा, गांधारी (पृ. 98)
11. गौरव	आत्म-प्रदर्शन	गांधारी (पृ. 98, 99), वंदना (पृ. 119), प्रभु की मृत्यु (पृ. 127)
12. रचनात्मक आनंद	सर्जना	विदुर द्वारा युयुत्सु की सेवा (पृ. 112), वृद्ध द्वारा कृष्ण का अंतिम संदेश (पृ. 128)
13. प्रभुत्व का सुख	परिग्रह	कृष्ण का चरित्र
14. आमोद	हास्य	भीम के अमानुषिक हास्य-विनोद (पृ. 105-106)

एक सीमा तक अपना व्यक्ति-वैशिष्ट्य रखने के बावजूद 'अंधायुग' के पात्र विविध संवेगों अथवा मूल प्रवृत्तियों के प्रतीक भी हैं। पहले मर्यादा अर्थात् कृष्ण पर

आस्था—फिर मर्यादा-हीनता को देखकर मोहभंग और मोहभंग के कारणों की तलाश के परिणामस्वरूप घृणा की उत्पत्ति-घृणा स्वयं अपने प्रति भी और कृष्ण के प्रति भी। यही घृणा क्रोध और फलतः प्रतिशोध भाव को जन्म देती है—जो 'अंधायुग' के सभी महत्त्वपूर्ण और केंद्रीय पात्रों की धुरी है। परिस्थितिवश अश्वत्थामा और युयुत्सु में यही भावना आत्महीनता/दैन्य, एकाकीपन तथा भय/पलायन को भी जन्म देती है। अश्वत्थामा द्वारा वल्कल धारण कर तपोवन जाने का निर्णय या युयुत्सु द्वारा प्रजा और पांडवों के अत्याचारों से भागकर आत्महत्या कर लेना इसी की परिणति है। आत्महीनता/दैन्य धृतराष्ट्र में अपने अंधेपन के प्रति है। युधिष्ठिर में अपनी खोखली विजय के प्रति और संजय में तटस्थता तथा विदुर, कृपाचार्य, कृतवर्मा और प्रहरियों में दयनीय स्थिति के प्रति आत्महीनता का भाव पैदा होता है। युद्ध के परिणाम, अश्वत्थामा के प्रतिशोध तथा उत्तरा की भावी संतान के प्रति स्वाभाविक जिज्ञासा भाव मौजूद है तो वृद्ध याचक की भिक्षा, गूंगे सिपाही की प्यास तथा व्याध के शिकार में 'भूख' की अभिव्यक्ति होती है। कातरता/शरणागति के अंतर्गत कृष्ण द्वारा उत्तरा के गर्भ की रक्षा तथा गांधारी द्वारा अश्वत्थामा के लिए कृष्ण से लोहा लेने के निर्णय को रखा जा सकता है। वात्सल्य/संततिरक्षा के संकेत गांधारी (धृतराष्ट्र) में दुर्योधन/अश्वत्थामा के प्रति तथा कृष्ण में पांडवों के प्रति देखे जा सकते हैं। गौरव की अभिव्यक्ति कृष्ण के माध्यम से होती है।—कहीं-कहीं गांधारी और अश्वत्थामा में भी (मिथ्या) गौरव की झलक देखी जा सकती है। रचनात्मक आनंद का संकेत विदुर द्वारा घायल युयुत्सु की सेवा या वृद्ध द्वारा कृष्ण के अंतिम संदेश में है तो आमोद के अंतर्गत भीम के अमानुषिक हास्य विनोद को रखा जा सकता है। प्रभुत्व का सुख—यदि किसी में है तो शायद कृष्ण में हो !

कामुकता/यौन प्रवृत्ति ही एकमात्र मनोभाव/मूल-प्रवृत्ति है जिसका कोई भी संकेत 'अंधायुग' में विद्यमान नहीं है। विवेच्य नाटक की मूल-चेतना तथा परिवेश के सर्वथा अनुकूल इसमें घृणा, क्रोध तथा आत्महीनता का स्थान सर्वोपरि है। इनके बाद आश्चर्य/जिज्ञासा, एकाकीपन तथा भय को अभिव्यक्ति मिली है और भूख, वात्सल्य, कातरता/शरणागति, गौरव, रचनात्मक आनंद, प्रभुत्व का सुख तथा आमोद/हास्य के केवल कुछेक संकेत ही नाटक में उभरे हैं। प्रत्यक्षतः 'अंधायुग' में आक्रामक नकारात्मक मनोभाव ही पात्रों पर हावी हैं परंतु गहराई से देखने पर प्रतीत होगा कि रचना के अंत में जिस प्रकार सभी पात्र कृष्ण के प्रति श्रद्धावनत् हो जाते हैं उससे सकारात्मक मनोभावों की स्थापना का एक हल्का किंतु निश्चित संकेत भी वहाँ अवश्य ही मौजूद है, जो भारती की आस्तिकता के कारण इस संपूर्ण रचना को आस्था, विश्वास, मर्यादा प्रेम और सृजन जैसे मानव-मूल्यों की भूमिका या पूर्वपक्ष भर बना देता है। हाँ, यहाँ यह प्रश्न अवश्य ही विवाद का विषय हो सकता है कि इस रचना पद्धति से कलात्मकता और नाटकीयता की रक्षा कहाँ तक हो सकी है ?

सर्वविदित है कि मनुष्य अपनी आदिम/मूल भावनाओं की अभिव्यक्ति सामान्यतः

विस्मयादिबोधक शब्दों अथवा ध्वनियों से करता है और यह महज़ संयोग नहीं है कि 'अंधायुग' के संवाद 'छिः', 'अहा', 'ओह' 'आह' जैसे शब्दों तथा विस्मयबोधक चिह्नों से भरे पड़े हैं।

'अंधायुग' के पात्रों के जीवंत चरित्रांकन और व्यक्ति की मूल-प्रवृत्तियों के प्रतीक रूप में प्रस्तुतीकरण के साथ-साथ यह भी द्रष्टव्य है कि ये सभी चरित्र मानवीय अस्तित्व की अपेक्षा विशेप विचारधारा अथवा कुण्ठाओं के प्रतीक अधिक हैं। बीसवीं सदी की पतनोन्मुखी संस्कृति के प्रतिनिधि यहाँ उपस्थित हैं। युधिष्ठिर एवं धृतराष्ट्र नेतृवर्ग की अंधी शक्ति उपासना, संपूर्ण विश्व पर एकाधिकार की स्वार्थी वासना के प्रतीक हैं। एक विजयी वर्ग का है, एक विजित वर्ग का।...गांधारी मानवता का वह घबराया हुआ वर्ग है जो युग बर्बर पशुत्व, अमर्यादित नैतिकता और जीवन के द्वंद्वमय विरोधाभासी संस्कारों के कारण प्रतिक्रियास्वरूप 'कटु निराशा की उद्‌दृत अनास्था' का मार्ग पकड़ लेती है। अश्वत्थामा, प्रतिहिंसक पशुत्व और एक न्यूरोटिक युद्धलिप्सा के अर्द्ध सत्य का पोषक है। वध उसकी नीति नहीं मनोग्रंथि है।...अश्वत्थामा उस वर्ग का संकेत देता है, जिस पर महायुंद्धों का प्रत्यक्ष प्रभाव पड़ा। महायुद्ध के सीधे प्रभाव में आनेवाले राष्ट्रों के मानसिक असंतुलन की यह विक्षिप्तावस्था अश्वत्थामा के रूप में स्पष्ट रूप से सामने आती दिखाई देती है। यह वर्ग एक ऐसी नरवस टैंशन की स्थिति में रहा है और है जिसकी मानसिक कुण्ठाओं की तृप्ति के लिए युद्ध एक आवश्यक पदार्थ है। अश्वत्थामा के ब्रह्मास्त्र प्रयोग में अणु विस्फोट का संकेत है।[46] जैसा कि हम अन्यत्र देख चुके हैं कृष्ण ज्योति, विवेक या मानवता के प्रतीक हैं। युयुत्सु द्विधाविदीर्ण मानसिकता और द्वंद्वग्रस्तता का प्रतीक है तो संजय निष्क्रियता और निरपेक्ष सत्य। नामकरण और शीर्षकों की प्रतीकात्मकता तो स्वतः स्पष्ट है ही। कथात्मक दृष्टि से भी 'अंधायुग' की कथा प्रत्येक महासमर के उपरांत किसी भी युद्ध संस्कृति, अमानवीय विघटित विकृत मूल्यों, विकलांग, कुण्ठित और जीर्ण-शीर्ण क्षत-विक्षत घायल तन-मन की कथा की प्रतीकात्मक अभिव्यक्ति (भी) है।[47]

नाटकीय संवाद की विशेषताओं के अन्तर्गत प्रवाह और गति, क्षिप्रता, संक्षिप्ति, पात्रानुकूलता और लयपूर्णता आदि पर ध्यान दिया जाता है। परंतु पहली नज़र में 'अंधायुग' के संवाद इन तमाम विशेषताओं से संपन्न प्रतीत नहीं होते। अलग-अलग संवादांशों में प्रवाह-गति और क्षिप्रता होने के बावजूद संपूर्ण संवाद-योजना प्रवाहपूर्ण नहीं है। संवाद झटके दे देकर आगे बढ़ते हैं। लंबे-लंबे स्वगत-कथन और एकालापों के कारण ही राजिंदर नाथ जैसा प्रयोगधर्मी निर्देशक भी इसे एक अच्छे नाटक के स्थान पर एक 'लंबी कविता'[48] मान बैठता है और अन्य अनेक समीक्षक नई कविता की समर्थ-प्रांजल उपलब्धि मानकर इसे एक 'काव्य ग्रंथ' के रूप में मान्यता (?) प्रदान करते हैं। कुछेक को लगता है कि वक्ता-श्रोता शैली के कारण पात्रों के कथन 'संवाद' न बनकर वक्तव्य, एकालाप और संभाषण से बन गए हैं और 'समूचा नाटक ऐसे छोटे-छोटे संवाद-खंडों-सा

लगने लगता है जो कथाचातुर्य से जोड़ तो दिए गए हैं पर जिनमें नाटकीय शक्ति नहीं आ पाई है।[49]

परंतु भावावेश, उत्तेजना और तनाव की स्थिति में व्यक्ति का वाणी पर नियंत्रण नहीं रहता और 'अंधायुग' का एक भी पात्र ऐसा नहीं है जो कहीं-न-कहीं कुंठा, उत्तेजना, भावावेश और तनाव के जानलेवा गुंजलक में फँसा हुआ न हो। जैसे भूचाल से कोई सुदृढ़-सुरक्षित भवन अकस्मात् ढह जाए और मलबे में दबा प्रत्येक व्यक्ति अपनी पीड़ा को सर्वाधिक मानता हुआ, बिना दूसरे की या सुननेवाले की चिंता किए चिल्लाता चला जाए—कुछ-कुछ ऐसे ही हैं—'अंधायुग' के पात्रों के संवाद। इसलिए तकनीकी दृष्टि से और ऊपरी धरातल पर वह कितने ही दोषपूर्ण क्यों न लगें; कहीं बहुत भीतर से वह पात्रों की मनःस्थिति और उनकी चारित्रिक-विशेषताओं से जुड़े हुए हैं। छंदात्मक लय, नाटकीय कथन और अर्थ पर आग्रह ही इन संवादों की मूलभूत विशेषताएँ हैं। अल्काज़ी के शब्दों में, "Each character has a characteristic rhythm and language which sets him apart from the others."[50]

'अंधायुग' के चरित्रांकन और संवादों की एक महत्त्वपूर्ण आंतरिक विशेषता यह है कि चरित्र के मिजाज और उसके बोलने के अंदाज़ में अद्भुत एकता है। प्रत्येक व्यक्ति के उच्चारण का अपना अद्वितीय तरीका होता है। प्रत्येक व्यक्ति की वाणीगत अपनी निम्नतम और उच्चतम सीमा होती है, उसी के बीच वह बोलने के विभिन्न प्रयोग करता है। एक के बलाघात, पिच, टोन-सुर और मात्राकाल दूसरे से भिन्न होते हैं। संवादों में यह भिन्नता बनाए रखना अत्यंत कठिन किंतु महत्त्वपूर्ण कार्य होता है। इस दृष्टि से आधुनिक हिंदी नाटक में **डॉ. भारती, मोहन राकेश** और **सुरेंद्र वर्मा** के नाम विशेष रूप से उल्लेखनीय हैं। 'अंधायुग' के पात्र अपने चरित्र की मूल सीमाओं के भीतर रहकर बदलती परिस्थिति और मनःस्थिति के अनुकूल अपने बोलने का अंदाज़ बदलते चलते हैं (भाव का बदलाव तो सामान्यतः सभी नाटककारों में देखने को मिलता ही है)। इसी कारण कुछ समीक्षक 'अंधायुग' की अभिनयात्मक सफलता का श्रेय बहुत कुछ इसकी प्रसंगानुकूल बदलती टोन और लय को देते हैं। ध्वन्यात्मक लय के परिवर्तन से 'कथानक में गतिशीलता और तीव्रता उत्पन्न करने में भी अत्यंत सहायता मिली है। 'अंधायुग' के संवादों की टोन पात्रों की मानसिक स्थितियों के अनुरूप नीची-ऊँची होती चलती है। साथ ही स्वरों के कंपन की ओर भी इसमें ध्यान दिया गया है।'[51] अश्वत्थामा और कृष्ण के चरित्र का अंतर बिना शब्दार्थ जाने भी महज़ उनके संवादों को पढ़-सुनकर ही स्पष्ट हो जाता है। अश्वत्थामा के संवादों में जहाँ तीव्र उत्तेजना, तनाव, करंट और उबलता हुआ लावे का अतिरेक है वहाँ कृष्ण के संवादों में एक आश्चर्यजनक शांति, करुणा, ठहराव और गांभीर्य का संतुलन है। एक ही पात्र—अश्वत्थामा—के ये दो भिन्न अंदाज़ भी द्रष्टव्य हैं :

मेरी इस पसली के नीचे

दो पंजे उग आएँ
मेरी ये पुतलियाँ
बिना दाँतों के चीथ खाएँ
पाएँ जिसे।

और इसी अश्वत्थामा का यह स्वर :

मैंने नहीं मारा उसे…
मैं तो चाहता था वध करना भविष्य का
पता नहीं कैसे वह
बूढ़ा मरा पाया गया।
मैंने नहीं मारा
मातुल विश्वास करो।

अंतिम पंक्ति तक आते-आते बर्बर-हिंस्र अश्वत्थामा कितना विवश, दयनीय और असहाय हो जाता है। लंबे-लंबे एकालापों की नीरसता को नाटककार ने चरित्र के मूड के अनुरूप भाव-भाषा और अंदाज़ बदल कर काफी कुछ कम कर दिया है।

मौन का प्रयोग वैसे तो अनेक स्थानों पर इसमें हुआ ही है। परंतु तीसरे अंक में गांधारी-युयुत्सु के साक्षात्कार के समय गांधारी के हृदय-विदारक तीक्ष्ण व्यंग्य के उत्तर में युयुत्सु के मौन का जैसा अर्थपूर्ण, नाटकीय और प्रभावशाली प्रयोग भारती ने किया है, वैसा अन्यत्र दुर्लभ है।

संवाद मुक्त छंद में हैं और अनेक स्थानों पर नाटककार ने पद्य का आभास देने वाले सानुप्रास, समासयुक्त गद्य का नाटकीय प्रयोग भी किया है। एकरसता को तोड़ने के लिए छंद में भी परिवर्तन देखने को मिलता है और संवाद की लय में भी। जैसा कि ऊपर कह चुके हैं, वैसे तो प्रत्येक पात्र की एक अपनी लय है परंतु समय-समय पर उस लय के भीतर भी सूक्ष्म उतार-चढ़ाव आए हैं। संजय के भिन्न परिस्थितियों में बोले गए इन तीन संवादों की लय का अंतर देखिए :

मत छोड़ो
विनती करता हूँ
मत छोड़ो मुझे
कर दो वध
जाकर अंधों से
सत्य कहने की
मर्मांतक पीड़ा है जो
उससे तो वध ज्यादा सुखमय है

रुक-रुक कर वेदना के साथ विलंबित लय से निकलते इन शब्दों के मुकाबले तीव्र कार्य को बिजली-सी आक्रामकता के साथ व्यक्त करती इस संवाद की द्रुत लय

देखिए :

शंकर की दैवी असि लेकर अश्वत्थामा
जा पहुँचा योद्धा धृष्टद्युम्न के सिरहाने
बिजली सा झपट, खींचकर शैया के नीचे
घुटनों से दाब दिया उसको
पंजों से गला दबोच लिया
आँखों के कोटर से दोनों साबित गोले
कच्चे आमों की गुठली जैसे उछल गए
खाली गड्ढों में काला लहू उबल पड़ा

और इस छोटे से संवाद की यह बदली हुई लय :

माता वह कुरूप है
भयंकर है

संवेगों की तीव्रता या विक्षिप्तता की मनःस्थिति में व्यक्ति का शब्दों पर पूर्ण नियंत्रण नहीं रह जाता और प्रायः वह एक ही बात को बार-बार कहता है। दोहराने की इस युक्ति का उपयोग भारती ने अनेक स्थलों पर किया है। अवध्य संजय की संवेदना को, सात्यकि के उठे हुए शस्त्र के चमकदार ठंडे लोहे के स्पर्श ने (आसन्न मृत्यु की अनुभूति ने) किस प्रकार विकृत और उत्तेजित कर दिया है, उसकी अभिव्यक्ति इन पंक्तियों से स्पष्ट हो जाती है :

कैसे कहूँगा
मैं जाकर उन दोनों से
कैसे कहूँगा ?

और अपने आप को आश्वस्त करते संजय के निर्णय की यह भंगिमा देखिए :

फिर भी रहूँगा शेष
फिर भी रहूँगा शेष
फिर भी रहूँगा शेष
सत्य कितना कटु हो
कटु से यदि कटुतर हो
कटुतर से कटुतम हो
फिर भी कहूँगा मैं
केवल सत्य, केवल सत्य, केवल सत्य

दोहराने की इसी पद्धति का प्रयोग चरित्र के नितांत अनुकूल होने के कारण 'अश्वत्थामा' के संवादों में सर्वाधिक किया गया है :

पता नहीं मैंने क्या किया,
मातुल मैंने क्या किया !

क्या मैंने कुछ किया ?

संवादों में क्रमबद्धता, तत्परता, चुस्ती और प्रभावोत्पादकता लाने के लिए कथोद्घात् का प्रयोग भी अनेक स्थानों पर हुआ है। एक पात्र द्वारा बोले गए संवाद के वाक्य, वाक्यांश अथवा किसी शब्द विशेष को दुहराकर, उसमें नई अर्थ-ध्वनि भरकर, दूसरे पात्र द्वारा संवाद को आरंभ कराके नाटककार ने अनेक स्थानों पर चमत्कारिक प्रभाव उत्पन्न किया है। पहले अंक में प्रहरियों के वार्तालाप में अधिकांश और बाद में अनेक पात्रों द्वारा अनेक स्थानों पर इस पद्धति का प्रयोग हुआ है।

उदाहरणार्थ :

विदुर : मैं हूँ
विदुर
देखा धृतराष्ट्र ने ?
देखा यह भयानक दृश्य ?

प्रहरी 1 : देखेंगे कैसे वे ?
अंधे हैं।
कुछ भी क्या देख सके
अब तक
वे ?

यहाँ दोनों संवादों में 'देखने' के अर्थ, ध्वनि, स्तर और धरातलों का अंतर भी द्रष्टव्य है। संवाद यदि नाटक का माध्यम है तो भाषा संवादों का। और इन्हीं दोनों के माध्यम से नाटक का कथ्य अभिव्यक्ति पाता है। पद्य-नाटक की **भाषा** में काव्यात्मकता और नाटकीयता; व्यंज़नात्मकता और अभिधात्मकता, आलंकारिक बिंबात्मकता और बोलचाल की तीव्र सपाटबयानी के जिस अद्भुत समन्वय की अपेक्षा होती है, वह हिंदी पद्य-नाटकों में प्रायः कम ही देखने में आता है। इसके साथ अतीत और वर्तमान के रंग को समान शक्ति से अभिव्यक्ति देने का दायित्व भी कठिन और महत्त्वपूर्ण है। इस दृष्टि से 'अंधायुग' की **नाट्य-भाषा** के संदर्भ में सुप्रसिद्ध-नाट्य-समीक्षक नेमिचंद्र जैन का यह कथन अत्यंत प्रासंगिक और उल्लेखनीय है कि "The most important feature is its language which has an unusually evocative quality, combining poetic intensity with spontaneity of the spoken word and the variation of rhythm and colour so necessary for vital the artical expression."[52]

शब्द भंडार की दृष्टि से भारती ने संस्कृत और उर्दू के तत्सम, तद्भव, देशज तथा सहवर्ती, सम-तुकांत, द्वित्वपूर्ण शब्दों के साथ-साथ समकालीन जीवन की बोलचाल की मुहावरेदार एवं प्रवाहमयी शब्द-योजना का वैविध्यपूर्ण एवं कलात्मक प्रयोग भी किया

है। शब्दों में क्रिया-व्यापार को बाँधना अथवा पात्रों की मानसिक प्रतिक्रियाओं को जीवंत रूप में प्रस्तुत करना 'अंधायुग' की नाट्य-भाषा की एक अन्य उल्लेखनीय विशेषता है। **नाट्य-विडंबना** और **नाटकीय मौन** का भी अत्यंत व्यापक एवं प्रभावपूर्ण इस्तेमाल यहाँ देखने को मिलता है। इसके अतिरिक्त, 'सारी कृति में प्रश्नचिह्नों एवं विस्मयादिबोधक चिह्नों की प्रचुरता है। अनेक स्थानों पर पात्र भावुकता की स्थिति में या साँस फूल जाने या गला रुँध जाने के कारण बोलते-बोलते वाक्य को अधूरा छोड़कर ही मौन हो जाते हैं। कवि ने ऐसे अधूरे वाक्यों के सामने बिंदुओं का प्रयोग करके भावुकताजन्य मौन को व्यंजित किया है। कुछ स्थानों पर तो पात्र किसी विशेष परिस्थिति या मनःस्थिति के कारण अपने कथन के अंतिम शब्द तक को भी पूरा नहीं कर पाते हैं। झुलसे हुए घुटनों से घिसट-घिसट कर लंबी दूरी तय करके आनेवाले संजय का हाँफने के कारण अपने कथन के अंतिम शब्द 'कोस' को पूरा न कर पाना कितना भावाभिव्यंजक है। इसी प्रकार संजय युँयुत्सु के प्रति अश्वत्थामा के संभावित आक्रोश का ध्यान आते ही भयाक्रांत होकर उसके सामने युयुत्सु का नाम लेते-लेते रुक जाता है।'[53] चरित्रों, घटनाओं, शीर्षकों, प्रसंगों और संदर्भों से लेकर शब्दों तक **प्रतीकात्मकता** का विस्तार न केवल इस रचना को काव्य-वैभव से समृद्ध करता है बल्कि सघन, तीव्र एवं बहुआयामी अनुभव का आधार भी प्रदान करता है। रूपक, उपमा, उदाहरण, वीप्सा, परिकर, विरोधाभास और अपन्हुति जैसे परंपरागत भारतीय अलंकारों के अतिरिक्त विशेषण-विपर्यय, मानवीकरण तथा ध्वननशीलता जैसे अपेक्षाकृत नए एवं पाश्चात्य अलंकारों के कल्पनाशील प्रयोग से भारती ने अपनी भाषा का शृंगार किया है। 'अंधायुग' की नाट्य-भाषा की एक अन्य अत्यंत महत्त्वपूर्ण विशेषता है इसका **बिंब-विधान**। भारती के अनुभूति-प्राण बिंबों के निर्माण में ऐसी शब्दावली का योग है जो अपनी ध्वनि के द्वारा ऐंद्रिय-बोध को तीव्रता और गहराई से उभारती है। भारती ने भाषा के सभी प्रमुख अवयवों—संज्ञा, सर्वनाम, विशेषण, क्रिया, क्रिया-विशेषण का प्रयोग बिंबों के निर्माण में किया है।[54] बिंबों के वर्गीकरण से ज्ञात होता है कि विवेच्य नाटक में सृजन और विनाश के बिंबों का अनुपात एक और पाँच का है, जो रचना के शीर्षक और कथ्य के सर्वथा अनुकूल है। इसमें 5 सुरक्षात्मक (2 ढाल + 3 कवच) और 53 आक्रामक (भाले, बाण, ब्रह्मास्त्र, चक्र, असि, शक्ति प्रास, नाराच, गदा इत्यादि) हथियार आए हैं। अंधकार और प्रकाश के क्रमशः 53 और 13 बिंब हैं। रंगों में 118 काला और 35 लाल के मुकाबले हरा, पीला, स्वर्ण, नीला, सफेद वगैरह का सम्मिलित प्रयोग केवल 32 बार हुआ है। इस संदर्भ में यह बात विशेष उल्लेखनीय है कि निर्माण के अधिकांश बिंबों को उनके विशेषणों से जोड़कर देखने पर वे भी विनाश के वर्ग में शामिल हो जाते हैं। इसके अतिरिक्त, सृजन के ये बिंब 'प्रभु' से संबद्ध होने के कारण 'शुभ' और 'मृत्यु' की छाया से आक्रांत होने के कारण 'विनाशक' कहे जा सकते हैं। इस रचना को पढ़, सुन और देख कर लगता है जैसे, 'शब्द-ब्रह्म' से की गई रचनाकार की यह विनम्र वंदना कि 'दो

मुझे शब्द, दो रसानुभव, दो अलंकरण' निरर्थक सिद्ध नहीं हुई—हालाँकि 'अंधायुग' के जटिल कथ्य को प्रस्तुत करना एक बहुत बड़ी चुनौती थी क्योंकि, 'दायित्व गहन, भाषा अपूर्ण, श्रोता अंधे' अभिव्यक्ति का यह संकट दो कारणों से और भी जटिल हो उठता है। एक तो परंपरित भाषा के अधूरेपन के कारण और दूसरे नवीन अनुभूति एवं अनुभव की विकृति तथा आज के सत्य की बदली हुई प्रकृति के कारण। इस समस्या से निपटने के लिए कहीं रचनाकार पुराने शब्दों को नई अर्थ-छायाएँ देता है, उन्हें नूतन लय-संयोजनों में पिरोकर अभिप्रेत प्रभाव की सृष्टि करता है तो कहीं परंपरागत उपमानों-प्रतीकों और अलंकारों को अभिनव-भंगिमाओं में प्रस्तुत करके अथवा शक्तिशाली बिंबों की कलात्मक गतिशीलता द्वारा तीव्र रंगानुभूति उत्पन्न करने के मौलिक प्रयोग करता है। पौराणिक वातावरण के निर्माण और पात्रों के परंपरागत रूप के भ्रम को बनाए रखने के लिए एक ओर यदि कवि-नाटककार उस काल में प्रयुक्त अस्त्र-शस्त्रों के नाम, कर्म-काण्ड, धार्मिक रीति-रिवाज तथा संस्कारों, चमत्कारों एवं मान्यताओं का इस्तेमाल करता है तो दूसरी ओर वह उसे समकालीन बनाने के लिए आज के जनजीवन के शब्द-प्रयोगों, मुहावरों, अभिव्यक्तियों तथा घटनाओं-पात्रों की आधुनिक बौद्धिक व्याख्याओं को भी प्रस्तुत करने में कोई गुरेज़ नहीं करता। कथ्य और फार्म के धरातल पर विद्यमान परंपरा और प्रयोग, प्राचीनता और समसामयिकता, संस्कारी भावुकता और बौद्धिक आधुनिकता का द्वंद्व भाषा के स्तर पर भी देखा जा सकता है। एक ओर यदि नाटककार आज की नाट्य-भाषा की विस्फोटक तीव्रता, संघर्षशीलता और तनावगत-सामर्थ्य का इस्तेमाल करता है तो दूसरी ओर काव्य-भाषा की व्यंजनात्मकता, रसात्मकता, अलंकरणमयता और उदात्तता को पाने के लिए पुराने कवियों की तरह प्रभु के चरणों में वंदना भी कर लेता है। भाषा की नाटकीयता और काव्यात्मकता के द्वंद्व से उद्भूत रचनात्मक सामंजस्य ही 'अंधायुग' की भाषिक-चेतना की बुनियादी विशेषता है। ऐंद्रिय-बोध की तीव्रता और गहनता प्रदान करने तथा प्रत्यक्ष क्रिया-व्यापार की न्यूनताजन्य शिथिलता को कम करने के लिए भी भारती ने इस क्रिया-व्यापार समन्वित ध्वन्यात्मक एवं बिंबात्मक नाट्यभाषा का ही सर्वाधिक सहारा लिया है।

एक सही और प्रभावपूर्ण नाट्य-भाषा भिन्न-भिन्न पात्रों और परिस्थितियों के अनुकूल अभिनेता की **आवाज़** के वैविध्य के लिए संवादों में—शब्दों के चुनाव और उनके क्रम निर्धारण के माध्यम से—उपयुक्त संभावनाएँ प्रस्तुत करती है। 'अंधायुग' में एक ओर यदि कृष्ण की करुण, कोमल, शांत, गंभीर और घनी आवाज़ है तो दूसरी ओर भाव-विक्षिप्तता, थरथराहट और कंपनभरी अश्वत्थामा की खोखली आवाज़। यहाँ व्यास की छा जानेवाली वर्तुल अवाज भी है और (तीसरे अंक के उत्तरार्द्ध में) अश्वत्थामा, कृतवर्मा और कृपाचार्य की षड्यंत्रजन्य फुसफुसाहट भरी आवाज भी। गांधारी में करुणभावजन्य कंपित आवाज भी है और प्रतिशोध-क्रोधजन्य घनी, ठोस और कहीं भीतर से निकलती हुई चरम प्रभावपूर्ण दृढ़ आवाज भी।

रंग यूँ तो मूलतः चित्रकला से संबद्ध हैं परंतु अपनी अभिव्यक्ति-सामर्थ्य और प्रभविष्णुता के कारण प्रायः साहित्यकारों द्वारा भी प्रयुक्त किए जाते हैं। साहित्य-विधाओं में से नाटक के प्रत्यक्ष और अपेक्षाकृत अधिक मूर्त विधा होने के कारण इसमें रंगों का महत्त्व और भी बढ़ जाता है। रंगों के वैज्ञानिक और मनोवैज्ञानिक पहलुओं तथा उनके अर्थों, प्रभावों और प्रतीकार्थों को लेकर इधर काफी शोधकार्य भी हुआ है। रंगों के प्रति रचनाकार के निजी दृष्टिकोण और उनके विशिष्ट प्रयोगों को लेकर एक ओर यदि हम रचनाकार के व्यक्तित्व और उसके मनोविज्ञान का अध्ययन कर सकते हैं तो दूसरी ओर इनसे स्वयं रचना का भी गहन अध्ययन विश्लेषण प्रस्तुत किया जा सकता है। जहाँ तक भारती के व्यक्तिगत जीवन और उनके कृतित्व का प्रश्न है, निःसंदेह **नीला रंग** उन्हें सर्वाधिक प्रिय रहा है परंतु जहाँ तक 'अंधायुग' का सवाल है यह देखकर आश्चर्य होता है कि रचना के मूल कथ्य, संवेदना और समग्र प्रभाव को देखते हुए रचनाकार ने कहीं भी अपनी व्यक्तिगत रुचि को रचना पर हावी नहीं होने दिया है।

नीला रंग अपने आप में शक्तिशाली कंपनशील प्रभाव डालनेवाला और संकेंद्रित होनेवाला रंग है। हल्के आसमानी नीले से लेकर 'नेवी ब्लू' तथा समुद्री नीले तक की अनेक रंगतों में यह स्वयं को अभिव्यक्त करता है और इन्हीं रंगतों के कारण इसके अर्थ भी बदलते रहते हैं। परंतु सामान्यतः इस रंग में संवेदनशीलता और व्यग्रता-भावुकता उन्माद का अद्भुत समन्वय देखने को मिलता है। यह एक ठंडा रंग है, इसे पसंद करनेवाले व्यक्ति में आस्था, निष्ठा, समर्पण और आसक्ति का अपार भंडार होता है। यह व्यक्ति तत्काल मित्रता कर लेता है परंतु अधिकांशतः उसमें औपचारिक-सा बना रहता है। आत्मनिर्भर होने के बावजूद सहकारिता और सहयोग के महत्त्व को स्वीकारता है। आसमानी नीले में निःस्वार्थ भावना और आध्यात्मिक चेतना प्रमुख होती है तो समुद्री नीले में समर्पण की अपेक्षा अनुराग अधिक रहता है और व्यक्ति प्रायः 'मूडी' होता है। डॉ. धर्मवीर भारती स्वयं अथवा उनका कोई निकटस्थ व्यक्ति ही बता सकता है कि ये विशेषताएँ कहाँ तक उनके व्यक्तित्व में विद्यमान हैं ? रचनाकार के रूप में निःसंदेह भारती का व्यक्तित्व नीले रंग की इन तमाम विशेषताओं के पर्याप्त अनुकूल बैठता है।

'अंधायुग' में नील या नीला का स्पष्ट उल्लेख केवल तीन स्थानों पर हुआ है[55] और एक स्थान पर 'तन साँवल' (पृ. 120) का भी जिक्र है। इन चारों स्थानों का संबंध कृष्ण से है जो चारित्रिक दृष्टि से और परंपरासिद्ध होने के कारण संगत और उचित ही है। इनके अतिरिक्त तीन बार 'नभ' (पृ. 92, 93, 93) का प्रयोग हुआ है–ज़ो प्रकारांतर से नीले का ही द्योतक है। इनमें से एक स्थान पर इसका संबंध नभ के देवताओं की साक्षी से है, तो शेष दो स्थानों पर यह ब्रह्मास्त्रों के टकराने का स्थल मात्र है–जिससे सूरज बुझ जाएगा और धरती बंजर हो जाएगी। अतः शीघ्र ही नीला यहाँ काले और भूरे में बदलनेवाला है। **हरा** रंग लाल का विरोधी होने के कारण क्रोध और

तीव्रता को शांत करनेवाला रंग है। प्रकृति का रंग होने से हम इसे सृजन, विकास और समृद्धि का सूचक मान लें तो यह देखकर आश्चर्य होता है कि पूरे 'अंधायुग' में केवल एक स्थान पर ही 'हरी भरी धरती' (पृ. 103) का संदर्भ आया है, और एक अन्य स्थान पर कृष्ण के 'मोर पंख' (पृ. 74) का रंग भी प्रकारांतर से हरा माना जा सकता है। 'अंधायुग' के विनाश, विध्वंस और भविष्यहीनता को देखते हुए हरे का नगण्य प्रयोग भी पूर्णतः उचित ही प्रतीत होता है। ठीक यही स्थिति सफ़ेद की है। सफ़ेद रंग सामान्यतः पवित्रता, शुद्धता, शांति और तटस्थता का द्योतक माना जाता है। केवल एक स्थान पर भविष्यवक्ता ज्योतिषी अथवा याचक के चित्रण में 'श्वेत केशी' (पृ. 33) शब्द का प्रयोग हुआ है जिसमें एक सीमा तक उपरोक्त विशेषताओं का होना माना जा सकता है। ध्यातव्य है कि बाद में इसी 'श्वेत केशी' का वध अश्वत्थामा द्वारा कर दिया जाता है और 'अंधायुग' में सफ़ेद पूरी तरह समाप्त हो जाता है क्योंकि 'हिमालय के शिखर' (पृ. 116) की बर्फ़ीली श्वेतता का प्रयोग युधिष्ठिर द्वारा आत्महत्या के प्रसंग में नकारात्मक ढंग से ही किया गया है। दो स्थानों पर 'सफेद केंचुल' (पृ. 73) और सफेद पट्टियाँ (73) और दो पर केवल पट्टियाँ (पृ. 73, 98) का भी उल्लेख है, परंतु यहाँ बल सफेदी पर न होकर अवरोध, अज्ञान या मोहांधताजन्य संकीर्णता की द्योतक पट्टियों पर है।

पीला स्वभाव से ही फैलाव अथवा अतिव्याप्ति ढूँढ़नेवाला रंग है। यह सूर्य का रंग है और पुरातन रहस्यवादियों ने बुराई को नष्ट करने के लिए इसका प्रयोग ठीक उसी प्रकार किया है, जिस प्रकार कि सूर्य की किरणें अंधकार को पराजित कर देती हैं। 'अंधायुग' में स्पष्टतः पीले का प्रयोग केवल एक बार (पृ. 117) पर हुआ है। काले और काल के साथ संबद्ध होने के कारण यहाँ वह अपने मूल प्रभाव को खो देता है। ठीक यही स्थिति **सूरज** की है जो पृ. 93 और 94 पर ब्रह्मास्त्र के कारण बुझ रहा है तो पृ. 117 पर काले-काले कबंधों से युक्त दिखाई देने के कारण अशकुन बनकर जनता में भय का संचार कर रहा है। **प्रकाश** बन कर भी आग लगा रहा है तो पृ. 114 का 'प्राणांतक' प्रकाश 'कुंती' गांधारी और धृतराष्ट्र के लिए चिता की आग बन रहा है। स्पष्ट है कि 'अंधायुग' के सूचीभेद्य अंधकार को तिरोहित करनेवाला पीलारंग कृति में कहीं नहीं है। **स्वर्णवर्ण** को पीले और लाल के मिश्रण से बने नारंगी के आसपास का रंग माना जाता है। विवेच्य कृति में कृष्ण के संदर्भ में दो बार 'कंचन-माथा' (पृ. 120) और 'स्वर्ण मस्तक' (पृ. 127) का प्रयोग हुआ है। खरेपन, पवित्रता और मूल्यवत्ता के साथ-साथ इस रंग का संबंध आत्म-निर्भरता, अहंकार और महत्त्वाकांक्षा से भी है। इस रंग से संबंधित व्यक्ति लोकप्रियता और सफलता पाने के लिए जो-जो कुछ करते हैं, उससे इन्हें कभी-कभी जनसामान्य के संदेह और अविश्वास का शिकार भी होना पड़ता है। ये अपने विरोधियों पर अपनी ओजस्विता, समृद्धि और बुद्धि-चातुरी से हावी होकर अंततः सफलता प्राप्त कर लेते हैं। इस दृष्टि से 'महाभारत' के सूत्रधार

और 'अंधायुग' के प्रभु कृष्ण के चरित्र से इस स्वर्णवर्ण की पूर्ण संगति बैठ जाती है। परंतु इसके अतिरिक्त पृ. 97 पर भी 'स्वर्ण शिरस्त्राण' का उल्लेख मिलता है। यहाँ इसका संबंध दुर्योधन से है जो पराजित होकर मर चुका है, इसलिए 'स्वर्ण' का धनात्मक पक्ष यहाँ गौण हो जाता है। 'अंधायुग' में **ज्योति** का स्पष्ट उल्लेख सात बार हुआ है परंतु इसका रंग वास्तव में क्या है, निर्भ्रांत रूप में यह कहना कठिन है। 'ज्योति' (पृ. 10,80) 'ज्योति बाण' (पृ. 82,113) 'ज्योति वृत्त' (पृ. 90,124) और 'बुझती ज्योति' (पृ. 122) का रंग पीले, लाल, स्वर्ण और श्वेत के बीच में से कोई एक या इनके सम्मिश्रण से बना कोई नया रंग भी स्वीकार किया जा सकता है। यूँ तो तीन स्थानों पर 'ज्योति' का अर्थ यहाँ प्रकाश ही है। परंतु अन्यत्र इसी शब्द को जब लेखक धुआँ, लपट···इत्यादि या आग अथवा झूठी आस्था का पर्याय बना देता है तो रंग निर्धारण में काफी कठिनाई पैदा हो जाती है।

लाल और काला दो ऐसे रंग हैं जिनका सर्वाधिक प्रयोग इस रचना में हुआ है। लाल रंग की भी अनेक रंगतें हैं और उनके अनुसार अर्थ बदलते हैं; परंतु सामान्यतः हम कह सकते हैं कि यह शक्तिशाली रंग वीरता, क्रोध, पौरुष, दृढ़ता, निर्भीकता, आवेश और युद्ध-लोलुपता का द्योतक है। परंतु भारतीय संस्कृति में सिंदूर के रूप में इसका संबंध मंगल और सौभाग्य से भी माना जाता रहा है। विवेच्य कृति में स्पष्टतः लाल शब्द का प्रयोग एक भी बार नहीं हुआ है। परंतु सिंदूर, रक्त, और आग का रंग लाल मान लेने पर पैंतीस स्थानों पर इसका संकेत मिलता है। विधवा कौरव वधुओं के माथे से सेंदुर (पृ. 22) की रेखाएँ पुँछवाकर नाटककार ने इसके सौभाग्य और मंगलसूचक प्रभाव को विपरीतार्थ प्रदान कर दिया है। इसके अतिरिक्त चौदह बार 'रक्त' और सत्तरह बार 'अग्नि' के संदर्भ के साथ-साथ एक-एक बार 'सुबह', 'दुपहर' और 'संध्या' के रूप में भी इस रंग का उल्लेख हुआ है। परंतु अधिकांशतः इस रंग का प्रयोग भारती ने हिंसा, विनाश और अमंगल के चित्रण के लिए ही किया है।

जहाँ तक **काले** रंग का सवाल है पाश्चात्य और भारतीय दृष्टि में भारी अंतर है। पाश्चात्य और विशेषकर अंग्रेज़ी समाज और संस्कृति में ये रंग सम्मेलन और औपचारिकता के साथ-साथ (झूठ-अहंकार रहित) सम्मान और गौरव का प्रतीक है जबकि हमारे यहाँ इसे तामसिकता, अंधकार और अंधेपन से जोड़ने के कारण अज्ञान, विवेक-शून्यता, अहंकार, मूढ़ता, अमंगल, अवसाद जैसी नकारात्मक प्रवृत्तियों का द्योतक माना जाता रहा है। काले रंग के प्रतीकार्थ की दृष्टि से भारती पूर्णतः भारतीय हैं। नामकरण से लेकर संवेदना और समग्र प्रभावशीलता तक इस कृति में अंधता का साम्राज्य है। स्पष्टतः काले रंग का उल्लेख यदि इस रचना में छः स्थानों पर हुआ है—काला बिंदु, (पृ. 18), काली रक्तरंगी घृणा (पृ. 75), काली चट्टान (पृ. 76), काले-काले कबंध (पृ. 117), काला (पीला) काल (पृ. 117) और काला खून (पृ. 120) तो 'अंधायुग' शब्द का प्रयोग भी (पृ. 10, 124, 126, 127, 127, 130) छः बार

ही किया गया है। इसके साथ ही अंधता (अंधे) अंधापन, अंधा (बर्बर) पशु, अंधी प्रवृत्तियाँ, अंधी संस्कृति, अंधी (गहन) गुफाएँ, अंधगह्वर, अंधी आशा, अंधा राजा, अंधे पिता, अंधे धृतराष्ट्र, अंधे शासक, अंधे श्रोता, अंधे आदेश, अंधा दर्शन, अंधा समुद्र, अंधे साँप, अंधेपन का अंधियारा, अंधा लोक, अंधे प्रेत, अंधी प्रतिहिंसा, आत्मघाती अंध, अंधा संशय, भय का अंधापन, ममता का अंधापन, अधिकारों का अंधापन, और अंधेपन की अटल परंपरा का व्यापक काला रंग कृति में कुल छप्पन बार प्रयुक्त हुआ है। यह अंधेरा इतना सघन और अटूट है कि कवि को अंधियारे के साथ भी 'अंधेपन' के विशेषण की आवश्यकता प्रतीत होती है। यूँ 'अंधेरे' का प्रयोग यहाँ बाइस बार हुआ है तो बादल, धुआँ और आँधी-अंधड़ का नौ बार तथा रात का तेरह बार। इस कुल एक सौ ग्यारह की संख्या में यदि हम नाग-साँप (चार बार) तथा कीचड़ और गँदले पानी (एक-एक बार) का रंग भी काले-मटमैले के आसपास मान लें तो 'अंधायुग' में काले रंग का प्रयोग एक सौ सत्रह की संख्या तक पहुँच जाता है।

इससे स्पष्ट है कि नाटककार की धारणा और घोषणा के विपरीत रंगविधान की दृष्टि से यह कथा मूलतः अंधकार की ही है और प्रकाश की बुझती हुई दो एक रेखाएँ वैषम्य उत्पन्न करके इस अंधकार को और अधिक सघन और गहरा ही बनाती हैं।

अपने प्रकाशन-काल से लेकर अब तक 'अंधायुग' पर पाश्चात्य-साहित्य, दर्शन, धर्म इत्यादि के **प्रभाव-ग्रहण** एवं अंधानुकरण के अनेक आक्षेप लगाए जाते रहे हैं। विश्वम्भर मानव के अनुसार, "अंधायुग, अपने मूल रूप में एक अनुकरणमूलक कृति है। समसामयिक योरोपीय लेखकों के समान इसमें भी अनास्था, संत्रास, विसंगति, जीवन की व्यर्थता और आत्महत्या की, जिनका हमारे जीवन और दर्शन से कोई संबंध नहीं है, स्थान-स्थान पर चर्चा की गई है।" निःस्संदेह 'अंधायुग' में अस्तित्ववादी चिंतन और साहित्य का प्रभाव दिखाई देता है, परंतु यह कहना कि अनास्था, विसंगति, व्यर्थता और आत्महत्या का हमारे आज के तनावपूर्ण द्विधाविदीर्ण जीवन से कोई संबंध ही नहीं है अपने आपको आज के जीवन-प्रवाह से काटकर हाथी दाँत की सुंदर-सुरक्षित मीनारों में कैद कर लेना होगा। यह सही है कि युद्ध, ऊब, संत्रास और विसंगति का प्रत्यक्ष-प्रबल अनुभव पहले पश्चिम को ही हुआ था, परंतु स्वतंत्रता के इन तैंतीस वर्षों में हमने कुछ भी त्रासद जाना-भोगा नहीं है—ऐसा कहना और मानना शुतुरमुर्गीय प्रवृत्ति का ही प्रमाण होगा। अपने घुटनभरे-घिनौने वर्तमान से भागकर स्वप्निल-सुनहरे अतीत में लौट सकना, अब किसी भी तरह संभव नहीं है। आचार्य नंददुलारे वाजपेयी ने इसे, 'कवि मन पर पड़ी युग की छाया'[56] कहकर इसी सत्य की ओर इशारा किया था।

अस्तित्ववादी चिंतन मूलतः महायुद्धों की देन है। कीर्केगार्द, यास्पर्स, नीत्शे, मार्सल, सार्त्र, कामू और काफ़्का—सभी ने अपने ढंग से युद्ध की विभीषिका को संवेदना के स्तर पर भोगा और उसके संत्रास, दर्द, व्यर्थता और विसंगति को अपने अस्तित्व के धरातल पर झेला है। 'अंधायुग' के पात्रों की स्थिति बिल्कुल वही है जो इन

अस्तित्ववादी चिंतकों की रही है। अस्तित्व के खंडित रूपों और संबंधों के अनेक स्तर हमें 'अंधायुग' में देखने को मिलते हैं। इस दृष्टि से सर्वाधिक महत्त्वपूर्ण पात्र है–युयुत्सु। इसके माध्यम से भारती ने आज के बुद्धिजीवी तथा विशेषकर प्रतिबद्ध (?) बुद्धिजीवी की त्रासदी को प्रस्तुत किया है। अस्तित्ववादियों के अनुसार जीवन विसंगति का पर्याय है। इससे कोई अंतर नहीं पड़ता कि व्यक्ति को यह बोध जीवन में आशा से मिलता है या निराशा से। जीवन और जगत् में तर्कहीनता और विसंगति का यह बोध युयुत्सु में 'अनास्था' के माध्यम से इन शब्दों में मिलता है :

अन्तिम परिणति में
दोनों जर्जर करते हैं
पक्ष चाहे सत्य का हो
अथवा असत्य का।

युयुत्सु अपनी स्वतंत्रता के प्रमाणस्वरूप अपने वरण के अधिकार का उपयोग कर कौरवों का पक्ष छोड़ पांडवों की ओर से लड़ता है, परिणामस्वरूप उसे भीषण मानसिक यातना झेलनी पड़ती है।

डॉ. श्रीपति त्रिपाठी नाटक के अंत में युयुत्सु, गांधारी, धृतराष्ट्र तथा युधिष्ठिर की आत्महत्या पर ओ'नील एवं सार्त्र का प्रभाव मानते हैं।[57] अस्तित्ववादियों ने 'आत्महत्या' को बेशक एक गंभीर दार्शनिक समस्या के रूप में उठाया है। कामू का विचार है कि आत्महत्या एक महत्त्वपूर्ण समस्या ज़रूर लगती है, क्योंकि जीवन के बारे में गहराई और गंभीरतः से सोचनेवाला हर व्यक्ति इस बिंदु से टकराता है।[58] युयुत्सु जीवन के बारे में गहराई और गंभीरता से सोचता है और जीवन और जगत् की मूलभूत विसंगति को पहचानकर उससे मुक्त होने के लिए आत्महत्या कर लेता है। परंतु वहाँ भी मुक्त न होकर 'अंधी गहन गुफाओं' और 'अंध लोकों' में भटकता रहता है। युयुत्सु की यह परिणति भी अस्तित्ववादियों के इस निष्कर्ष से मिलती-जुलती है कि आत्महत्या महत्त्वपूर्ण समस्या होने के बावजूद निष्प्रयोजन हैं क्योंकि इससे विसंगति का कहीं कोई समाधान नहीं मिलता, अतः इस विसंगति के प्रति सचेत रहने के अलावा हम कर कुछ नहीं सकते।

धृतराष्ट्र का दावाग्नि को 'ज्योतिवृत्त' और गांधारी का 'प्राणांतक प्रकाश' कह कर जल जाना वास्तव में आत्महत्या ही है। जीवन की इसी विसंगति का बोध युधिष्ठिर को भी आत्महत्या की ओर प्रेरित करता है और वह कह उठते हैं :

जाने दो
मुझको गल जाने दो हिमालय के शिखरों पर।

युधिष्ठिर भी शारीरिक न सही मानसिक आत्महत्या तो करते ही हैं और 'नान्यः पंथाः' की विवशता को अनुभव करते हुए उन्हें लगता है :

और विजय क्या है ?

एक लम्बा और धीमा
और तिल-तिल कर फलीभूत
होने वाला आत्मघात
और पथ कोई भी शेष
नहीं है अब मेरे आगे।

एक ओर युधिष्ठिर की विजय की यह परिणति है तो दूसरी ओर राजा दुर्योधन की पराजय उसे उस परिणति तक ले जाती है जहाँ :

कोटर से झाँक रहे थे
दो खूँखार गिद्ध।
इस झाड़ी से उस झाड़ी में थे
घूम रहे
गीदड़ और भेड़िये
जीभें निकाले
लोलुप नेत्रों से
देखते हुए अपलक
राजा दुर्योधन को।

युद्ध और जीवन की विडंबना से साक्षात्कार करने के बाद अश्वत्थामा भी अंततः इसी बिंदु से टकराता है :

आत्मघात कर लूँ ?
इस नपुंसक अस्तित्व से
छुटकारा पाकर
यदि मुझे
पिघली नरकाग्नि में उबलना पड़े
तो भी शायद
इतनी यातना नहीं होगी।

अश्वत्थामा 'आत्मघात' के माध्यम से 'हत्या' और 'प्रतिशोध' के माध्यम से अपने इस नपुंसक बेतुके अस्तित्व से छुटकारा पाने का प्रयास करता है। 'अकेलेपन' की चर्चा भी अस्तित्ववादियों ने अक्सर की है। अश्वत्थामा की इन पंक्तियों में हम उस अकेलेपन का भी संकेत पा सकते हैं—"सुनते हो पिता/मैं इस प्रतिहिंसा में/बिल्कुल अकेला हूँ।" किन्हीं क्षणों में संजय को भी लगता है कि "खोता जाता हूँ क्रमशः/अर्थ अपने अस्तित्व का।" प्रहरियों के वार्तालाप में तो सर्वत्र ऊब, निरर्थकता, अनास्था और विसंगति के दर्शन होते ही हैं। और मानव-जीवन की विसंगति, और तर्कहीनता का इससे बड़ा उदाहरण और क्या होगा कि गांधारी के शाप को पुत्रवत् स्वीकार करके मानवीय-मूल्यों की प्रतिष्ठा करनेवाले एकमात्र पात्र कृष्ण को ही अंततः पशुवत् मरना पड़ता है! कुल

मिलाकर, हम कह सकते हैं कि चूँकि अस्तित्ववाद कोई पूर्व-निर्धारित दर्शन-परिपाटी नहीं है, यह सोचने-विचारने की एक ऐसी दृष्टि है जो वस्तुपरक की अपेक्षा आत्मपरक ही अधिक है इसलिए दृष्टि से आत्मविश्लेषण के माध्यम से आत्मसाक्षात्कार करता हुआ 'अंधायुग' का प्रत्येक पात्र कहीं न कहीं अस्तित्ववाद से प्रभावित कहा जा सकता है। एक दृष्टि से देखें तो सार्त्र का यह कथन कि हमारे लिए, यदि ईश्वर हो भी तो यह तय करने की ज़रूरत है कि हम स्वयं अपने उद्धारक हैं।[59] 'अंधायुग' के वृद्ध के शब्दों में कृष्ण का अंतिम संदेश भी हमें उसी बिंदु पर ले जाकर छोड़ देता है जहाँ हम स्वयं अपने उद्धारक हैं। यहीं आकर 'प्रभु की मत्यु' नीत्शे के 'ईश्वर मर गया है' की ध्वनि भी देने लगती है। विश्वम्भर मानव के विचार से, यदि कृष्ण के देहांत में 'ईश्वर मर गया है' वाले अत्याधुनिक नारे की पुष्टि किसी प्रकार कर दी गई है तो डॉ. बच्चन सिंह मानते हैं कि यह नीत्शे के स्वर से अलग है। फिर भी उससे मानवीय आस्था का उदय होता है, क्योंकि प्रभु का दायित्व लोगों ने ले लिया है—परंतु वास्तविकता यह है कि ईश्वर की मृत्यु के बाद नीत्शे स्वयं कहता है: 'अब हम सभी सहज रूप से ईश्वर बन जाएँ। सचमुच इस महत् कार्य से बड़ा कोई कार्य हो ही नहीं सकता।' एक भिन्न दृष्टि से देखें तो ज्ञात होगा कि "प्रभु की मृत्यु का उल्लेख प्रायः सभी धर्मों की पौराणिक गाथाओं में मिलता है। इस विषय पर धर्मग्रंथों का पुनर्जन्म का सिद्धांत एक सर्वमान्य धरातल पर उपस्थित मिलता है। सुमारियन-बेबीलोनियन ईश्वर **तमूज़** फोनीशियन ग्रीक **एडोनिस,** फ्रीजियन **एरिस** और इजिप्शयिन **ऑसिरिस** आदिम कल्पना-प्रसूत देवता हैं, जो जीवन पर ऋतुओं की भाँति शासन करके और फिर मृत्यु की शक्ति के सामने झुक जाते थे, किंतु यह मृत्यु शाश्वत् नहीं थी, उसमें पुनर्जन्म के बीज रहते थे।"[60]

इन तर्कों के प्रकाश में हम कह सकते हैं कि 'अंधायुग' में अस्तित्ववादी चिंतन के अनेक संकेत मौजूद हैं जिन्हें भारती ने पात्रों और स्थितियों के मूलस्वरूप तथा आंतरिकता से जोड़कर सृजनात्मक रूप में प्रस्तुत किया है। इसे हम किसी भी दृष्टि से नकल या अनुकरण नहीं मान सकते।

'अंधायुग' पर और विशेषतः कृष्ण के चरित्र पर **ईसाइयत का प्रभाव** भी स्वीकार किया गया है। अनेक स्थानों पर कृष्ण के शब्द जीसस के शब्दों जैसे सुनाई पड़ते हैं।[61] समापन के अंत में संजय, अश्वत्थामा और युयुत्सु के संवाद आत्म-स्वीकार (कनफ़ैशन) जैसे लगते हैं। प्रभु की मृत्यु को रूपांतरण मानने, अपने रक्त से दुखी मानवता का प्रतिनिधित्व करने तथा मृत्यु के पश्चात् मुक्ति के संकेतों में भी ईसाई धर्म और दर्शन का प्रभाव देखा जा सकता है। इसके अतिरिक्त डॉ. इन्द्रनाथ मदान के शब्दों में, "भारती ने 'अंधायुग' में कौरव नगरी को उसकी उजड़ती और गिरती दशा में उसी तरह पकड़ने की कोशिश की है जिस तरह इलियट ने वेस्टलैंड में लंदन को और जायस ने यूलिसेस में डबलिन को। इनकी स्थितियाँ कौरव नगरी की स्थिति से अलग होकर भी एक दृष्टि से समान हैं कि इनमें संबंध टूट रहे हैं इंसान की हस्ती खतरे में पड़ चुकी है, आस्था

टूट चुकी है।''[62] पाश्चात्य साहित्य एवं चिंतन के इन चेतन-अवचेतन प्रभावों और समानताओं से अलग हट कर डी. प्रेमपति ने इसे पूर्णतः एक 'अभारतीय प्रयोग' मानते हुए इसकी 'अर्थवत्ता का सवाल' उठाया है और इसे टी.एस. इलियट के 'मर्डर इन द कैथीड्रल' की विशुद्ध परंतु असफल नकल करार देकर सिद्ध किया है कि भारती में, ''बर्नार्ड शा और ब्रेख्त की वैज्ञानिकता नहीं है कि हमें भूत को आधुनिक भाषा में वैसे समझा सकें जैसे 'सेंट जोन' और 'गेलीलियो' में इन दोनों नाट्य-शिल्पियों ने किया। दूसरी ओर उनमें इलियट की सनातनता नहीं है कि वे हमें (हमारे ?) विवेक को छिछला बताकर सनातन धर्म की ओर ले जाते जैसे 'मर्डर इन द कैथीड्रल' में किया गया।''[63] इस प्रकार की मूल्यांकनपरक और पूर्वाग्रही समीक्षा (?) पर कुछ न कहने की इच्छा के बावजूद इस निष्कर्ष तक पहुँचानेवाले कुछेक तर्कों के नमूने देख लेना यहाँ अप्रासंगिक नहीं होगा।

समीक्षक डी. प्रेमपति के विचार से 'अंधायुग' में (1) संवादों का मुक्त छंद में होना, (2) आवश्यकतानुसार लय-परिवर्तन करते रहना, (3) ग्रीक कोरस के निम्न वर्ग के पात्रों की भाँति दो प्रहरियों को पेश करना, (4) अंतराल में वृत्तगंधी गद्य का प्रयोग करना, और (5) कथानक में कुछ उत्पाद्य तत्त्वों का समावेश—ऐसी विशेषताएँ हैं जो 'अंधायुग' को अभारतीय और अनुकरणमूलक रचना सिद्ध करने के अकाट्य प्रमाण प्रस्तुत करती हैं क्योंकि, ''कालिदास से रवीन्द्रनाथ ठाकुर तक और रवीन्द्रनाथ ठाकुर से मोहन राकेश तक भारतीय नाट्य परंपरा में हम एक भी ऐसा नाटक नहीं पाते हैं जिसमें इन पाँचों शिल्पगत विशेषताओं को एक साथ प्रयोग में लाया गया हो।'' इसलिए ''जाहिर है कि 'अंधायुग' हिंदी और भारतीय नाट्य परंपरा की कड़ी नहीं है।''[64] वैसे तो उपरोक्त तर्क ही अपने आप में सही नहीं हैं फिर भी, उसे सत्य मान लेने पर भी क्या हम कह सकते हैं कि आज सूट या टाई पहन लेने मात्र से ही करोड़ों भारतवासी भारतीय नहीं हैं या अंग्रेजी में लिखा जानेवाला भारतीय साहित्य भी भारतीय नहीं है क्योंकि अंग्रेजों के आगमन से पहले हमारे यहाँ अंग्रेजी में लिखने की कोई 'परंपरा' नहीं रही है। उपरोक्त पाँच में से अधिकांश विशेषताएँ काव्य-नाटकों में अनिवार्यतः पाई ही जाती हैं। अच्छा होता यदि विद्वान समीक्षक ने यहाँ भारतीय-अभारतीय जीवन एवं साहित्य के मूलभूत तत्त्वों की बात की होती और तब किसी निष्कर्ष पर पहुँचे होते। इसके अतिरिक्त एक प्रश्न यह भी है कि नाटककार के रूप में भारती के परवर्ती मोहन राकेश ने यदि इस प्रकार का कोई प्रयोग किया होता तो क्या भारती की इस रचना को भारतीय माना जा सकता था ? क्योंकि ''हिंदी में नाट्य-काव्य की सशक्त परंपरा कभी नहीं रही।''[65] क्या मात्र इसीलिए भारती को एक सशक्त काव्य-नाटक लिखने का अधिकार नहीं था ? इन समीक्षक महोदय की यह भी मान्यता है कि 'अंधायुग' काव्य नहीं है और इसे बिना कोई क्षति पहुँचाए गद्य में रूपांतरित किया जा सकता है। अंग्रेजी के पंडित और इलियट के प्रेमी विद्वान को काव्य-नाटक में 'काव्य' के स्वरूप और प्रकृति

के विषय में तो क्या कहें ? हाँ, सूचनार्थ इतना निवेदन अवश्य करना चाहते हैं कि रायपुर में 'हस्ताक्षर' द्वारा 1975 में 'अंधायुग' के काव्य को गद्य में रूपांतरित करके 28 अप्रैल को जो प्रदर्शन किया गया था उसकी असफलता का एक मूलभूत कारण यही था कि गद्य-रूपांतरण से नाटक की केंद्रीय और मूल लय नष्ट हो गई थी। "अंधायुग में नाट्य-काव्य कहाँ छिपा हुआ है ?"[66] इसके परीक्षण के लिए यदि समीक्षक अपने बंद अध्ययन-कक्ष को छोड़कर कभी 'अंधायुग' का कोई अच्छा प्रदर्शन देखने गए होते तो संभवतः उन्हें प्रभावशाली 'दृश्य-बिंबों' और 'सक्रिय बिंबों' की मदद से आकार ग्रहण करते इसके काव्य की तीव्र नाट्यानुभूति को नकारना इतना सरल प्रतीत नहीं होता। बिल्कुल यही स्थिति कृष्ण-वध के बाद अश्वत्थामा के इस संवाद की है :

केवल मैं साक्षी हूँ
मैंने ताड़ों के झुरमुट से छिपकर देखी है
उसकी मृत्यु
तीखी नुकीली तलवारों से
झौंकों में हिलते, ताड़ के पत्ते
मेरे पीप भरे ज़ख्मों को चीर रहे थे
लेकिन साँसें साधे मैं खड़ा था मौन।
(सहसा आर्त्तस्वर में)
लेकिन हाय मैंने यह क्या देखा
तलवों में बाण बिंधते ही
पीप भरा दुर्गन्धित नीला रक्त
वैसा ही बहा
जैसा इन ज़ख्मों से अक्सर बहा करता है
चरणों में वैसे ही घाव फूट निकले...

उपरोक्त संवाद में 'सहसा आर्त्तस्वर में' से ऊपर और नीचे के अंशों को कुशल अभिनेता की बात तो जाने दीजिए यदि स्वयं समीक्षक महोदय ने भी एक बार भावावेश के साथ जोर से बोलकर देखा होता तो संभवतः वह यह कहने का साहस नहीं करते कि, "इन विपरीत मुद्राओं में जो लय-परिवर्तन हुआ, वह ऐसा नहीं हुआ कि अभिनेता बिना नाटककार का निर्देश जाने आर्त्तस्वर में बोलने लगे।"[67] इसका कारण यह है कि 'निर्देश' से ऊपर के संवाद में अश्वत्थामा का बल 'मैं' और 'मैंने' शब्दों पर है, जबकि नीचे के संवाद में 'हाय' और 'क्या देखा' पर। इसके अतिरिक्त, पहले संवादांश का ग्राफ 'केवल' से आरंभ करके 'मौन' तक लगातार ऊपर को चढ़ता जाता है। नीचे के संवादांश का 'लेकिन' उसे झटका देकर 'हाय' पर एकदम नीचे ले आता है जहाँ फेफड़ों में भरी हवा पूरी तरह बाहर निकल कर अभिनेता के स्वर को निढाल कर देती है। इसी संवाद में फिर एक लय-परिवर्तन होता है **सुनो मेरे शत्रु, कृष्ण सुनो**। परंतु उससे

पहले नाटककार ने कोई निर्देश नहीं दिया है और इससे लय-परिवर्तन में कोई बाधा भी नहीं पहुँचती है। अतः मेरे विचार से संवादों का लय-विधान यहाँ 'रंगमंचीय निर्देश' पर आश्रित न होकर शब्द-संयोजन और स्वरों के आरोह-अवरोह के आंतरिक ग्राफ पर आधारित है। 'निर्देश' केवल अतिरिक्त सुविधा के लिए हैं।

जहाँ तक 'कुंठा, निराशा, रक्तपात, प्रतिशोध, विकृति, कुरूपता, अंधापन' का संबंध है, इसके लिए भी 'वेस्टलैंड' के बजाए 'महाभारत' को ही फिर से पढ़ने की आवश्यकता है। हाँ, दृष्टि एक धार्मिक की नहीं एक 'आधुनिक' की होनी चाहिए या ज्यादा से ज्यादा एक आस्तिक की। कहने का अर्थ यह नहीं है कि 'शिल्प' या 'काव्य' के स्तर पर भारती एकदम मौलिक, अभूतपूर्व अथवा अद्वितीय हैं या उन्होंने कहीं से कुछ भी ग्रहण नहीं किया है। मंतव्य केवल इस सत्य की ओर इशारा करना है कि, "...प्रभावित होने या प्रभाव ग्रहण करने की भी एक प्रतिभा होती है और कुछ अवदानों का श्रेय दाता को नहीं, प्राप्ता को मिलना चाहिए।"[68] इसके अतिरिक्त भारतीय काव्य-नाटक की परंपरा कृष्ण और पांडवों के सद् एवं पुण्य को चुनौती देने के साहस, मानवीय संवेदनशील दृष्टिकोण, नायक-खलनायक की परंपरागत रूढ़ि के अस्वीकार, युद्ध की विभीपिका एवं भयावहता इत्यादि की दृष्टि से हमें विदेशी कृतियों के सतत पारायण के साथ-साथ भारतीय नाटककार भास के काव्य-नाटक **उरुभंग** जैसी रचनाओं को भी एकाध बार देख लेना चाहिए। इस लंबे तर्क-वितर्क के बाद जाहिर है कि मेरे लिए यह मान पाना संभव नहीं है कि भारती का, 'जीवनालोचन आयातित नारों में और सृजन आरोपित मूडों में उलझ कर रह गया है। उनका स्वातंत्र्य स्वकेंद्रित है, संकट बोध स्फीत हैं, दर्द झूठा है और समाधान भ्रामक है।'[69]

विसंगतियों/असंगतियों की चर्चा किए विना 'अंधायुग' का विवेचन/विश्लेषण शायद पूरा नहीं हो सकता। डॉ. जगदीश कुमार के शब्दों में, "ऐसी असंगतियाँ प्रतीक निर्माण में ही नहीं वस्तु-वर्णन और भाषा प्रयोग में भी देखी जा सकती हैं। 'अंधायुग' में संध्या के समय गिद्धों के बादल आने पर गलियारे में घूमता एक प्रहरी 'भौंहों पर हाथ रखकर आकाश की ओर देखता है।' चिलचिलाती धूप के अभाव में इस व्यापार का अर्थ क्या है ? संजय को ठंडे लोहे का स्पर्श विकृत अनुभूति क्यों लगता है ? क्या 'बिल्कुल ही नया अनुभव' किसी विशेप चिंतन पद्धति में विकृत माना जाता है ? त्रास के गहरे क्षण में अनुभूतियाँ चीरी कैसे जाती हैं ? इस अमूर्त व्यापार को मूर्तित करने के लिए मृणाल को तेज़ बाण से चीरने का उपमान कौन-से कवि-समय या भुक्त यथार्थ से उपजा है ? ब्रह्मास्त्र के प्रयोग से वनस्पति नहीं होगी तो शिशुओं और बालों का जन्म कैसे होगा? सूरज को बुझानेवाले ब्रह्मास्त्र का वैज्ञानिक या ऐतिहासिक संदर्भ क्या है ?"[70] यूँ तो इन तथाकथित असंगतियों का कोई बना बनाया निर्भ्रांत और अंतिम उत्तर नहीं है, फिर भी रंगमंचीय और व्यावहारिक दृष्टि से इनकी छानबीन करना यहाँ जरूरी है। 'गिद्धों के बादल' वाले प्रसंग में पूरा निर्देश इस प्रकार है 'चुप होकर वे

आर-पार घूमते हैं सहजा **स्टेज** पर प्रकाश धीमा हो जाता है। **नेपथ्य** से आँधी की सी ध्वनि आती है। एक प्रहरी कान लगाकर सुनता है, दूसरा भौंहों पर हाथ रखकर आकाश की ओर देखता है।' प्रश्न यह है कि जब 'आँधी की सी ध्वनि' आ रही है तो फिर कान (पर हाथ) लगाकर सुनने का भी क्या औचित्य है ? निर्देश में ही आए दो शब्दों—'स्टेज' और 'नेपथ्य'—पर ध्यान दें तो शायद इस कार्य-व्यापार की आवश्यकता और इसका औचित्य कुछ समझ में आ जाए। यह 'जीवन' नहीं 'नाटक' है और यहाँ किसी भी चीज़ को ग़ौर से देखने या सुनने अथवा दर्शकों के समक्ष उसे प्रतिष्ठित करने के लिए इस प्रकार के कार्य-व्यवहार को एक रंग-रूढ़ि की तरह प्रयोग किया गया है। जहाँ तक संजय की 'विकृत अनुभूति' का प्रश्न है, संजय अवध्य है। अतः मृत्यु-भय से पूर्णतः मुक्त संजय को सात्यकि के शस्त्र के स्पर्श की अनपेक्षित और अननभूत प्रथम शारीरिक अनुभूति के साथ-साथ उसके तात्कालिक परिणाम से उत्पन्न मृत्यु-बोध की चरम त्रासदायक गहरी अनुभूति के दोहरे अनुभव के आघात से (पहले की जानी पहचानी और पुरानी अनुभूतियों के खंडित एवं अपरिचित हो जाने के कारण ही) संजय के लिए उस समय अनुभूति 'विकृत' हो गई है। क्षणांश में घटित इस अभूतपूर्व और घोर यातनामय प्रक्रिया को एक प्रभावशाली चाक्षुष नाट्यबिंब के रूप में सहज संप्रेष्य बनाने के लिए ही तेज़ बाण और कोमल मृणाल का मौलिक प्रयोग किया गया है। अश्वत्थामा के ब्रह्मास्त्र के प्रभाववाले प्रसंग में वनस्पति न होने और सब कुछ तहस-नहस हो जानेवाला असर पृथ्वी के उस हिस्से पर होगा जहाँ वह गिरेगा और विकलांग एवं कुष्ठग्रस्त शिशुओं का जन्म तथा गेहूँ की बालों में सर्प फुँफकारने की बात वहाँ सच होगी जहाँ उसके रेडियेशन का असर अपेक्षाकृत कम होगा। हीरोशिमा और नागासाकी इसके प्रमाण हैं। थर्मोन्यूक्लिअर बमों की वर्तमान अंधी प्रतियोगिता हमें कहाँ ले जाएगी और इनकी संभावित ऊर्जा एवं ऊष्मा के समक्ष हमारे आज के इस सूरज की क्या औकात होगी—इसकी कल्पना के लिए किसी भी संवेदनशील व्यक्ति को किसी वैज्ञानिक या ऐतिहासिक तथ्यात्मक प्रमाण की कोई आवश्यकता नहीं है। इसके अतिरिक्त अणु बम्ब संबंधी अपनी कविता में जब **एथिड सिटवैल** 'मर्डरड सन' (मृत सूर्य) के बिंब का प्रयोग करता है तो विद्वान समीक्षक को क्यों कोई आपत्ति नहीं होती ? बल्कि वहाँ तो वह अज्ञेय की कविता 'हीरोशिमा' को नकल सिद्ध करने के लिए इस कविता को ब्रह्म-वाक्य की तरह बड़ी शान से उद्धृत करता है।[71] 'अंधायुग' में 'मर्यादा' जैसे मूल शब्द को भी अव्याख्यायित और असंदर्भित छोड़ देने का आक्षेप भारती पर अक्सर लगाया गया है। सच तो यह है कि प्रत्येक देशकाल और परिस्थिति में 'मर्यादा' का स्वरूप और अर्थ अलग-अलग होने के कारण ही शायद नाटककार ने इसे किसी विशिष्ट देशकाल सापेक्ष संकीर्ण अर्थ में बाँधना ठीक नहीं समझा और इसे सामान्य अथवा लचीले अर्थ में ही प्रयुक्त किया है। हाँ, यदि किसी ने फादर श्री ऐम्सूटास की तरह यह कहा होता कि, 'तुम नाम कृष्ण का लेते हो मगर शायद तुम्हारी ज़्यादा सहानुभूति अश्वत्थामा

के साथ है।'[72] या इसकी वस्तु-संरचनागत कलात्मक विसंगति की ओर इशारा किया होता तो एक सीमा तक उसे स्वीकार किया भी जा सकता था। जरा को वृद्ध-याचक की प्रेत काया मान लेने के संदर्भ में व्याघ की इन पंक्तियों को भी इस संबंध में याद किया जा सकता है :

> अब मैं वृद्ध व्याघ हूँ
> नाम मेरा जरा है
> ....
> प्रेत-योनि से मुक्त करने को मुझे, कहा कृष्ण ने–
> ....
> मेरा मरण तुमको मुक्त करेगा प्रेतकारा से।

क्योंकि पहले अंक का वृद्ध याचक (ज्योतिषी) दूसरे अंक में अश्वत्थामा के हाथों–मारा जाकर 'अंतराल' में प्रेतात्मा बनता है। अपनी उस प्रेतकाया से मुक्त होकर ही तो वह समापन में व्याघ बनता है; फिर कृष्ण के उक्त आश्वासन और जरा के इस संवाद का वास्तविक अर्थ क्या है ? अथवा यह भी पूछा जा सकता है कि :

> बोले वे–
> लेकिन शेष मेरा दायित्व लेंगे
> बाकी सभी···

ये 'शेष' और 'बाकी सभी' 'अंधायुग' के संदर्भ में कौन हैं ? क्योंकि कौरव-पांडव पक्ष के इन निष्क्रिय, अपंगु, अमानुषिक और आत्मघाती पात्रों के अतिरिक्त अब बाकी बची है सिर्फ 'भिखमंगे, लंगड़े, लूले, गंदे बच्चों की एक बड़ी भीड़' जो कि प्रजा के रूप में 'पिछले शासन के विकृत साँचे में ढली हुई' है। प्रश्न यह है कि जनता की शक्ति और उसके अस्त्रों को निरर्थक माननेवाला रचनाकार उससे नव-निर्माण करने और मानव भविष्य को बचाने के कठिन ऐतिहासिक दायित्व के निर्वाह की अपेक्षा किस आधार पर करता है ?

इसके अतिरिक्त, आरंभ में की गई 'स्थापना' कि :

> जनता उनसे पीड़ित होकर
> गहन गुफ़ाओं में छिप-छिप कर दिन काटेगी।
> (गहन गुफ़ाएँ वे सचमुच की या अपने कुण्ठित अंतर की)

संपूर्ण कृति में कहीं भी प्रमाणित या स्थापित क्यों नहीं होती ? 'अंधायुग' के संदर्भ में सम्भवतः तो यही दो-तीन अनुत्तरित प्रश्न हैं जिन्हें यदि हम चाहें तो विसंगति भी कह सकते हैं।

'अंधायुग' के संदर्भ में **आधुनिकता** और **रंगमंचीयता** का प्रश्न भी अत्यंत महत्त्वपूर्ण और सार्थक है; क्योंकि यह रचना हिंदी की उन उल्लेखनीय नाट्य-रचनाओं में से हैं, जिनसे भारतेंदु के बाद हिंदी में पहली बार नाटक और मंच का संबंध स्थापित

हुआ, नाटककार और निर्देशक अपनी अहम्मन्यता त्यागकर परस्पर एक-दूसरे के निकट आए और नाटक को जीवन के मूलभूत प्रश्नों से टकरानेवाली गंभीर और अर्थपूर्ण विधा का स्तर प्राप्त हुआ। **कोणार्क, अंधायुग** और **आषाढ़ का एक दिन** वह आरंभ बिंदु है जहाँ से सन् साठ के आसपास नए हिंदी रंग आंदोलन की शुरुआत होती है।

आधुनिकता का संबंध पात्रों, स्थितियों या घटनाओं की ऐतिहासिकता अथवा समसामयिकता से नहीं है। 'आधुनिकता' मूलतः इन्हें देखने और प्रस्तुत करनेवाली दृष्टि तथा अभिव्यंजना-पद्धति में होती है। दृष्टि की आधुनिकता वस्तुतः स्रष्टा की तटस्थता, वैज्ञानिकता तथा सूक्ष्म-विश्लेषण क्षमता से जुड़ी है। भारती का यही दृष्टिकोण उन्हें महाभारत के मिथकीय और युग-युग से श्रद्धेय पात्रों को—कृष्ण और पांडवों को कौरवों के समकक्ष खड़ा कर देने का साहस प्रदान करता है। लेखक निःशंक भाव से आरंभ करता है :

टुकड़े-टुकड़े हो बिखर चुकी मर्यादा
उसको दोनों ही पक्षों ने तोड़ा है
पांडव ने कुछ कम कौरव ने कुछ ज्यादा।

परंतु 'स्थापना' और 'समापन' में 'कृष्ण' के प्रति नाटककार की श्रद्धा उसे तटस्थ नहीं रहने देती हालाँकि मूल नाटक के भीतर उसने कृष्ण को भी यथासंभव उसी पक्षपातहीन-तटस्थ दृष्टि से ही देखा और प्रस्तुत किया है। एक सीमा तक दोनों पक्षों के प्रति भारती का यह अलगाव ही उनकी रचना को आधुनिक बनाता है और 'अंधायुग' को श्रेष्ठ आधुनिक कृति का धरातल प्रदान करता है। पात्रों का सूक्ष्म मनोवैज्ञानिक विश्लेषण, उनके व्यवहार के मूल कारणों की निष्पक्ष जाँच-पड़ताल, कुंठाओं और ग्रंथियों की गहरी पहचान, ढहते व्यक्तित्वों, उलझते संबंधों और टूटते विश्वासों के विश्वसनीय एवं प्रामाणिक चित्रण का मूलाधार भारती का यह आधुनिक दृष्टिकोण ही है। मानव और मानव-मूल्यों की प्रतिष्ठा ही वास्तविक आधुनिकता है। भारती ने महाभारत के सत्-असत् वर्गों में बँटे प्रतीकों को मानवीय धरातल पर उतारकर देखा-दिखाया है और उन एकायामी वर्ग-पात्रों को जटिल, संश्लिष्ट और त्रिआयामी व्यक्ति-पात्रों के रूप में कुशलतापूर्वक प्रस्तुत किया है। आधुनिक विद्वानों ने मानसिक प्रक्रिया के विश्लेषण को आधुनिक-नाटक की मूल शर्त माना है। इसलिए घटनाओं के तटस्थ प्रस्तुतीकरण की इस दृष्टि से 'अंधायुग' आधुनिक हिंदी नाटक और रंगमंच की एक महत्त्वपूर्ण कृति है।

संघर्ष, द्वंद्व और तनाव 'अंधायुग' के पात्रों में बारूद की तरह भरा हुआ है। अट्ठारह दिनों के भीषण युद्ध ने व्यक्ति की आंतरिकता में ऐसा भूकंप ला दिया है कि न केवल वह स्वयं आमूल-चूल हिल गया है बल्कि उसके रिश्ते भी बुरी तरह उलझ गए हैं। पूर्ण विराम की तरह स्थिर-अडिग विश्वास कसमसाकर प्रश्नवाची संशय और आशंकाओं में बदल गए हैं। 'अंधायुग' के पात्रों के द्वंद्व, प्रश्नाकुलता उन्हें आधुनिक व्यक्ति के निकट ले आते हैं। अस्तित्व की सार्थकता तलाशता आत्मघाती युयुत्सु, आस्था

और अनास्था के बीच गोते खाता विदुर, जीवन के अर्थ खोजता हुआ निष्क्रिय-तटस्थ संजय, पशुत्व और घृणा के मार्ग से सार्थकता और आस्था के स्तरों तक पहुँचता बर्बर अश्वत्थामा, अपनी सीमाओं में छटपटाते और सत्य को अग्निमाला की तरह धारण करते जनमान्ध धृतराष्ट्र, अपने ही शाप की अग्नि में प्रथम समिधा बन जीवन भर के अंधेरे भटकाव को रेखांकित करती ममतान्ध गांधारी, विजय को तिल-तिल कर फलीभूत होने वाला आत्मघात माननेवाले चिंतातुर युधिष्ठिर और प्रभु के अंतिम शब्द दोहराते वृद्ध-जर्जर व्याघ जैसे पात्रों के बीच पाठक-दर्शक को ऐसा अनुभव होता है जैसे वह सदियों पुराने, फिर भी हमारे बीच विद्यमान, खंडहरों के मध्य पहुँच गया है : ठोस लाल पत्थरों के ढहते काले पड़ते ढूह, अधटूटी मीनारें, विकृत चेहरों के जंगल सी दीवारें, गुंबदों में चिमगादड़ों के पंखों की फड़फड़ाहट, अभिशप्त-वीरान से सीलन भरे अंधेरे तहखाने और भग्न झरोखों से फूटता हुआ आज के सूरज का स्वर्णिम आलोक ! अल्काज़ी 'अंधायुग' को भग्नावशेषों (फिरोज़शाह कोटला, तालकटोरा तथा पुराना किला) के बीच प्रस्तुत करके इस नाट्य-कृति के इसी आयाम को रेखांकित करते हैं।

मिथक काल की आस्था और आधुनिक युग की शंका के बीच सेतु बनाते हुए 'अंधायुग' के पात्र हमें आस्था और शंका के उस असहनीय तनाव के चरम बिंदु पर ले जाते हैं जहाँ अतीत, वर्तमान और भविष्य एक साथ मिलकर एक दर्पण की तरह हमें हमारा चेहरा दिखा देते हैं। यह साक्षात्कार और अनुभव ही 'अंधायुग' की विशिष्ट उपलब्धि है।

मुद्राराक्षस के अनुसार, "अंधायुग इतिहास का पुनर्लेखन नहीं है। वह अतीत की भाषा में अपने युगबोध की काव्यात्मक परिभाषा है।" अतः इसकी आधुनिकता की चर्चा उसके **समसामयिक संदर्भों** का संकेत किए बिना पूरी नहीं हो सकती क्योंकि नाटककार का अपने देशकाल के साथ जीवंत, सचेतन संबंध, अपने वर्तमान से उसका 'कन्सर्न' ही उसे आधुनिक बनाता है। 'अंधायुग' की काली छाया द्वापर के साथ बीती नहीं, यह आज भी हम पर छाई हुई है, क्योंकि :

> हम सबके मन में गहरा उतर गया है युग
> अँधियारा है, अश्वत्थामा है, संजय है,
> है दासवृत्ति उन दोनों वृद्ध प्रहरियों की
> अंधा संशय है, लज्जाजनक पराजय है !

मानव-अस्तित्व, मानव-मूल्य और मानवीय-संबंधों पर विश्वयुद्धों और भारत के विभाजन (और बाद में चीन-पाकिस्तान से हमारे युद्धों) का प्रभाव तथा आजादी की लड़ाई के बाद का सत्ता-संघर्ष, भ्रष्टाचार, मूल्यांधता और आम आदमी का मोहभंग 'अंधायुग' के महत्त्वपूर्ण समसामयिक संदर्भ हैं। अश्वत्थामा के ब्रह्मास्त्र युद्ध में नागासाकी एवं हिरोशिमा में परमाणु अस्त्रों से हुआ विध्वंस और उसके भीषण परिणाम स्पष्ट प्रतिबिंबित होते हैं :

यदि यह लक्ष्य सिद्ध हुआ ओ नरपशु !
तो आगे आने वाली सदियों तक
पृथ्वी पर रसमय वनस्पति नहीं होगी
शिशु होंगे पैदा विकलांग और कुष्ठग्रस्त
सारी मनुष्य जाति बौनी हो जाएगी
....

गेहूँ की बालों में सर्प फुफकारेंगे
नदियों में बह-बहकर आएगी पिघली आग।

तथा

सूरज बुझ जाएगा
धरा बंजर हो जाएगी।

संजय की तटस्थता की अंतिम परिणति में एक हद तक भारत की विदेश नीति की असफलता भी आज उसे एक समसामयिक संदर्भ दे जाती है। युधिष्ठिर की आत्मग्लानि और निराशा में स्वातंत्र्योत्तर गाँधी की झाँकी दिखाई देती है तो प्रहरियों के संवादों में आम-आदमी की अर्थहीनता, पीड़ा और विवशता प्रकट होती है। बूढ़े प्रहरियों के नामहीन होने तथा जीवन के गलियारे में निरुद्देश्य-निरर्थक इधर से उधर और उधर से इधर चलते रहने में 'मानव की नियति और स्थिति दोनों के अभिशप्त होने की आवाज निकलती है,'[73] जो आधुनिकता का परिणाम है। यही आधुनिकता संवेदना के धरातल से उठकर 'अंतराल' में धारणा के धरातल पर आ जाती है और 'समापन' में अनास्था और आस्था की होड़ के कारण 'अंत में आधुनिकता का अस्वीकार होने लगता है। जरा नामक व्याघ अपनी बाँहों को तीन बार उठाकर जब ज्योति का संदेश सुनाता है तो यह आधुनिकता की धारा को पलट देता है, रचना के खुले अंत को बंद कर देता है। इस तरह अंत-बोध की दृष्टि से भी आधुनिकता का अस्वीकार होने लगता है, जो शायद इसकी परिणति या नियति है।'[74] जहाँ तक 'समापन' का प्रश्न है निःसंदेह भारती ने कृति के साथ जबरदस्ती की है–विशेष रूप से युयुत्सु के साथ; जिसकी शंकाएँ अंत तक समाप्त नहीं होतीं, उसके प्रश्न अनुत्तरित ही रह जाते हैं। भारती अश्वत्थामा, संजय और युयुत्सु को सायास मंच से हटाकर भरत वाक्य (!) बुलवाने के लिए वृद्ध को मंच पर ले आते हैं। पंरतु जहाँ तक वृद्ध के अंतिम संवाद का प्रश्न है वह हमें एक अंतहीन अंत पर ले जाकर छोड़ता है और इस प्रकार 'नाटक' का अंत 'नाटक के बाहर' हो जाता है। वृद्ध का खुला सवाल है :

और अँधियारा गहरा और गहरा होता जाता है !
क्या कोई सुनेगा
जो अंधा नहीं है, और विकृत नहीं है, और मानव-भविष्य को बचायेगा ?
....

कोई सुनेगा ?

क्या कोई सुनेगा ?

क्या कोई सुनेगा...

यह प्रश्न नाटक के बाद प्रत्येक पाठक-दर्शक के मन-प्राणों पर छा जाता है—गूँजता रहता है। इसका 'कोई' हम सब हैं जिन्हें अपने मर्यादायुक्त आचरण से (भाषण से नहीं), मानव-मूल्यों की प्रतिष्ठा से मानव-भविष्य को बचाना है। क्या 'मैं' (हम सब तब स्वयं से यही प्रश्न करते हैं) इस ऐतिहासिक उत्तरदायित्व को उठाने और निभाने के लिए तैयार हूँ ? इसलिए अंत-बोध की दृष्टि से हम आधुनिकता के अस्वीकार का आरोप स्वीकार नहीं कर सकते। यद्यपि यह बात सच है कि अपने अंतिम चरण पर पहुँचते-पहुँचते 'अंधायुग' अपने सृजनात्मक स्तर को पूरी तरह बनाये नहीं रख पाता और वहाँ भागवत का रंग भी निस्संदेह आरोपित ही है। प्रेक्षक-पाठक पर इस काव्य-नाटक के पड़नेवाले अंतिम और **समग्र-प्रभाव** की दृष्टि से विचार करें तो अन्य अनेक नए, आधुनिक एवं सार्थक नाटकों की तरह 'अंधायुग' भी हमें केवल भाव-विभोर या रससिक्त ही नहीं करता। यह हमें प्रतिक्रिया करने और सोचने के लिए उकसाता भी है। मुक्तिबोध के शब्दों में, "यह फ़ैंटेसी समाज की जिन विशेषताओं को प्रकट करती है, वे विशेषताएँ महत्त्वपूर्ण होने के कारण फ़ैंटेसी और भी महत्त्वपूर्ण हो उठी है। उसका भावनात्मक आघात अचूक हो गया है। उसका रसात्मक प्रभाव केवल भाव या रस तक ही सीमित न रहकर विचारोत्तेजक बन गया है। दूसरे शब्दों में, भावना की राइफ़ल से विचारों के कारतूस कौंधकर निकल पड़े हैं। इस फ़ैंटेसी की यह सफलता द्रष्टव्य, विचारणीय और महत्त्वपूर्ण है।"[75] यही कारण है कि यह नाटक हमें पौराणिक कथा के चिरपरिचित आस्वाद और मनोरंजन के स्तर से हटा कर गहन, गंभीर और सार्थक नाट्यानुभव देकर पतनशील वर्तमान के गर्भ में छिपे मानव-भविष्य को बेहतर बनाने के लिए जागरूक एवं क्रियाशील बनने का ज़रूरी संदेश देता है।

'अंधायुग' की **रंगमंचीयता** का प्रश्न भी अत्यंत जटिल और महत्त्वपूर्ण है। भारतीय स्वातंत्र्योत्तर नाट्य-रचना की मुख्य समस्या थी—नैजिक रंग-दृष्टि की खोज। भारती और उनके समकालीन सभी जीवंत नाटककार किसी न किसी रूप में इसी प्रश्न से टकरा रहे थे। भारतीय नाट्य-परंपरा से शास्त्रीय और लोक शैली में से कितना और क्या लिया जाय ? विदेशी (प्राचीन, अर्वाचीन, आधुनिक) नाट्य-धारा से क्या और कितना ग्रहण किया जाए ? फार्मूलाबद्ध, सतही, अतिरिक्त भावुकता और छद्म-बौद्धिकतावाली विशुद्ध मनोरंजन प्रधान अथवा यथार्थवादी संवादबद्ध कथाओं से कैसे मुक्ति पाई जाए ? साहित्यिक और रंगमंचीय नाटक जैसे बनावटी-स्थूल वर्गीकरण को त्याग कर सही नाटक की खोज किस प्रकार की जाय ? अभिव्यंजनापूर्ण, गहन-गंभीर और विभिन्न अर्थ-छायाओं से युक्त, काव्यात्मक, नाटकीय-तनाव को वहन करने में समर्थ हरकत भरी नाट्य-भाषा का विकास कैसे हो ? अभिनय की शैली क्या हो ? रंग-सज्जा, दृश्य-बंध

कैसे हों ? प्रकाश और संगीत का कितना और कैसा उपयोग किया जाए…इत्यादि। इन प्रश्नों से जूझते हुए, गहन अनुभूति को अभिव्यक्त करनेवाले, रूप और शिल्प की दृष्टि से, भारतीय और पाश्चात्य नाट्य-तत्त्वों के सामंजस्य से उद्भूत जिस आधुनिक दृष्टिसंपन्न नए हिंदी नाटक की रूपरेखा उस समय के नाट्य-चिंतक ने बनाई थी, उसी का सृजनात्मक स्वरूप हमें भारती के 'अंधायुग' में देखने को मिलता है। कम से कम उस नैजिक भारतीय रंग-दृष्टि की तलाश की बेचैनी यहाँ अवश्य देखने को मिलती है।

वस्तु-संग्रही यथार्थवादी दृश्यबंध के स्थान पर भारती ने दृश्य-निरूपण के लिए और वातावरण को मार्मिक-सजीव बनाने के लिए जिस कथा-गायन की पद्धति का ग्रहण किया है वह भारतीय लोक-नाट्य की परंपरा से ग्रहण की गई है। संवाद मुक्त-छंद में हैं। कहीं-कहीं पात्रों और स्थितियों को आवश्यकता के अनुसार पद्य का आभास देने वाले सानुप्रास गद्य का भी प्रयोग किया गया है। रूपबंध की दृष्टि से नाटककार ने पर्दों वाले पारसी मंच विधान की योजना की है। यद्यपि उसका बल यहाँ भी मंच के सहज-सरल, साफ़-सुथरे स्वरूप पर ही है। तीन अचित्रित पर्दे : पीछे स्थायी पर्दा, सामने का पर्दा अंक परिवर्तन के लिए और बीच का दृश्य परिवर्तन के लिए। नाटककार का आग्रह है कि 'मंच की सजावट कम से कम होनी चाहिए।'[76] इसी रूपबंध (बाक्स) और मंच-विधान को सामने रखकर नाटककार ने मंच-निर्देश और प्रवेश-प्रस्थान की योजना की है। परंतु उसने 'इस बात को भी ध्यान में रखा है कि मंच-विधान को थोड़ा बदलकर यह खुले मंचवाले लोक-नाट्य में भी परिवर्तित किया जा सके और अधिक कल्पनाशील निर्देशक इसके रंगमंच को प्रतीकात्मक भी बना सके।'[77] नाटक में स्थापना, समापन और अंतराल की योजना 'अंधायुग' के एक नए नाट्य रूप की सृष्टि में सहायक होती है। रूपबंध के इस प्रयोगधर्मी-लचीले स्वरूप के कारण ही 'अंधायुग' को प्रोसेनियम और ओपन-एअर में समान सफलता से प्रस्तुत करना संभव हुआ तथा इसकी अंतर्निहित अमित संभावनाओं के आधार पर ही इसे विविध रंग-शैलियों में पूरी प्रभविष्णुता के साथ मंचित किया जा सका।

यदि हम थोड़ी देर के लिए 'अंधायुग' के केवल लिखित आलेख की रंगमंचीय संभावनाओं पर दृष्टिपात करें तो पता चलता है कि वस्तु-संरचना, चरित्रांकन एवं व्याख्या की तीव्र नाटकीयता के अतिरिक्त यहाँ मंच-विधान, प्रदर्शन एवं अभिनय के विस्तृत रंग संकेत भी महत्त्वपूर्ण हैं। शास्त्रीय और लोक-रंग रूढ़ियों के साथ-साथ नाटककार ने गीत, संगीत, नृत्य और अभिनय की भी सुंदर योजना की है। दृश्य-परिवर्तन के लिए परंपरित पर्दे के साथ-साथ 'अंधकार' की आधुनिक युक्ति का भी प्रयोग किया गया है। 'नाटकीय मौन' और 'भयानक अट्टहास' के बीच ध्वनियों का रोचक वैविध्य द्रष्टव्य है—हाँफने की आवाज़, क्रंदन, शोरगुल, गर्जन, चीख, वीभत्स हँसी, चीत्कार, हर्षध्वनि, सियारों का रोदन, कौए का स्वर, पशुओं के भयानक स्वर, रथ की घरघराहट, घोड़ों की टापें, घंटियों की ध्वनि, आँधी की आवाज़, ज्वालामुखियों की सी गड़गड़ाहट, बांसुरी की

आवाज, शंख-ध्वनि, तूर्यनाद इत्यादि। लगभग यही स्थिति प्रकाश योजना की है। 'अंधायुग' में रात और दिन के 'घने अंधकार' एवं 'तीव्र प्रकाश' के न जाने कितने रंग-रूप बिखरे पड़े हैं—रात, संध्या, प्रातः, दुपहर, दीप, मशाल, ज्योति की चमक, जलता हुआ वन, तेज महताबी सा प्रकाश , अलौकिक प्रकाश, तीव्र प्रकाश, धीमा प्रकाश, नीली प्रकाश रेखा, अंधेरा। स्पॉटलाइट या प्रकाश वृत्तों का कल्पनापूर्ण नियोजन नाटककार की सुस्पष्ट रंग-चेतना का प्रत्यक्ष प्रमाण है। परंतु जैसे ही यह आलेख किसी प्रतिभावान एवं कल्पनाशील निर्देशक के हाथों में पहुँचता है इसकी रंगमंचीयता के यह तमाम तथाकथित प्रमाण प्रायः निरर्थक हो जाते हैं और आलेख के संपादन से लेकर दृश्य-बंध, प्रकाश-व्यवस्था, ध्वनि-संयोजन और वस्त्र एवं रूप-विन्यास (जिसका कोई संकेत नाटककार ने कहीं नहीं दिया है) तक मंचन स्थल और प्रस्तुति शैली के अनुरूप पुनर्नियोजित करने पड़ते हैं। 'अंधायुग' के आलेख में एक प्रकार का लचीलापन है जो प्रयोग की खुली छूट देकर निर्देशक को अपनी ओर आकृष्ट करता है। हमारा समकालीन हिंदी रंगमंच वास्तव में निर्देशक का ही रंगमंच है और आज का प्रतिभावान निर्देशक नाटककार से किसी उत्तेजक विचार, सम्मोहक चरित्र और नाटकीय-स्थिति से अधिक कुछ नहीं चाहता। वह रंग-संकेत या किसी भी अन्य प्रकार से नाटककार के हस्तक्षेप का विरोध करता है। यही वह बिंदु है जहाँ से 'अंधायुग' का आलेख आज के रंगकर्मी को आकृष्ट करता है और शायद आगे भी करता रहेगा।

संदर्भ

1. धर्मयुग : 12 अगस्त, 1967, पृ. 19
2. सूत्रधार (काशी) के 'अंधायुग' की स्मारिका में प्रकाशित लेख, 'अंधायुग के मुहूर्त पर' से उद्धृत
3. अंध, अंधा, अंधी, अंधे—शब्दों का प्रयोग इस रचना में कुल मिलाकर छप्पन बार हुआ है।
4. धर्मवीर भारती : संपादक : लक्ष्मण दत्त गौतम : (अभारतीय प्रयोग की अर्थवत्ता का सवाल : डी. प्रेमपति), पृ. 175
5. आलोचना (त्रैमासिक) : पूर्णांक 33, जून 1965, पृ. 228
6. विष्णु पुराण (चतुर्थ अंश, अ. 24, श्लोक 73-92) में वर्णित कलियुग के वर्णन पर आधारित भारती का अनुवाद; अंधायुग, पृ. 9-10 से उद्धृत
7. पश्यंती, पृ. 159
8. The Crisis of our age, p. 13
9. Theatre Impact : (Editor : E. Elkazi) : No. 2, July-Dec. 67, p. 43
10. पश्यंती : धर्मवीर भारती, पृ. 100
11. हिंदी नवलेखन : रामस्वरूप चतुर्वेदी, पृ. 85
12. मानव मूल्य और साहित्य, पृ. 64-65
13. वही, पृ. 65

14. धर्मयुग : 13 अगस्त, 1967 : आचार्य नंद दुलारे वाजपेयी, पृ. 26
15. नयी कविता : नये कवि : विश्वंभर 'मानव', पृ. 266-277
16. कादंबिनी : जून 1973, पृ. 74
17. वही, पृ. 74
18. An Assessment of Twentieth Century Eng. Lit. J. Issacs, p. 158
*देखें—संक्षिप्त महाभारत (द्वितीय खंड) गीता प्रेस, गोरखपुर
19. 1022-23; 20. 1029; 21. 1036-37; 22. 1038; 23. 1046; 24. 1055; 25. 1668;
26. 1669-70 एवं 1672-73
27. वही, 1663
28. हिंदी नवलेखन, पृ. 87
29. नयी कविता : 2 : संपादक—डॉ. जगदीश गुप्त
30. विवेक के रंग : संपादक : देवीशंकर अवस्थी, पृ. 395
31. Enact : No. 65 : Playwright in perspective
32. विवेक के रंग : डॉ. सुरेश अवस्थी, पृ. 394
33. नाटक साहित्य का अध्ययन (हिंदी अनुवाद : इंदुजा अवस्थी), पृ. 102
34. नाटक साहित्य का अध्ययन, पृ. 107
35. Enact : 25-26 : N.C. Jain
36. Enact : May, 1972 (Directing Andha Yug)
37. नयी कविता : नये कवि; विश्वंभर 'मानव', पृ. 267
38. Enact : May, 1972 (Playwright in perspective)
39. हिंदी नवलेखन : डॉ. रामस्वरूप चतुर्वेदी, पृ. 85
40. अंधायुग' की अधिकांश घटनाएँ 'सौप्तिक पर्व' पर आधारित हैं और महाभारत का सौप्तिक पर्व पूर्णतः अश्वत्थामा को ही दिया गया है।
41. नयी कविता : नये कवि; विश्वंभर 'मानव', पृ. 268
42. Enact : 65 ('Andha Yug' And Mahabharat)
43. मानव मूल्य और साहित्य : धर्मवीर भारती, पृ. 74
44. वही, पृ. 74
45. 'सूत्रधार' कृत 'अंधायुग' की स्मारिका, ज्योतिन्द्र सिंह सोहल, पृ. 12
46. आलोचना—20 : मनोहर वर्मा, पृ., 119-120
47. अंधायुग : एक सृजनात्मक उपलब्धि, सुरेश गौतम, पृ. 70
48. Enact : May, 1972 (Ajitesh Banerjee Interviewed)
49. विवेक के रंग, पृ. 395 (डॉ. सुरेश अवस्थी का लेख)
50. Enact : May, 1972 (Directing Andha Yug)
51. हिंदी गीति नाट्य : कृष्ण सिंहल, पृ. 120
52. Enact : January-February 1969 (Some Recent Significant plays)
53. अंधायुग : एक विवेचन : डॉ. हरिश्चन्द्र वर्मा, पृ. 83
54. उदाहरणों के लिए देखें—अंधायुग : एक विवेचन, पृ. 88 से 96 तक
55. नील मेघ (पृ. 120), नील कमल (पृ. 120), नीला रक्त (पृ. 123)
56. धर्मयुग : 13 अगस्त, 1967, पृ. 19
57. हिंदी नाटकों पर पाश्चात्य प्रभाव, पृ. 367

58. आधुनिक परिवेश और अस्तित्ववाद : डॉ. शिवप्रसाद सिंह, पृ. 123
59. वही, पृ. 12
60. आलोचना–20, पृ. 119
61. आलोचना : जुलाई-सितम्बर, 1967, पृ. 14
62. धर्मवीर भारती : सं. लक्ष्मणदत्त गौतम, पृ. 117
63. (क) वही : (अभारतीय प्रयोग की अर्थवत्ता का सवाल), पृ. 174
(ख) इस संदर्भ में अंग्रेजी-हिंदी-पंजाबी नाटक और रंगमंच के एक विद्वान्, अध्यापक तथा नाटककार-निर्देशक मित्र का यह कथन मुझे उल्लेखनीय प्रतीत होता है–''इलियट के 'मर्डर इन द केथीड्रल' के साथ 'अंधायुग' का केवल एक ही संबंध है : दोनों नाटक हैं।''–डॉ. सी.डी. सिद्धू : 7.1.75 के व्यक्तिगत पत्र से उद्धृत।
64. धर्मवीर भारती : सं. लक्ष्मण दत्त गौतम, पृ. 167
65. वही, पृ. 170
66. वही, पृ. 171
67. वही, पृ. 171
68. हिंदी साहित्य : एक आधुनिक परिदृश्य : सच्चिदानंद वात्स्यायन, पृ. 25
69. नयी कविता : विलायती संदर्भ : डॉ. जगदीश कुमार, पृ. 89
70. वही, पृ. 91
71. देखें–नयी कविता : विलायती संदर्भ, पृ. 52-54
72. पश्यंती, पृ. 49
73. स्वतंत्रता रजत जयंती अभिनंदन-ग्रंथ : संपादक--गोपालप्रसाद व्यास (आधुनिकता और हिंदी नाटक : डॉ. इंद्रनाथ मदान), पृ. 469
74. वही, पृ. 469
75. मुक्तिबोध रचनावली (सं. नेमिचन्द्र जैन) खंड-5 (पेपर बैक्स), पृ. 445
76. अंधायुग : निर्देश, पृ. 4
77. वही, पृ. 5

प्रदर्शन

निर्देशक, सत्यदेव दुबे

निर्देशक, सत्यदेव दुबे, थिएटर यूनिट, 1962

निर्देशक, इ. अल्काज़ी, राष्ट्रीय नाट्य विद्यालय रंगमंडल, 1964

निर्देशक, रतन थियम, राष्ट्रीय नाट्य विद्यालय रंगमंडल, 1984

निर्देशक, बंसी कौल, म.प्र. रंगमंडल, भोपाल, 1983

निर्देशक, एम.के. रैना, राष्ट्रीय नाट्य विद्यालय रंगमंडल, 1986

निर्देशक, इ. अल्काज़ी, राष्ट्रीय नाट्य विद्यालय रंगमंडल, 1964

निर्देशक, एम.के. रैना राष्ट्रीय नाट्य विद्यालय रंगमंडल, 1986

निर्देशक, एम.के. रैना राष्ट्रीय नाट्य विद्यालय रंगमंडल, 1986

निर्देशक, एम. के. रैना, राष्ट्रीय नाट्य विद्यालय रंगमंडल, 1977

निर्देशक, इ. अल्काज़ी, राष्ट्रीय नाट्य विद्यालय रंगमंडल, 1977

निर्देशक, रामगोपाल बजाज, राष्ट्रीय नाट्य विद्यालय रंगमंडल, 1992

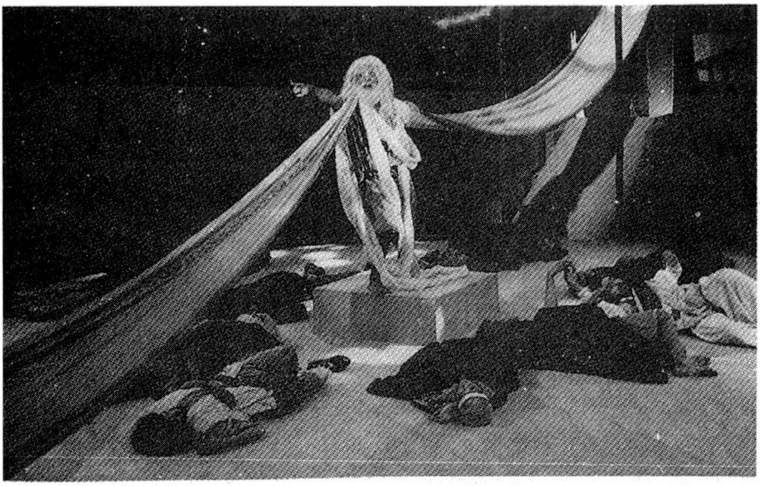

निर्देशक, रामगोपाल बजाज, राष्ट्रीय नाट्य विद्यालय रंगमंडल, 1992

निर्देशक, रामगोपाल बजाज, राष्ट्रीय नाट्य विद्यालय रंगमंडल, 1992

निर्देशक, इ.अल्काज़ी, राष्ट्रीय नाट्य विद्यालय रंगमंडल, 1974

निर्देशक, एम. के. रैना, राष्ट्रीय नाट्य विद्यालय रंगमंडल, 1986

निर्देशक मोहन महर्षि, थियेटर लैब, चण्डीगढ़, 1992

निर्देशक, अरविन्द गौड़, 'अस्मिता', 1994

निर्देशक, प्रो. कमलाकर सोनटक्के, संगीत कला केंद्र, मुम्बई, 1997

निर्देशक मोहन महर्षि, थियेटर लैब, चण्डीगढ़, 1992

निर्देशक, मोहन महर्षि, थियेटर लैब, चण्डीगढ़, 1992

निर्देशक, प्रो. कमलाकर सोनटक्के, संगीत कला केंद्र, मुम्बई, 1997

निर्देशक, प्रो. कमलाकर सोनटक्के, संगीत कला केंद्र, मुम्बई, 1997

प्रदर्शन

स्वातंत्र्योत्तर हिंदी साहित्य की एक सर्वाधिक चर्चित, महत्त्वपूर्ण और विवादास्पद रचना का नाम है—**अंधायुग**।

'अंधायुग' मूलतः काव्य है या दृश्य-काव्य ?

'अंधायुग' वास्तव में रेडियो-रूपक है अथवा रंग-नाटक ?

'अंधायुग' एक घटिया किताब है या एक श्रेष्ठ नाट्य ग्रंथ ? ···

'अंधायुग' एक पाठ्य-पुस्तक है अथवा विशुद्ध नाट्यालेख ? इत्यादि

'अंधायुग' के विषय में ये कुछ ऐसे बुनियादी सवाल हैं जिन पर एक लंबी बहस के बावजूद विद्वान एकमत नहीं हो पाए हैं। इस संदर्भ में यहाँ दो उद्धरण प्रस्तुत कर रहा हूँ :

" 'अंधायुग' पढ़ते समय हम बहुत-सी कमज़ोर कविता को स्वीकार कर लेते हैं, क्योंकि हम अपने को यह समझा लेते हैं कि हम नाटक पढ़ रहे हैं। इसी प्रकार नाटक की दृष्टि से पढ़ने पर कोई विशेष खोज (मंच या नाटकीय स्थिति की) न पाने पर भी हम यह संतोष कर लेते हैं कि कविता पढ़ रहे हैं। अगर इसको केवल नाटक के रूप में लिखा जाता, तो शायद यह कभी लिखा ही न जाता, क्योंकि बहुत ही निरर्थक होता। इसलिए, प्रबुद्ध, पाठक के लिए, 'अंधायुग' में न अच्छी कविता है और न सुगठित नाटक।"[1] यह निष्कर्ष है प्रसिद्ध आलोचक और हिंदी में एब्सर्ड नाटक के जन्मदाता (?) विपिन कुमार अग्रवाल का। इसके ठीक विपरीत सुप्रसिद्ध रंग-समीक्षक नेमिचंद्र जैन की धारणा है कि :

"इसने पहली बार हिंदी नाटक में यह स्थापित किया कि काव्य और नाटक का बड़ा गहरा संबंध है, बल्कि श्रेष्ठ नाट्य कृति काव्य का ही एक अन्य प्रकार है··· 'अंधायुग' ने हिंदी नाटक ही नहीं हिंदी रंगमंच को (भी) गहरी कलात्मक सार्थकता दी है और दोनों के अभिन्न संबंध को बड़ी तीव्रता से स्थापित किया है। 'अंधायुग' सहज ही युद्धोत्तर हिंदी कविता का सबसे महत्त्वपूर्ण, गहन और सार्थक वक्तव्य है और यह आकस्मिक नहीं कि वह वक्तव्य नाटक के रूप में प्रस्तुत हुआ है।"[2]

नाटक की रंगमंचीयता के शास्त्रीय (पाठ्य-क्रमीय ?) प्रतिमानों के आधार पर 'अंधायुग' को परखने और परंपरित शोध-दृष्टि से देखने पर निःसंदेह यह रचना अरंगमंचीय और अनभिनेय प्रतीत हो सकती है। इसमें भी कोई संदेह नहीं कि इसके कथानक में प्रत्यक्ष संघर्ष का अभाव तथा टूटी-बिखरी घटनाओं का जमघट है, वस्तुसंरचना और रंग-विधान प्राचीन कथा-पद्धति के अनुरूप वक्ता-श्रोता शैली में बुना गया है, अंकों में कथा का फैलाव है, घटना-स्थलों में बिलगाव है, कई धरातलों की विचारधारा का ऊहापोह है। इसकी वस्तु-योजना और रंग-विधान की पारस्परिक विसंगति के कारण फॉर्म उलझा हुआ और अस्पष्ट है। नाटक के पात्र वस्तु-व्यापार के जीवंत कर्ता-भोक्ता नहीं लगते, इसमें भावों और कथनों की पुनरावृत्तियाँ हैं और ऐसा बोध होता है कि पात्र नाटकीय क्रिया-व्यापार से अलग खड़े हैं, न उसमें नियोजित हैं और न उससे निर्मित। पात्र लंबे-लंबे स्वगत, अर्द्ध-स्वगत कथनों में युद्ध के धर्म-अधर्म पक्षों पर व्याख्याएँ करते हुए आते-जाते हैं। समूचा नाटक ऐसे छोटे-छोटे संवाद-खंडों सा लगता है जो कथा-चातुर्य से जोड़ तो दिए गए हैं पर जिनमें नाटकीय शक्ति नहीं आ पाई है[3] इत्यादि अनेक तर्कों के आधार पर यदि एक ओर 'अंधायुग' को अनभिनेय सिद्ध किया गया है तो दूसरी ओर संघनन की पद्धति से गठित इसके तीव्र क्रिया-व्यापार युक्त संश्लिष्ट कथानक; प्रतीकात्मक तथा बिंबात्मक भाषा; संक्षिप्त किंतु मार्मिक संवाद; संवेदनापूर्ण सजीव पात्र; आंगिक, वाचिक, आहार्य और सात्विक अभिनय संबंधी रंग-संकेतों की प्रचुरता जैसी विशेषताओं के आधार पर इसे पूर्णतः अभिनेय और श्रेष्ठ रंगमंचीय काव्य-नाटक भी प्रमाणित किया गया है।[4] परंतु रंगमंचीय दृष्टि से 'अंधायुग' की सामर्थ्य और सीमा कुछ और ही है। किसी भी श्रेष्ठ पद्य नाटक की तरह अंधायुग का कथानक बाह्य संघर्षों और आकस्मिक घटनाओं पर उतना आधारित नहीं है जितना पात्रों के अंतर्द्वंद्व और उनके अंतर्जीवन को प्रकाशित करनेवाले तीव्र मनोभावों की जीवंत अभिव्यक्ति और उत्तेजक प्रतिक्रियाओं पर। चरित्रों की मनोवैज्ञानिक जटिलता और पौराणिक विराटता के संघर्ष से उत्पन्न अद्‌भुत नाटकीयता; अनुभूति की प्रखरता, भावलोक की तीव्रता, उत्तेजक बौद्धिक व्याख्या, विश्लेषण की सूक्ष्मता, दर्शक-पाठक के स्नायु-तंत्र को सतत उद्वेलित करनेवाला गहरा तनाव; बिंबों, प्रतीकों और विविध अर्थ-छायाओं से युक्त सर्जनात्मक नाट्य-भाषा तथा परिस्थिति और मनःस्थिति के साथ-साथ बदलती संवादों की लय और टोन, अपने समय के सत्य और मूल्यों-मान्यताओं के विघटन की प्रखर-व्यंजना, आधुनिक संदर्भ, और सुस्पष्ट एवं सार्थक कथ्य की मौलिक एवं प्रभावपूर्ण दृश्यात्मक परिकल्पना से उद्‌भूत सघन नाट्यानुभूति उत्पन्न करने में एक प्रयोगधर्मी महाकाव्यात्मक लचीले रूप-बंध जैसी बहुविध विशेषताओं के कारण ही 'अंधायुग' अपने प्रथम मंचन से लेकर आज तक सभी प्रतिभावान निर्देशकों और समर्थ अभिनेताओं को सम्मोहित करता आ रहा है। भिन्न भारतीय भाषाओं में अनूदित होकर प्रदर्शित होने, बहुरंगी नाट्य-शैलियों में देशव्यापी बहुसंख्य प्रस्तुतियों तथा भारतीय

रंगमंच के विशिष्ट प्रतिमान स्थापित करने की दृष्टि से अंधायुग' को चुनौती देनेवाला संभवतः हिंदी का कोई दूसरा नाटक अभी हमारे पास नहीं है। महाभारत की कथा या युद्ध की भंयावहता को चित्रित करनेवाले इस परंपरा के तमाम परवर्ती नाटकों—**एक कंठ विषपायी, उत्तर प्रियदर्शी, सूर्यमुख, प्रजा ही रहने दो** और एक सीमा तक **अग्निलीक** तथा **काठमहल** इत्यादि पर भी अपनी सीमा और सामर्थ्य के साथ **अंधायुग** बुरी तरह हावी है और इनमें से कोई भी नाट्य-कृति (अपनी अलग-अलग उल्लेखनीय विशेषताओं के बावजूद) समग्रतः साहित्यिक-रंगमंचीय दृष्टि से 'अंधायुग' के स्तर को छूने में असमर्थ रही है।

यहाँ **अंधायुग** के विस्तृत, किंतु फिर भी असंपूर्ण, प्रस्तुति-इतिहास के बहाने से उसकी रंगमंचीयता के विविध आयामों को टटोलने-पहचानने और यथासंभव विश्लेषित करने का प्रयास किया गया है :

'अंधायुग' के रचनाकार डॉ. धर्मवीर भारती के अनुसार "While I was Writing it, I had in my mind the traditional Ramlila performances, which are generally held at Dussehra time in North India. There are professional singers who sing couplets from the Ramayana and then the actors come on the stage; between important scenes there is again song narration. However, the original folk form could not be adhered to very strickly, and the present form of 'Andhayug' is much more sophisticated."[5]

निःसंदेह यह रचना मूलतः परंपरित रंगमंच की अपेक्षाओं को दृष्टि में रखकर एक काव्य-नाटक के रूप में ही लिखी गई थी और इसके खिचड़ी फार्म के कारण ही लेखक ने उम्मीद की थी कि "मंच-विधान को थोड़ा बदलकर यह खुले मंचवाले लोक-नाट्य में भी परिवर्तित किया जा सकता है। अधिक कल्पनाशील निर्देशक इसके रंगमंच को प्रतीकात्मक भी बना सकते हैं।"[6] 1953-54 के भारतीय और विशेषतः हिंदी रंगमंच की स्थिति से परिचित पाठक को उस समय की गई यह उम्मीद हास्यास्पद एवं अर्थहीन प्रतीत हो सकती है। परंतु सन् 1962-63 से शुरू होकर ये नाटक जिस प्रकार केवल मुंबई, दिल्ली, कलकत्ता जैसे महानगरों और मारीशस जैसे हिंदी भाषा-भाषी देश में सत्यदेव दुबे, इब्राहिम अल्काजी, अजितेश बनर्जी तथा मोहन महर्षि सरीखे निष्ठावान, समर्पित और अनुभवी नाट्य-निर्देशकों के हाथों से होता हुआ 1979-80 तक प्रयाग, सागर, उज्जैन, नागपुर, लखनऊ, पटना, इंदौर, ग्वालियर, काशी, नैनीताल, ज़मशेदपुर, गुवाहाटी, रायपुर और विलासपुर जैसे छोटे-बड़े कस्बों-शहरों तक फैलता चला गया है और जिन-जिन व्याख्याओं तथा रूपों में कल्पनाशील निर्देशकों ने इसे प्रस्तुत किया है उसकी कल्पना तो संभवतः स्वयं नाटककार ने भी नहीं की होगी। इतने बड़े, व्ययसाध्य और कठिन नाटक की इतनी अधिक और वैविध्यपूर्ण प्रस्तुतियाँ अपने आप में एक

रोमांचक इतिहास हैं।

भारती का **अंधायुग** और राकेश का **आषाढ़ का एक दिन** वास्तव में नए हिंदी रंग-आंदोलन का सूत्रपात करनेवाले अत्यंत महत्त्वपूर्ण नाटक रहे हैं। परंतु सितंबर 1954 को प्रकाशित होने से भी पहले जो नाटक इलाहाबाद रेडियो से अपनी मूल्यवत्ता और प्रभविष्णुता अच्छी तरह प्रमाणित कर चुका था वह 'अंधायुग' नवंबर 1962 से पहले कहीं भी क्यों मंचित नहीं हो पाया ? यह एक प्रासंगिक और विचारणीय प्रश्न है। मेरे विचार से इसके अनेक कारण हैं। पहला और मूलभूत कारण तो यही है कि छठवें दशक से पहले हिंदी का कोई गंभीर, कलात्मक और प्रयोगधर्मी रंगमंच था ही नहीं। दूसरे, 'अंधायुग' एक बड़ा और चुनौतीपूर्ण नाटक था जो बिना किसी कल्पनाशील निर्देशक की पुनःसृष्टिपरक प्रतिभा और साधन-संपन्न संस्था के प्रस्तुत किया ही नहीं जा सकता था। तीसरा कारण यह कि आरंभ से ही इस कृति की खींचतान कविता और नाटक दोनों क्षेत्रों में समान रूप से होती रही। एक साथ-एक ही समय इसे 'नई कविता' और 'नए नाटक' की अत्यंत उत्कृष्ट या निकृष्ट रचना घोषित किया जाता रहा और इस विवाद को जन्म देने में स्वयं भारती का हाथ भी कम नहीं रहा। इसके सफल मंचन के काफी दिनों बाद तक (आम आदमी या विश्वविद्यालयीय अध्यापक-समीक्षक की बात तो जाने दीजिए) अनेक प्रतिष्ठित नए कवि और नाट्य-निर्देशक तक इसे एक लम्बी कविता मात्र मानने पर बल देते रहे। चौथा प्रमुख कारण यह कि उस समय इस प्रकार के महाकाव्योचित आधुनिक पद्य-नाटक के लिए न्यूनतम प्रेक्षक वर्ग भी उपलब्ध नहीं था—नयी पीढ़ी की रुचि इसकी पौराणिकता में नहीं थी और पुरानी पीढ़ी के संस्कार इसकी बौद्धिकता तथा आधुनिकता को स्वीकार नहीं कर पा रहे थे।

भारतीय रंगकर्मियों में से **सत्यदेव दुबे** पहले व्यक्ति थे जिन्होंने 'अंधायुग' की जीवंत, प्रभावपूर्ण तथा संवेदनशील नाट्य-भाषा, इसके सार्थक, संगत और उत्तेजक कथ्य तथा भारतीय और पाश्चात्य रंगरूढ़ियों के संश्लेष से उद्‌भूत इसके मौलिक रंगमंच से अभिभूत होकर 1962 में **मुंबई** के कम्बाला हिल स्थित इब्राहिम अल्काज़ी के खुले टेरेस पर नवंबर के प्रथम सप्ताह से दिसंबर के प्रथम सप्ताह तक 'अंधायुग' के बारह प्रदर्शन करने का अभूतपूर्व साहस दिखाया। यह अलग बात है कि इस निर्णय तक पहुँचने और इसे क्रियान्वित करने में उन्हें भी पूरे छः साल लग गए।

सर्दी का मौसम; शाम से ही गहराती रात; मुंबई के कम्बाला हिल की एक ऊँची इमारत के टेरेस पर बना मुक्ताकाशी मंच-मेघदूत। वृत्तिमूलक एवं सांकेतिक (Functional and Suggestive) दृश्य-बंध; तीन ओर अभिनय क्षेत्र (जिसमें एक ओर आठ फुट ऊँची पानी की टंकी भी है)। "छत पर अँधेरा है, दर्शक सीढ़ीनुमा सीटों पर ख़ामोश बैठे हैं और बहुत हलके आलोक में एक पेड़ के सूखे तने के पास एक काँपता हुआ तीखी झकोरवाला प्रबल स्वर—'मैं क्या करूँगा ? हाय मैं क्या करूँगा ? वर्तमान को जिसमें मैं हूँ और मेरी प्रतिहिंसा है ?' और अश्वत्थामा का यह मर्मस्पर्शी स्वर दर्शकों

को झकझोर जाता है।"[7] अश्वत्थामा की यह जीवंत ऐतिहासिक भूमिका मराठी-अँग्रेजी रंगमंच के प्रसिद्ध अभिनेता मानवेन्द्र चिटणीस ने निभाई थी जिनके संवादों का प्रभाव कुछ ऐसा था कि नाटक समाप्त होने के बाद भी दर्शकों को लगा 'जैसे अश्वत्थामा के संवाद अँधेरे में प्रेत के चीत्कार की तरह' गूँज रहे हैं। गांधारी की चुनौतीपूर्ण भूमिका में थीं नीनादास और धृतराष्ट्र की कठिन भूमिका को मँजे हुए, कुशल एवं प्रशिक्षित अभिनेता अमरीश पुरी ने निभाया था। इनके अतिरिक्त कृतवर्मा, विदुर, युधिष्ठिर, कृपाचार्य, युयुत्सु तथा गूँगे भिखारी के रूप में क्रमशः सतीश, अनंत गोहिल/सत्यदेव दुबे, नरेन्द्रसेठ, गुरनाम सिंह, हरी और जतीन खन्ना ने अपनी-अपनी भूमिकाएँ कुशलता और सफलता से निभाईं। जतीन को गूँगे भिखारी की छोटी-सी भूमिका में देखकर गांधारी बनी श्रीमती नीना को लगा था कि, "उसके चेहरे पर गहन पीड़ा की मार्मिक अभिव्यक्ति थी। उसे पानी दिया जाता है और कुछ बोलने के लिए झकझोरा जाता है। मगर वह बोलने का प्रयत्न करते-करते अचानक लुढ़क जाता है। उस युवक की अभिनय-प्रतिभा देखकर मैं दंग रह जाती हूँ।"[8] हमारे अधिकांश पाठक-दर्शक आज भी यह नहीं जानते कि बिना एक भी शब्द बोले, मात्र अपने हाव-भाव, मुद्रा और शारीरिक क्रियाओं से दर्शकों को प्रभावित कर ले जानेवाला वह युवक कलाकार वास्तव में आज का लोकप्रिय फिल्म-अभिनेता राजेश खन्ना ही था। इस प्रस्तुति की मंच-परिकल्पना सत्यदेव दुबे की थी और संगीत योजना जयदेव की।

निर्देशकीय दृष्टि से, स्वयं सत्यदेव दुबे के अनुसार, " 'अंधायुग' में और उसके बाद भी भाषा के संवदेनात्मक सम्प्रेषण पर ही मैं ज्यादा ज़ोर देता रहा हूँ।"[9] और संभवतः यही कारण है कि इस प्रस्तुति में अन्य रंग-तत्त्वों की अपेक्षा काव्यात्मक नाटकीयता-सम्पन्न रंग-संभाषण का सम्मोहक प्रभाव सभी दर्शकों ने अनुभव किया। मध्यम वर्ग और उच्च मध्यम वर्ग के सुशिक्षित और सुस्कृत लगभग 1200 दर्शकों ने इसे देखा और सराहा। इसे तीन-चार बार देखनेवालों में प्रसिद्ध नाटककार स्वर्गीय मोहन राकेश भी थे जिन्होंने लगभग नौ-दस वर्ष बाद इस प्रस्तुति को याद कर गद्गद भाव से स्वीकार किया था कि "Satyadev Dubey's production of 'Andha Yug' was the best one has ever seen anywhere."[10]

1964 में **थियेटर यूनिट, मुंबई** की ओर से सत्यदेव दुबे के ही निर्देशन में 'अंधायुग' को पुनः प्रस्तुत किया गया। इसमें दो एक महत्त्वपूर्ण भूमिकाओं को छोड़कर शेष भूमिकाओं में पहलेवाले अभिनेताओं ने ही अभिनय किया। इस बार गांधारी की भूमिका सुलभा देशपांडे तथा संजय की भूमिका नितिन सेठी ने अत्यंत संतुलित और प्रभावपूर्ण ढंग से निभाई। युयुत्सु के रूप में अजय तथा व्याघ के रूप में वी.के. शर्मा भी अच्छे रहे। इस प्रस्तुति में अश्वत्थामा की भूमिका सत्यदेव दुबे ने स्वयं अभिनीत की, जिसे देखकर नाटककार को प्रतीत हुआ कि यह अश्वत्थामा, "...अन्दर से बेहद भरा हुआ था, इस कदर कि लगता था कि संवाद के शब्द उसके लिए यथेष्ट नहीं पड़

रहे हैं और कथ्य इस कदर तेज़ हो गया है कि शब्द उसके पीछे-पीछे भाग रहे हैं। यह अश्वत्थामा कृष्ण से तुमुल विवाद में ग्रस्त था। लगता था सारी असंगतियों, विषमताओं के बारे में वह प्रश्न पर प्रश्न उठाता चला जा रहा है। कोई उत्तर उसे संतुष्ट नहीं कर पा रहा, और उसकी खीज़, विक्षोभ, घृणा, तैस और छटपटाहट एक अन्यायपीड़ित पात्र की नहीं है, एक अनुत्तरित प्रश्न की है।''[11] और केवल अश्वत्थामा ही क्यों संपूर्ण नाटक के विषय में दुबे की मौलिक व्याख्या और प्रस्तुति की प्रभविष्णुता ने दर्शकों को आंदोलित कर दिया था। परंतु दुर्भाग्य से, सिवाय परस्पर विरोधी वक्तव्यों अथवा सामान्य उल्लेखों के, इन प्रस्तुतियों का कोई तटस्थ विश्लेषणपरक समीक्षात्मक प्रमाण आज कहीं उपलब्ध नहीं है।

'अनामिका' के निमंत्रण पर इसका जो एक प्रदर्शन 25 दिसंबर, 1964 को कलकत्ता में किया गया था, उस पर प्रतिक्रिया व्यक्त करते हुए एक ओर यदि महेन्द्र पाल ने यह लिखा कि, ''प्रदर्शन बहुत ही प्रभावशाली और अभिनय उच्च कोटि का था। दुबे की आवाज़, गांधारी का चीत्कार और धृतराष्ट्र की आँखें काफी अरसे तक लोगों के दिल में ताज़ा रहेंगी।''[12] तो दूसरी ओर ब.व. कारन्त ने लिखा कि उन्हें, ''यह प्रदर्शन देखने के बाद निराशा हुई। क्योंकि पूरे नाटक से जो समन्वित प्रभाव अपेक्षित था वह पैदा नहीं हुआ। नाटक की काट-छाँट में बड़ी समझदारी बरतने के बाद भी अभिनय में कोई भी बात उभर नहीं पाई। नाट्य-गति बार-बार टूट जाती थी और कई बार दर्शकों को लगा कि अब—अब नाटक खत्म होगा। वस्तुतः इन टूटनों में भी एक कलापूर्ण सामंजस्य स्थापित किया जा सकता था। कदाचित् इन टूटनों के लिए असंतुलित दृश्यबंध भी कारण रहा हो। मंच पर कार्य-व्यापार का विशेष भार दाईं ओर पड़ता था, और मंच पर बायाँ भाग बिना कारण ही निष्क्रिय रखा गया था। वेशभूषा में भी कल्पना का अभाव था। बहुत से पात्र सफेद कपड़ों में थे, जिससे पात्रों का तीखापन नहीं उभर पाया, चारित्रिक भिन्नता भी नहीं आ पाई। इस प्रदर्शन की विशेष उपलब्धि थी पात्रों की कथन शैली, जो एक काव्य-नाटक के उपयुक्त थी। पात्रों के संवादों में ध्वनि-भंगिमाओं का वैविध्य था। धृतराष्ट्र तथा विदुर की वाक्-शैली सचमुच ही स्मरणीय थी।''[13] जहाँ तक विदुर के अभिनय का प्रश्न है, निर्देशक के अनुसार, ''विदुर का अभिनय करनेवाला कलाकार नाम याद नहीं, हमारी दृष्टि से सर्वथा कमज़ोर था।'' इसके अतिरिक्त दुबे स्वयं स्वीकार करते हैं कि, ''कलकत्ते के पहले प्रयोग में बहुत सारी तकनीकी गलतियाँ हो गई थीं—बीच में टेप रिकार्डर भी चल गया था—सेट ग़लत बन गया था, परन्तु उसके बावजूद भी भाषा के कारण हम बच निकले।''[14] अल्काज़ी के तालकटोरावाले प्रस्तुतीकरण से इस प्रदर्शन की तुलना करते हुए एक अन्य समीक्षक ने लिखा था कि, दुबे की प्रस्तुति में, ''अश्वत्थामा और युयुत्सु की प्रभावशाली भूमिकाएँ थीं। गांधारी की भूमिका भी अपेक्षाकृत अच्छी निभाई गई थी। संजय की आवाज़ निरपेक्ष थी, नाटकीय नहीं।...निर्देशन ज्यादा मुक्त था।''[15]

सत्यदेव दुबे ने नाट्यालेख का पर्याप्त सम्पादन किया था। एकाध छोटा-मोटा दृश्य यदि जोड़ा गया था तो पक्षियों के नृत्य (तीसरे अंक का अन्तिम दृश्यांश) तथा जंगल में आग लगने जैसे दो एक दृश्य काट भी दिए गए थे। 'अंधायुग' की इस प्रस्तुति और हिंदी नाट्यांदोलन में इसकी ऐतिहासिक भूमिका के संबंध में सुप्रसिद्ध नाट्यसमीक्षक नेमिचंद्र जैन के हाल ही में व्यक्त ये संतुलित विचार अत्यंत महत्त्वपूर्ण हैं : "दुबे की वह प्रस्तुति हिंदी रंग-सृष्टि के प्रति गहरी निष्ठा, सूझबूझ और रंगस्थल की अप्रत्याशित अनौपचारिकता, नवीनता के कारण बहुत प्रभावी और बहुप्रशंसित रही, भले ही उसका जो रूप 1964 में कलकत्ते में अनामिका के नाट्य-महोत्सव के अवसर पर एक रंगद्वारी नाट्य-शाला में देखने को मिला वह उतना प्रभावी नहीं था। बल्कि कुछ ही समय पहले दिल्ली में अल्काज़ी द्वारा फ़िरोज़शाह कोटला के खंडहरों में किए गए प्रदर्शन की तुलना में वह, कई बातों में अधिक कल्पनाशील होकर भी, कुल मिलाकर निराशाजनक लगा था। पर उसकी खूबी थी नाटक के पौराणिक चरित्रों के पौराणिक तथा आधुनिक दोनों आयामों को अभिव्यक्त करने की कोशिश, उसकी कविता की भावधारा और लय का रूपायन, संवादों और भंगिमाओं का सामंजस्य तथा रंगभाषण के उतार-चढ़ाव में भाषा की अपनी ध्वनियों की पहचान का प्रयास। दुबे ने नाटक का संपादन भी अल्काज़ी के प्रदर्शन की तुलना में अधिक प्रासंगिक ढंग से किया था। मगर दूसरी ओर पूरे नाटक की गति में न तो प्रवाह की विविधता थी और न उसके लगातार टूटते रहने का कल्पनाशील उपयोग ही था। दृश्य-तत्व-रूपबंध, रूपसज्जा आदि में भी लापरवाही और शिथिलता थी। बहरहाल, उस समय के हिंदी रंगमंच के परिप्रेक्ष्य में एक काव्य नाटक के चुनाव की साहसिकता और प्रस्तुतीकरण में महत्त्वपूर्ण प्रदर्शन-मूल्यों के प्रति सजगता ने सहज ही सत्यदेव दुबे को हिंदी रंग-निर्देशकों की पहली पंक्ति में स्थापित किया।"[16]

समग्रतः यह प्रदर्शन सार्थक नाटक की तलाश करने, शब्द और उसके अर्थों पर अत्यधिक बल देने तथा उच्चरित शब्द की नाट्य-संभावनाओं को रेखांकित करने की दृष्टि से अत्यंत महत्त्वपूर्ण था। परंतु टुकड़ों में ये प्रस्तुति जितनी मोहक, प्रभावपूर्ण और कलात्मक थी संपूर्णता में वैसी नहीं बन पाई। इसका मूल कारण संभवतः यह है कि निर्देशक दुबे की दृष्टि में, " 'AndhaYug' is not a spectacle. It is a play which should be done in close-ups, with the words modulated to the maximum effect, without any loss of vitality."[17] और यही दृष्टि इस प्रस्तुति की सबसे बड़ी उपलब्धि और सीमा थी।

सत्येदव दुबे के इस काव्यात्मक दृष्टिकोण से एकदम अलग **इब्राहिम अल्काज़ी** को इस नाटक की व्यापकता, बहुआयामिता, भव्यता, विराट्ता और प्रदर्शनीयता सम्मोहित करती है। और यही कारण है कि इसके उपयुक्त मंच की तलाश में वह फ़िरोज़शाह कोटला के भग्नावशेषों, तालकटोरा के खंडहरों और पुराना किला के ध्वस्त-उजाड़ स्थानों में भटकते फिरे हैं। बल्कि उन्हें तो यहाँ तक लगता है कि संभवतः

फिल्म का व्यापक और गतिशील माध्यम ही इस नाटक की प्रस्तुति का सर्वाधिक उपयुक्त माध्यम हो सकता है, स्वयं अल्काज़ी के शब्दों में "…I see epic characters against the elements rather than against man-made structures, against canyon, rock, blasted forest, deep jungle cave, marshland, swamp. I See Gandhari small, lost, a mere speck under a huge suffocating bowl of sky, but a frenzied, protesting speck, a cursing atom in the act of explosion, detonating a chain reaction of Vengenance against the whole Yadav clan."[18]

इस प्रकार, **राष्ट्रीय नाट्य विद्यालय** के निदेशक के रूप में दिल्ली आ जाने के बाद अल्काज़ी ने 1963 में **फिरोज़शाह कोटला** के ऐतिहासिक खंडहरों में मुक्ताकाशी विशाल मंच पर 'अंधायुग' को एक नया आयाम प्रदान किया। इस प्रस्तुतीकरण में लोक-नाट्य पद्धति के प्रदर्शन तत्त्वों तथा शास्त्रीय-साहित्यिक रंगमंच की रूढ़ियों का सर्जनात्मक उपयोग किया गया था। निर्देशक ने खुले मंच के पीछे की ठोस-पथरीली-पुरानी दीवार पर टूटा रथ-चक्र लगाकर सत्य, न्याय और मर्यादा का स्खलन संकेतित किया। स्वयं भारती के शब्दों में :

इतिहास की सामूहिक गति
सहसा झूठी पड़ जाने पर
क्या जाने
सच्चाई टूटे पहियों का आश्रय ले।

नाटक की प्रकृति के अनुकूल बहुदृश्य-बंधवाले तथा बहु-धरातलीय अभिनय-क्षेत्र का निर्माण कर निर्देशक ने बहुस्थानीय कार्य-व्यापार को सुगमतापूर्वक प्रस्तुत कर दर्शकों को चमत्कृत कर दिया। पौराणिक देशकाल और युद्धोत्तर संस्कृति के अनुरूप व्यापक विस्तृत परंतु वीरान और उजाड़ खंडहरों की पृष्ठभूमि में विचरते हुए 'अंधायुग' के महाकाव्योचित चरित्र दर्शकों के मन-प्राणों को झकझोर जाते थे। यह एक नए प्रकार की नाट्यानुभूति थी जो अश्वत्थामा के रूप में अरुण जोगलेकर तथा गांधारी के रूप में श्रीमती वीणा खन्ना (तथा/स्वर्गीय श्रीमती मीना पेठे) ने अपने जीवंत अभिनय से उत्पन्न की। युयुत्सु की गहरी अनास्था से उत्पन्न पीड़ा को वीरेन्द्र शर्मा (तथा/रामगोपाल बजाज) ने भली भाँति संप्रेपित किया। संजय के रूप में मोहन महर्पि तथा युधिष्ठिर के रूप में कमलाकर सोनटक्के के साथ-साथ कृपाचार्य, कृतवर्मा, धृतराष्ट्र, याचक और गूँगे सैनिक की भूमिकाओं में क्रमशः ए. नामदेव, वी.पी.सिन्हा, हरजीत, जफ़र अहमद तथा डी.ए. नाथ ने भी प्रभावित किया। प्रहरियों के रूप में सुरेन्द्र सिद्धू और ओ.पी.कोहली ने सामान्य जन की तटस्थता एवं निरपेक्षता को सफलतापूर्वक पेश किया। मेकअप की दृष्टि से इस प्रस्तुति के रूपसज्जाकार इंदुघोष के अनुसार, "हमने सभी पात्रों को हल्के-से भूरे (ब्राउन) प्रभाव के अतिरिक्त उनके अपने-अपने सामान्य रूप में रहने दिया था।

केवल धृतराष्ट्र में पीलेपन का प्रभाव लाने के लिए प्रसाधन सामग्री का उपयोग आवश्यक हुआ जिसके लिए पंसारी की दूकान पर मिलनेवाली पीली पेवड़ी का प्रयोग किया गया।''

लगभग तीन वर्षों के अंतराल के बाद 'अंधायुग' के अभिशप्त पात्रों और उनकी जर्जरता, पराजय, निराशा और टूटन से ग्रस्त ध्वस्त-पृष्ठभूमि में व्याप्त काली-अंधी छायाओं की आत्माओं को मूर्तरूप देने के लिए अल्काज़ी ने 18 मई, 1967 की उमस भरी शाम को दिल्ली में **तालकटोरा** के खंडहरों के बीच एक बुर्ज, टूटे दरवाज़े, सीढ़ियों और रथ-चक्रवाले खुले मंच पर पुनः दर्शकों का आह्वान किया। इस प्रस्तुति की यह मुक्ताकाशी स्वाभाविक मंच-सज्जा अपनी प्रतीकात्मकता में प्रभावपूर्ण थी। ''ध्वस्त खंडहरों की पार्श्वभूमि पर मृत्यु प्रतीक गृद्ध समूह; टूटा रथ-चक्र (सत्य की पराजय सूचित करता हुआ-सा), बुझे हुए मन की तरह प्रकाशहीन मार्गों के कोने-कोने में छुपकर बैठा अंधकार आखेटक सा—विनाश का रंगायन। कौरव कुल के व्यक्ति यहाँ भूतकालीन परछाइयों की तरह संचरण करते हैं। उनकी भावभूमि प्रेक्षागृह से नहीं जुड़ती।''[19] पौराणिक देश-काल, वस्त्र-विन्यास, रूप-सज्जा, आभूषण और अस्त्र-शस्त्रों के बावजूद पात्रों के शब्दों के खोल तोड़कर निकलते हुए अर्थ और गरिमापूर्ण मुद्राओं-गतियों से छनकर आती हुई संवेदनाएँ अपने ऐतिहासिक संदर्भों से नंगी होकर अपने समकालीन दर्शक को उसके अपने समय के यथार्थ से साक्षात्कार कराने लगी। जिन लोगों ने इस प्रस्तुति को देखा है वे गांधारी के शाप, अश्वत्थामा की प्रतिहिंसा तथा अँधेरे कोहरे में से फूटते स्निग्ध किरणों के प्रकाश के साथ बाँसुरी की करुण-कोमल तान और नेपथ्य से आती कृष्ण के शाप-स्वीकार की गुरु-गंभीर, शांत और सम्मोहनपूर्ण आवाज़ को शायद कभी नहीं भूल पाएँगे। अपनी लपलपाती जीभों से अँधेरे को चाटती हुई मशालें जैसे अश्वत्थामा के भीतर धधकती हुई प्रतिशोध की आग को ही मूर्त कर रही थीं। अश्वत्थामा के रूप में ओम शिवपुरी, गांधारी की भूमिका में सुधाशर्मा (अब शिवपुरी) तथा संजय के रूप में सोनटक्के ने अपनी भूमिकाओं को पूरी तल्लीनता, प्रभविष्णुता और कलात्मकता से निभाया। धृतराष्ट्र, याचक, कृपाचार्य तथा विदुर की भूमिकाओं में क्रमशः बी.एल.चोपड़ा, बलराज पंडित, नंद अरोड़ा तथा रामगोपाल बजाज ने भी प्रभावित किया। युयुत्सु की पीड़ा और त्रासदी तथा युधिष्ठिर की कारुणिक-दार्शनिक चिंता को गोविंद प्रसाद तथा राजेश शर्मा उभार नहीं पाए और न ही कृतवर्मा तथा प्रहरियों के रूप में मुकुंद नायक तथा के.आर.शर्मा एवं जी.एस. निकले ही प्रभावित कर सके। यह कहना कि, ''सुधा शर्मा का अभिनय भावपूर्ण था पर कहीं-कहीं अतिरेक से उनकी आवाज़ फट जाती है, संतुलन टूट जाता है। इतना ऊँचा बोले बिना भी अनुभूति की चरमता अभिव्यक्त हो सकती है।'' तथा अश्वत्थामा के रूप में ओम शिवपुरी के अभिनय में, ''...उनकी संलग्नता के चिह्न नहीं मिलते। वही भंगिमाएँ बार-बार दोहराई जाती हैं, वहीं हाँफते हुए संवाद और रोमन मुद्राएँ। उन्हें साँस के संतुलन की आवश्यंकता है।

बदहवासी अच्छे अभिनय की पूर्ति नहीं करती, चेहरे का तनाव भावों के उतार-चढ़ाव का पर्याय नहीं बनता।''[20] अर्द्ध-सत्य से अधिक सही नहीं है। जहाँ तक गांधारी और अश्वत्थामा के चरित्रों का प्रश्न है ऊपर गिनाए गए अधिकांश दोप इस सन्दर्भ में इनके व्यक्तित्व की आंतरिकता और परिस्थितियों के असह्य दवाव से उद्‌भूत होने के कारण अभिनय के अपरिहार्य अंग बन जाते हैं। वैसे भी राष्ट्रीय नाट्य विद्यालय, ओम शिवपुरी और सुधा शिवपुरी की एक अपनी अभिनय शैली है, जिसे वाद के अनेक अभिनेताओं ने अपने-अपने ढंग से अपनाया है और उसका असर आज भी कम नहीं हुआ है। अल्काज़ी की प्रस्तुति-शैली पर अक्सर विदेशी प्रभाव की चर्चा की गई है। इस संदर्भ में यह भी द्रष्टव्य है कि यहाँ ''वे जुलूस शैली के रंगमंचीय प्रदर्शन के तत्त्वों और रूढ़ियों का प्रयोग करते हैं जिनका प्रचलन आज भी जुलूस शैली के नाटक रामलीला में हम देख सकते हैं। उनका बहुधरातलीय और बहुस्थलीय रंगमंच तथा रंगमंच बाह्य क्षेत्र का गौण अभिनय क्षेत्रों के रूप में प्रयोग लोक नाट्य रूपों की प्रदर्शन शैलियों के बहुत निकट है।''[21]

इसी बीच छोटे-बड़े नगरों में 'अंधायुग' के अनेक प्रदर्शन होते रहे हैं। **सागर** विश्वविद्यालय के 'प्रयोग' नामक थियेटर ग्रुप की ओर से **विजय चौहान** के निर्देशन में इस पद्य-नाटक का सफलतापूर्वक मंचन किया गया। विजय चौहान के शब्दों में इसे करने का मुख्य कारण यह था कि, ''इसमें वे नाटकीय तत्त्व हैं जो दर्शकों का ध्यान बाह्य रूप से आकर्षित करते हैं। विचार-तत्त्व और विषय-वस्तु दोनों में ही यह एक ग्रीक ट्रेजेडी के समकक्ष है, और मेरी समझ में हिंदी के सबसे अच्छे नाटकों में से एक है।''[22] प्रस्तुतीकरण और मंच-सज्जा की दृष्टि से यह प्रस्तुति अल्काज़ी की अत्यधिक व्यय-साध्य भव्य प्रस्तुति के एकदम विपरीत थी। दर्शकों को चारों ओर बैठाकर एक बिल्कुल खाली मंच का प्रयोग किया गया। सिर्फ एक ओर 20'-20' का काला पर्दा लगाकर उस पर सफ़ेद रंग से बीस फीट ऊँचा एक कंकाल बना दिया गया। निर्देशक के अनुसार, ''यह प्रतीक बना गांधारी के पुत्र के कंकाल का, जो युद्ध का अवशेष था और जिस युद्ध को न्याययुक्त सिद्ध करने के लिए कृष्ण ने तार्किक आधार देने का प्रयास किया था।''[23] इस सीधे-सादे, अल्पव्ययी प्रस्तुतीकरण ने मात्र नाटक के कथ्य और अभिनय की प्रभावशीलता से दर्शकों को एक सार्थक अनुभव दिया। 'सेतुमंच' **प्रयाग** की प्रस्तुति भी चर्चा का विषय बनी और इसने गंभीर नाटकों को प्रस्तुत करने के लिए रंगकर्मियों को प्रोत्साहित भी किया। राजकीय महिला महाविद्यालय, **बिलासपुर** की बालिकाओं द्वारा **उमा चतुर्वेदी** के निर्देशन में 'अंधायुग' का एक अन्य सफल प्रदर्शन हुआ। बिलासपुर के तत्कालीन साहित्यिक और सांस्कृतिक जीवन-स्तर की दृष्टि से यह प्रस्तुति एक घटना जैसी बात थी।

1966 में 'ईस्ट-वैस्ट-थियेटर सेमिनार' के सिलसिले में नई दिल्ली आने पर **बांग्ला** रंगमंच और फिल्म जगत् के जाने-माने अभिनेता-निर्देशक **अजितेश बनर्जी** ने पहली बार 'अंधायुग' का नाम सुना और दिल्ली के नाट्य-निर्देशक राजिन्दर नाथ द्वारा हतोत्साहित

किए जाने के बावजूद अपनी छोटी बहन से तत्काल इसका बंगला अनुवाद करवाया और फिर लगातार 'नाट्यमंच', 'नांदीकर' तथा शम्भु और तृप्ति मित्रा के आश्वासनों पर इसकी प्रस्तुति की प्रतीक्षा करते रहे। सब ओर से निराश होकर अंततः **अभिनेत्री संघ, कलकत्ता** के प्रस्ताव पर दिसंबर, 1970 में इसे स्वयं ही प्रस्तुत किया। अजितेश बनर्जी के मन में इस नाटक के प्रति आकर्षण का मूल कारण था इसकी पौराणिकता और उसकी आधुनिक व्याख्या। उनकी दृष्टि से यह नाटक बंगला समाज के हिंदी नाट्य साहित्य के प्रति अकारण बन गए हेय दृष्टिकोण को बदलने के लिए आवश्यक था, क्योंकि बंगला में (मनोरंजन भट्टाचार्य के एक नाटक को छोड़कर) कोई भी ऐसा नाटक नहीं है जो एक साथ पौराणिकता और आधुनिकता को इस समग्रता के साथ लेकर चला हो। इसकी युद्धोत्तर पृष्ठभूमि (जो द्वितीय विश्व युद्ध के बाद के हमारे अपने युग को प्रतिबिंबित करती है) के अतिरिक्त कृष्ण के चरित्र में व्यंजित ईश्वर और मनुष्य के द्वंद्व ने अजितेश को इस नाटक के प्रति सम्मोहित किया था।[21] उद्देश्य की दृष्टि से इस प्रस्तुति में इस बात पर बल दिया गया कि स्थितियाँ, परिस्थितियाँ या यहाँ तक कि प्रभु कृष्ण भी समय की प्रकृति को निर्धारित नहीं करते बल्कि यह निर्धारक और निर्णायक शक्ति सामान्य-जन के हाथों में है। वही मानव-भविष्य और उसकी नियति का नियंता है। इसके लिए नाट्यालेख के 'उपसंहार' में भी किंचित परिवर्तन किया गया और इस भाव का रंगमंचीय प्रभाव पैदा करने के लिए अंतिम दृश्य में नए प्रभात के आगमन की सूचना देते लगातार बजते ढोल के साथ-साथ अलग-अलग कोणों से नाटक के सभी पात्रों को मंच पर लाया गया।

कृष्ण के प्रभु-रूप और मानव-रूप के संघर्ष को प्रस्तुत करने के लिए पीछे के पर्दे पर प्रभु कृष्ण की छाया को आद्यन्त बनाए रखा गया। अश्वत्थामा की लड़ाई के दृश्य में युग के अंधेपन का द्योतन करने के लिए पीछे काले पर्दे का प्रयोग किया गया। बंद प्रेक्षागृह में विद्युत उपकरणों का प्रभावशाली उपयोग हुआ। प्रकाश और ध्वनि के कल्पनापूर्ण नाटकीय उपयोग तथा सफेद पर्दे पर समुद्र-तट के प्रक्षेपण द्वारा चमत्कारिक प्रभाव उत्पन्न किया गया। मंच सज्जा के नाम पर अभिनय के लिए विविध धरातल और एक ऊँचे आसन एवं उस तक जाती हुई सीढ़ियों का प्रतीकात्मक इस्तेमाल हुआ। आसन पर यथास्थिति कौरव और पांडवों के झंडे लगाकर धृतराष्ट्र और युधिष्ठिर के राजसिंहासन का काम लिया गया। जंगल के दृश्य को चित्रित पर्दे से दिखाया गया और उस दृश्य में आसन को एक चट्टान की तरह प्रयोग किया गया तथा जंगल की आग को वास्तविक बनाने के लिए झंडे को सचमुच जला दिया गया।

अभिनय के लिए बंगला के उपलब्ध सर्वश्रेष्ठ कलाकारों का चयन किया गया। अश्वत्थामा की भूमिका बंगला रंगमंच और फ़िल्म जगत् के अत्यंत लोकप्रिय और प्रतिभा-संपन्न अभिनेता सौमित्र चैटर्जी ने निभाई तो धृतराष्ट्र का अभिनय किया शिशिर कुमार भादुड़ी के अनुभवी शिष्य अजित बनर्जी ने। गांधारी के रूप में लिटिल थियेटर

ग्रुप की श्रेष्ठ अभिनेत्री नीलिमा देवी तथा गूंगा सैनिक के रूप में प्रमुख फिल्म कलाकार अनूप कुमार ने अपनी कला का सर्वोत्कृष्ट रूप प्रस्तुत करने का प्रयास किया। विदुर थे शैलने चटर्जी तथा वंदना के लिए कमल मित्र की घनत्वपूर्ण प्रभावशाली आवाज़ का उपयोग किया गया था। प्रकाश-परिकल्पना सुप्रसिद्ध प्रकाश-अभिकल्पक तापस सेन की थी। 'अभिनेत्री संघ' के लिए 'अंधायुग' का यह प्रस्तुतीकरण अत्यंत महत्वाकांक्षी और गौरवपूर्ण आयोजन था। सम्भवतः इसीलिए उन्होंने केवल कलकत्ता और उसके आसपास के उपनगरों में ही नहीं बल्कि मुंबई जैसे महानगर में भी इसका प्रदर्शन किया। लगभग एक वर्ष में ही इसके 20 प्रदर्शन किए जा चुके थे और नाटक तब भी प्रस्तुत किया जा रहा था।

परंतु इन तमाम 'सर्वश्रेष्ठ' तत्त्वों के बावजूद यह प्रस्तुतीकरण सर्वांगपूर्ण तथा सफल नहीं हो पाया। एक समीक्षक के अनुसार, इसकी इस असफलता का सबसे प्रमुख कारण था, "···a stilted translation which was too pedestrian and lumbering to capture the rich nuances of Bharti's poetic idiom or the feel of a mythical period. The idiom was uneven, with the grand style erashing into a vulgar colloquial again and again."[25] इसके अतिरिक्त धरातलोंवाले प्रतीकात्मक दृश्य-बंध के साथ चित्रित पर्दे, पर्दे पर पड़ती कृष्णं की छाया या समुद्र के प्रक्षेपण तथा मायावी प्रकाश-योजना में कोई आंतरिक संगति नहीं बैठ पाई। और अभिनय की दृष्टि से भी नीलिमा दास, शैलेन मुखर्जी तथा अनूप कुमार को छोड़कर कोई भी अभिनेता अपने चरित्र के सूक्ष्म मनोभावों और विविध आयामों को कलात्मकता से प्रस्तुत नहीं कर सका क्योंकि, "···the entire cast ranted and gasped under the burden of the words; the meaningfulness of the words was lost in the false pitches, unnatural tempos and defective pronunciation···Most of the actors had little feeling for the words and the fewest possible stereotyped guestures and movements."[26]

20 दिसंबर, 1973 की शाम 'अंधायुग' के प्रस्तुति-इतिहास ही नहीं **मारिशस** के रंगमंच-इतिहास की दृष्टि से भी अत्यंत महत्त्वपूर्ण थी। **त्रिवेणी क्लब** के तत्त्वावधान में निष्ठावान प्रसिद्ध भारतीय नाट्य-निर्देशक **मोहन महर्षि** के कुशल निर्देशन में आधुनिक रंगमंचीय व्याकरण से अनभिज्ञ परंतु उत्साह, लगन और आस्था से परिपूर्ण मारिशस के नए कलाकारों ने जब रोज़-हील के भव्य प्लाज़ा थियेटर में रंगमंच की आधुनिक उपलब्धियों के साथ 'अंधायुग' का अभिमंचन किया तो प्रेक्षागृह में खचाखच भरे हुए तमाम दर्शक विभोर हो उठे। मारिशस सरकार के आग्रह पर भारत सरकार की ओर से वहाँ गए मोहन महर्षि के सामने नाटक का चुनाव करते समय पाँच नाटक थे—**आधे-अधूरे, बाकी इतिहास, तुग़लक, खामोश ! अदालत जारी है** तथा **अंधायुग**। स्वयं नाटककार द्वारा इसे वहाँ न खेलने की सलाह देने और मारिशस के हिंदी रंगमंच की शैशवकालीन स्थिति की ख़ासी

अच्छी जानकारी के बावजूद उन्होंने अंततः 'अंधायुग' जैसे कठिन और चुनौतीपूर्ण काव्य-नाटक का ही चुनाव क्यों किया ? यह प्रश्न अपने आप में अत्यंत महत्त्वपूर्ण है। मोहन महर्षि के अनुसार इसके पीछे अनेक कारण थे—स्वयं उन्हीं के शब्दों में, "केवल पाश्चात्य इतिहास से संबंधित Neo classical युग के अन्य नाटक खेल कर मारिशस की जनता को उनका अपना इतिहास और सांस्कृतिक विरासत भुला देने की साज़िश के विरुद्ध कुछ करना मैंने आवश्यक समझा।

यह बात भी साफ़ करनी थी कि आधुनिक भारतीय नाटककार और रंगमंच किसी भी प्रकार पाश्चात्य रंगमंच से पीछे नहीं है, चाहे उसके पास अपनी कृतियों को विदेश में बेचने के लिए उपयुक्त साधन न हों।

भारतीय वहाँ 150 वर्ष पहले जिस रूप में गए थे कुछ लोग आज भी उन्हें उसी रूप में देखना चाहते हैं। मुझे ऐसे नाटक की तलाश थी जिसकी मूल कल्पना एक भव्यता लिए हो और जिसकी भाषा अत्यंत सशक्त हो। नाटक में शब्द ऐसे हों कि जब अभिनेता उन्हें मंच से बोले तो भाषा न समझनेवाला दर्शक भी उनसे प्रभावित हुए बिना न रहे। शब्द की खनखनाहट मात्र उसे भीतर से हिला दे और जिसे वह जानबूझकर या अज्ञानतावश 'कुली कल्चर' कहता है उसकी गरिमा से वह परिचित हो सके।

मुझे ऐसा नाटक चाहिए था जो मेरे एकदम सीखतर अभिनेताओं को चुनौती दे सकता और उसके (उनके) भीतर की क्षमताओं को उन्हीं के सम्मुख प्रकट कर सकने में सहायक हो सकता। अपने अभिनेताओं के प्रति अपने स्नेह को एक निर्देशक इसी रूप में व्यक्त कर सकता है। और अंतिम कारण यह कि 'अंधायुग' मुझे बहुत अच्छा लगता है, इसका एक सीधा-सादा प्रस्तुतीकरण मैं बहुत दिनों से करना चाहता था…।"[27]

और इस प्रकार मारिशस में 'अंधायुग' के प्रभावपूर्ण सफल प्रस्तुतीकरण की ऐतिहासिक घटना घटित हुई। अश्वत्थामा की प्रलयंकर बर्बरता और प्रतिहिंसा तथा गांधारी की अंधी ममता, विह्वलता, मर्मांतक पीड़ा और विवशताजन्य आक्रोश को जगदीश भिखारी तथा अंजला महर्षि ने अपने जीवंत अभिनय द्वारा दर्शकों तक को जीने के लिए विवश कर दिया। धृतराष्ट्र की दयनीय कातरता को हीरामन ने तथा कृष्ण के प्रति संशयी होने के क्षण में अपना वैष्णव तिलक मिटाकर विदुर के रूप में शांताराम चूलन ने देखनेवालों को भीतर तक हिला दिया। गूंगे सैनिक के रूप में महेश रामजियावन ने अपनी अभिनय प्रतिभा का संपूर्ण परिचय प्रस्तुत किया। याचक के रूप में राजकरण बामा, संजय के रूप में विजयकुमार प्रसन्न, कृतवर्मा के रूप में सुंदरलाल मिट्टू, कृपाचार्य के रूप में सूर्यदेव शिवरथ तथा युयुत्सु की भूमिका में राजेन्द्र सादासिंह ने अपने चरित्रों की आंतरिकता को संवादों, क्रियाओं और मुद्राओं से बखूबी संप्रेषित किया। प्रहरियों के रूप में ईश्वरलाल तिवारी तथा अस्तानन्द सादासिंह का अभिनय भी सराहनीय रहा। मारिशस के प्रसिद्ध हिंदी साहित्यकार अभिमन्यु अनत के अनुसार, "सभी कलाकारों ने अपने को महाभारत

के उन भव्य चरित्रों में ढालकर अपने को उनके अनुरूप बनाया था। अभिनय की सार्थकता पात्रों ने अपने को चरित्रों के पात्र बनाकर ही प्रमाणित की। सभी ने पूरे पौरुष के साथ मंच पर अपने को प्रस्तुत किया और शुरू से अंत तक उस पर छाए रहे। 'अंधायुग' के क्षणों को सभी ने जिया—वेदना, आक्रोश, क्रंदन और आह्वान के साथ। महाभारत के उन महान् चरित्रों की मर्यादाओं और अमर्यादाओं का सही निर्वाह किया। पात्रों की धड़कनों को अपने में लिए उन क्षणों के हर अनुक्षण को जिया।''[28] अंजला महर्षि की परिधान-परिकल्पना पौराणिक पात्रों के एकदम अनुरूप तथा कलात्मक थी। यथार्थवादी दृश्यबंध की मोहन महर्षि की कल्पना को साकार करने में सेर्ज कोंस्तांते ने अथक परिश्रम किया। परिणामस्वरूप गांधारी की पीड़ा और अश्वत्थामा की क्रूरता पूरे दृश्य-बंध पर मुखर रही। पुराने टीन और लकड़ी के टुकड़ों तथा भूरे-काले रंग से ऐसा परिवेश पैदा किया गया जो अपनी ध्वस्त स्थिति में युद्ध की बर्बरता को प्रदर्शित करे और कलाकारों को सही माहौल दे सके। 'अंधायुग' के चरित्रों की तरह ही नग्नता, भग्नता, जर्जरता और कठोरतावाले इस दृश्य-बंध तथा वातावरण को जीवंत बनाने में भूमित्र शर्मा आर्यगा के प्रभावपूर्ण ध्वनि संयोजन ने अभिनेताओं को उस विशिष्ट पौराणिक युग और युद्ध के साथ-साथ वियतनाम, बांगला देश और अन्य सभी युद्धों की वीभत्सता को संवादों, कार्य-व्यापारों, गतियों, मुद्राओं और संयोजनों से मंच पर संजीव करने का पूरा अवसर प्रदान किया। मंच पर पात्रों के लिए निर्दिष्ट मार्गों की विविधता के कारण पात्रों की गति और उनके प्रवेश-प्रस्थान पर्याप्त सहज बन गए।

कथा-गायन स्वयं मोहन महर्षि ने किया और उन्होंने नाट्यालेख को अपेक्षाकृत अधिक सुगठित एवं प्रभावपूर्ण बनाने के लिए इस पाँच अंकीय नाटक को संपादित करके तीन अंकीय भी बनाया। उनके विचार से, छोड़े गए अंश नाटक कम और साहित्य अधिक हैं। युद्ध के हाहाकार को पार्श्व से ध्वनित कराके तथा लुंजपुंज कौरव सेना की एक लंबी कतार को अंधे धृतराष्ट्र के हाथों स्पर्श करवाकर दर्शकों को युद्ध के कुत्सित, जघन्य और भीषण परिणामों का तीव्र अनुभव कराया गया।

नाट्यानुभूति और दर्शक पर पड़नेवाले प्रभाव की दृष्टि से, उल्लेखनीय है कि, " 'अंधायुग' को देखकर उन्हें एकबारगी लगा कि आज का नाटक मनोरंजन नहीं जीवन है। ऐसे मनुष्य का जीवन, जो अपनी ही सभ्यता की विभीषिका में फँस कर निहायत असहाय, बेबस, लाचार और लुंजपुंज बनकर तृतीय पुरुष जैसा जी रहा है। नाटक ने दर्शकों की अछूती चेतना को गहरे स्तरों तक झकझोरा। उन्होंने महसूस किया कि 'अंधायुग' आदमी की क्रूर प्रतिभा और निर्दय महत्त्वाकांक्षा द्वारा पैदा की गई ऐसी सभ्यता के त्रास को अभिव्यक्ति प्रदान करता है, जिसे मानवता ने गिड़गिड़ाती असमर्थता के साथ महाभारत के युग में झेला था।''[29] प्रेक्षकों के सुखद आश्चर्य और अभूतपूर्व नाट्यानुभव को शब्द देते हुए अभिमन्यु अनत ने लिखा था, ''बारी-बारी से पूरा आडिटोरियम मंच पर उमड़ता रहा। वह प्रसन्नता से पागल आत्माओं की रात थी।''[30] परंतु बावजूद इसकी तमाम

विशेषताओं और उत्कृष्टताओं के, दिल्ली में हुए इसके प्रदर्शन को देखने के बाद, लेखक व्यक्तिगत रूप से एक भारतीय नाट्य-प्रेमी के मारिशस में व्यक्त उस उद्‌गार से सहमत नहीं हो पाता, जिसमें उसने कहा था कि, " 'अंधायुग' का प्रदर्शन भारत में भी देख चुका हूँ, आज के इस प्रदर्शन के सामने वह कुछ भी नहीं था।"[31] यह भी संभव है कि उसने यहाँ का कोई अच्छा प्रदर्शन न देखा हो।

8 अप्रैल, 1973 को उत्तर-पूर्व रेलवे इंस्टीट्यूट, **बिलासपुर** के मंच पर **नाट्य-चक्र** द्वारा **सुनील कुमार मुखर्जी** के निर्देशन में 'अंधायुग' का सफल प्रदर्शन किया गया। एक दर्शक-समीक्षक के शब्दों में, "मंच पर अभिनयरत पात्र बीसवीं सदी के पूर्वार्द्ध में खो गए थे। उनका मनः संसार जैसे महाभारत के बीच ही समाहित हो गया था। अश्वत्थामा का जीवंत अभिनय वर्षों याद रहेगा। वृद्ध याचक की भूमिका में श्री माताचरण मिश्र अपने छोटे से अभिनय में प्राण फूँक देते हैं। श्री विजय मोहन तिवारी (विदुर), श्री गनपत राव ठाकरे (धृतराष्ट्र), श्री राम प्रसाद शुक्ल (संजय), श्री केशव वाजपेयी (युयुत्सु) ने सुंदर अभिनय किया।"[32] पर्दोंवाले विशेष सज्जारहित मंच और अन्य सीमित साधनों के बावजूद निर्देशक ने कार्य-व्यापार और शब्दों के माध्यम से नाटक की आत्मा को पकड़ने की ईमानदार कोशिश की।

5 मई, 1973 को **गुवाहाटी** के ज़िला पुस्तकालय भवन में 'अंधायुग' का **असमिया** रूपांतर प्रस्तुत किया गया। उद्‌घोषक के उदात्त स्वरों के साथ ही नाटक का गंभीर वातावरण बन गया जो बार-बार दर्शकों की तालियों की गड़गड़ाहटों के बावजूद आद्यंत बना रहा। "धृतराष्ट्र, गांधारी, विदुर और दोनों पहरेदार युग-संदर्भ को उजागर कर रहे थे। न जाने संजय कौन-सा समाचार लाए दर्शक का हृदय भी धृतराष्ट्र की भाँति विह्वल सा हो रहा था, लेकिन दर्शकों को अश्वत्थामा की भूमिका में रणजीत दास के अभिनय ने सबसे अधिक प्रभावित किया। अंधे धृतराष्ट्र की भूमिका दिलीप शर्मा ने बखूबी निभाई। नाटक की एकमात्र नारी पात्र गांधारी की भूमिका श्रीमती वीणा प्रसाद ने निभाई थी।"[33] विदुर के रूप में आनन्द भगवती तथा युयुत्सु के रूप में तपन भुयां ने भी चरित्रों को जीने की जी तोड़ कोशिश की। मंच-सज्जा प्रतीकात्मक थी। सीढ़ियोंवाले कई सेटों के द्वारा संपूर्ण नाटक के वैविध्यपूर्ण कार्य-व्यापार को सुगमता और कलात्मकता से प्रस्तुत किया गया। अल्काज़ी की मंच-सज्जा की तरह यहाँ भी टूटे हुए रथ-चक्र का प्रतीकात्मक इस्तेमाल हुआ। कथा-गायक के रूप में **दुलाल राय** का स्वर और निर्देशक के रूप में उनका कल्पनापूर्ण कार्य प्रभावपूर्ण एवं प्रशंसनीय थे।

पटना में यूँ तो **राधेश्याम** के निर्देशन में **अरंग** द्वारा 'अंधायुग' को दो बार पहले भी प्रस्तुत किया जा चुका था; जिसमें वृद्ध याचक के रूप में रमेश राजहंस तथा विदुर की भूमिका में के.के. सिंह ने सुंदर अभिनय करके दर्शकों के हृदय जीत लिए थे और अश्वत्थामा तथा गांधारी की प्रभावपूर्ण भूमिकाओं के कारण ये प्रस्तुतीकरण खासे सफ़ल रहे थे। परंतु 1973 के दिसंबर मास में **सतीश आनन्द** के निर्देशन में **कला संगम** की

ओर से विवेच्य नाटक की एक नई प्रस्तुति हुई, जिसके चार सफल प्रदर्शन किए गए। टूटे रथ-चक्रवाले प्रतीकात्मक विशाल मंच पर अनेक नए और प्रशिक्षणहीन कलाकारों से मात्र अभिनय के बल पर ऐसे कठिन और जटिल पद्य-नाटक को प्रभावपूर्ण ढंग से जमा ले जाना निर्देशक की क्षमता और कुशलता के साथ-साथ अभिनेताओं की आस्था, परिश्रमशीलता और लगन का ही प्रमाण है। अश्वत्थामा की भूमिका में सतीश आनन्द तथा गांधारी के रूप में विनीता अग्रवाल ने अपनी अभिनय प्रतिभा का श्रेष्ठ रूप प्रस्तुत किया। युयुत्सु के रूप में किशोर तथा कृतवर्मा, धृतराष्ट्र, कृपाचार्य, विदुर एवं वृद्ध याचक की भूमिकाओं में क्रमशः अनिल, श्रीराम पांडे, गोविन्द, ओमप्रकाश तथा बसंत के साथ-साथ प्रहरियों के रूप में हरिशरण तथा अरुण ने भी सराहनीय अभिनय किया। इस प्रस्तुति में "अभिनय करनेवाले बहुत से पात्र रंगमंच के लिए बिल्कुल नए थे लेकिन निर्देशक सतीश आनंद के प्रशिक्षण से पात्रों ने उच्चस्तरीय अभिनय का सहज निर्वहन किया।" और परिणामस्वरूप, "इस गंभीर नाटक की प्रस्तुतियों ने अपनी कलात्मक संपन्नता से विभिन्न वर्गों की सराहना प्राप्त की।"[34]

दिल्ली के पुराना किला में पांडव कभी रहे हों या न रहे हों परंतु 1974 में 28 अप्रैल से 5 मई तक वहाँ दिल्ली के रंगप्रेमी दर्शकों के सामने रात के काले साए घिरने के साथ-साथ कौरव-पांडवों की महाकाव्योचित तीव्र नाटकीय गाथा का सजीव मंचन आठ दिनों तक लगातार होता रहा।

तालकटोरा के खंडहरोंवाले स्मरणीय प्रस्तुतीकरण के पूरे छः साल बाद निष्ठावान और प्रतिभासंपन्न रंगकर्मी **इब्राहिम अल्काज़ी** की पारखी आँखों ने दिल्ली के पुराने किले के दक्षिणी कोनेवाले उज़ाड़ अधटूटे मगर विराट् खंडहरों को 'अंधायुग' की स्वाभाविक और भव्य-जर्जर पृष्ठभूमि के रूप में पहचान लिया। राष्ट्रीय नाट्य विद्यालय के उत्साही छात्रों ने अपने निर्देशक की कल्पना के अनुरूप छः सप्ताह के कठिन परिश्रम से वहाँ एक विशाल मुक्ताकाशी मंच का निर्माण किया। मंच के चारों ओर अधटूटी, भूरी, पथरीली, ठोस दीवारों के बीचोबीच एक विशाल मेहराबदार दरवाज़ा, ऊपर शानदार बुर्जियाँ और दरवाज़े के भीतर से बहुत दूर पर दिखाई देता हुमायूँ के मकबरे का ऊँचा गुम्बद। मुख्य दरवाज़े के दाएँ-बाएँ दोनों ओर दो छोटे दरवाज़े (उन्हीं के पीछे कहीं ग्रीन-रूम) ! तीनों दरवाज़ों से नीचे की तरफ आती हुई लगभग 40-50 सीढ़ियाँ और उनके बीच भिन्न-भिन्न ऊँचाइयों पर बने छः-सात अभिनय स्थल। मंच के सामने 460 से लेकर 600 दर्शकों तक के बैठने के लिए बनी अर्द्धवृत्ताकार सीढ़ियाँ। इनके पीछे प्रकाश व्यवस्था के लिए लगाए गए लाइट स्टैंड तथा ध्वनि-प्रभावों के लिए बनाया गया एक 'साउंड-बूथ'। महाभारत के पौराणिक परिवेश के लिए इससे अधिक विराट् और उत्कृष्ट मंच-सज्जा की कल्पना करना लगभग असंभव ही है। इसी पृष्ठभूमि और परिवेश के एकदम अनुकूल थी पात्रों की शानदार रूप-सज्जा और वैभवयुक्त परिधान-परिकल्पना। अपनी पिछली प्रस्तुतियों से इसे एकदम भिन्न बनाने के लिए अल्काज़ी ने दर्शकों के चिर-परिचित टूटे रथ-चक्र

को इस बार मंच पर कोई स्थान नहीं दिया और वेश-भूषा तथा गांधारी के करुण विलाप जैसे कुछेक दृश्यों में जापान की काबुकी-शैली का अभिनव प्रयोग भी किया। मंच की बाईं ओर मध्यवर्ती धरातल पर समान काबुकी वेशभूपा में कथा-गायकों (कोरस) को बिटा कर उन्हें गायन की मंत्रोच्चार जैसी अभूतपूर्व लय प्रदान की।

अश्वत्थामा का रूप-विन्यास और उसकी वेशभूषा अद्‌भुत थी। उसके चरित्र के अनुकूल प्रमुखतः लाल और काले रंगों का प्रयोग करते हुए काबुकी ढंग से उसे सजाया गया था : ऊपर माथे की ओर तिरछी चढ़ी हुई मोटी काली भवें, आँखों के आकार को बढ़ाती हुई तथा उन्हें क्रूर-हिंसक रूप देती हुई नीचे की ओर गोलाकार फैली काली पतली रेखाएँ, लंवी कलमों को छूती हुई नुकीली मूँछें और हल्की दाढ़ी, गले में अजगर की तरह लिपटा हुआ काला-लाल-चितकबरा सा वस्त्र और खूँखार पंजों का आभास देता हुआ लकड़ी का मुकुट अनायास ही उसे नरपशु और प्रतिहिंसा की साकार प्रतिमूर्ति बना देता था। अश्वत्थामा के रूप में राजेश विवेक तथा राज बब्बर और गांधारी के रूप में रोहिणी ओक का जीवंत अभिनय, नेपथ्य से शाप-स्वीकारती कृष्ण की अभिभूत कर देनेवाली प्रभावपूर्ण आवाज़, युद्ध की ध्वनि-अनुभूति, संवेदनशील प्रकाश-संयोजन जैसी अनेक ऐसी विशेषताएँ थीं, जो दर्शकों को वर्षों तक याद रहेंगी। युयुत्सु के रूप में रतन कुमार थियम, संजय के रूप में अजीत नारायणदास तथा अजीत वाछानी और कृतवर्मा के रूप में पंकज कपूर ने भी अभिनय की कलात्मक ऊँचाइयों को छुआ। परंतु प्रदर्शन की भव्यता और उदात्तता तथा त्रुटि-विहीन श्रेष्ठता के बावजूद इस प्रस्तुति का कोई तीव्र समग्र प्रभाव नहीं पड़ सका। मंच की विशालता एक ओर यदि वातावरण निर्माण के लिए वरदान होती है, तो दूसरी ओर अभिनेता के लिए कभी-कभी संकट और कठिनाई भी बन जाती है। उदाहरण के लिए, गांधारी और युयुत्सु के साक्षात्कार के दृश्य में 'गांधारी का प्रस्थान', गूंगे सैनिक का युयुत्सु को देखकर चीखना और गिरते-पड़ते 'घिसटते हुए भागना' या अश्वत्थामा द्वारा वृद्ध याचक की हत्या के दृश्य अपेक्षाकृत छोटे मंच पर अधिक प्रभावात्मकता से प्रस्तुत हो सकते थे।

निर्देशक की अत्यधिक प्रयोगधर्मिता के आग्रह ने भी नाटक से दर्शकों का तादात्म्य पूरी तरह नहीं होने दिया। एक दर्शक के रूप में, पटना रंगमंच की प्रसिद्ध अभिनेत्री विनीता अग्रवाल (जो स्वयं पटना के 'अंधायुग' में गांधारी की भूमिका निभा चुकी थीं) की इस प्रतिक्रिया से दर्शक सहमत होंगे कि, " 'अंधायुग' उस पुराने किले के पूरे मुग़लिया माहौल और काबुकी वेश-भूषा में अपनी आत्मा से एकदम अलग कहीं और का लग रहा था, जिसका कोई वास्ता मेरी अपनी ज़मीन से नहीं था। शायद 'अंधायुग' की पहले की प्रस्तुतियाँ ज्यादा भारतीय रही हों।" परंतु अपने छात्रों को (ब्रेख्त की ही तरह) किसी हिंदी नाटक के माध्यम से 'काबुकी शैली' की व्यावहारिक शिक्षा देने के लिए 'अंधायुग' के इस प्रयोग के मूल उद्देश्य से परिचित दर्शक-समीक्षक संभवतः अल्काज़ी पर इस प्रकार के दोषारोपण न कर सकें। 1972 में जापानी कलाविद् काबुकी विशेषज्ञ प्रो. शोजो सातो

के निर्देशन में स्कूल के छात्रों द्वारा भारत और हिंदी में ही नहीं 'एशिया में पहली बार' प्रस्तुत काबुकी नाटक 'इबारागी' की प्रभावशाली और सफल प्रस्तुति की समीक्षा करते हुए दिनमान के नाट्य-समीक्षक ने भारतीय रंगकर्मियों को परामर्श दिया था कि "परिधान की विचित्रता, ध्वनियों के शब्दहीन सशक्त प्रयोग; मंच सज्जा, रूप सज्जा आदि अनेक चीज़ें आधुनिक नाटक अपने इस्तेमाल के लिए अपने ढंग से काबुकी से ग्रहण कर सकता है।"[35] संभव है 'अंधायुग' की इस 'विचित्र' प्रस्तुति के मूल में कोई इसी प्रकार की भावना विद्यमान रही हो, परंतु फिर भी इतना तो निश्चित है कि विविध शैलियों के उपयोग (गांधारी का काबुकी शैली में विलाप, मुखौटे, अश्वत्थामा द्वारा कथकली शैली में याचक की हत्या तथा प्रहरियों के शुद्ध यथार्थवादी अभिनय) ने भी नाटक की एकाग्रता को खंडित किया और कथा-गायन की अपरिचित-अद्‌भुत लय में शब्दों के अर्थ तथा उनसे उभरनेवाले बिम्ब पूर्णतः डूब गए। निर्देशक ने समय-सीमा के कारण मंचन-अवधि को कम करने के उद्देश्य से नाट्यालेख का संपादन भी किया परंतु एक अंग्रेजी-पत्र के नाट्य समीक्षक के विचार से नाटक का आकस्मिक आशावादी अंत इस प्रस्तुति में इसी कारण एकदम अविश्वसनीय बन गया क्योंकि, "...the director had omitted a number of related portions. The guards, for instance, the only contemporising element were hardly allowed to say anything."[36]

इब्राहिम अल्काज़ी का निर्देशन और दृश्य-बंध, प्रसन्नकुमार की वेश-भूषा तथा मुखौटे, इन्दुघोष की रूप सज्जा, जी.एन. दासगुप्ता की प्रकाश-योजना तथा वनराज भाटिया के संगीत के साथ नाट्य विद्यालय के प्रशिक्षित कलाकारों ने 28 अप्रैल से 5 मई, 1974 के बीच 'अंधायुग' के जो गौरवपूर्ण अनुष्ठानात्मक भव्य प्रदर्शन किए उनसे आश्चर्य और रोमांच की अनुभूति अधिक हुई, नाटक के तीव्र-उत्तेजनापूर्ण कथ्य की एकाग्र नाट्यानुभूति कम। इसका सबसे बड़ा कारण शायद यही था कि, "शरीर की सजावट इतनी ज्यादा हो गई थी कि दर्शक को आत्मा खो जाने का आभास होने लगता था।"[37]

इन्हीं दिनों, पुराना किला में हुए अल्काज़ी के इस विराट्-भव्य प्रदर्शन के समानांतर, **संध्या** और बाद में **नेपथ्य** की ओर से **रवि बास्वानी** द्वारा 10 मई, 1974 को **दिल्ली** के प्यारेलाल प्रेक्षागृह तथा 7-8 जून, 1974 को त्रिवेणी के मुक्ताकाशी मंच पर, पौराणिक तामझाम से रहित 'अंधायुग' की एकदम सीधी-सादी प्रस्तुति ने नाट्य-प्रेमियों का ध्यान अपनी ओर आकृष्ट किया। मंच-सज्जा के नाम पर प्रतीक रूप में पिछली दीवार पर काल के प्रतीक रथ-चक्र को लगा दिया गया था और वेश-भूषा के नाम पर नंगे बदन पात्रों को काली पैंटें पहना दी गई थीं। उनके चारित्र्य के अनुरूप अंधे क्रोध और प्रतिशोध, अंधी तटस्थता और प्रतिबद्धता, अनास्था और निराशा, ममता और घृणा को प्रतीकात्मक ढंग से व्यंजित करने के लिए पात्रों के माथे पर लाल, सफ़ेद, काली और सुनहरी पट्टियाँ बाँध दी गई थीं। निर्देशक रवि बास्वानी का बल नाटक के परिवेश और देश-काल की अपेक्षा उसके काव्यत्व और अभिनय पक्ष पर अधिक था। इसलिए उसने नाट्यालेख के

बिना काटे-छाँटे कथा-गायन की छंदमयता और गेयता तथा संवादों की लयात्मक नाटकीयता के साथ नाट्य-शब्द की बिंबात्मकता और गरिमा को पूरी तरह उभारने का प्रयास किया। 'अंधायुग' के आधुनिक संदर्भों को रेखांकित करने के लिए पौराणिक अस्त्र-शस्त्रों के स्थान पर आधुनिक बंदूकों, पैरा जैकेट, हैलमेट तथा वियतनाम युद्ध के ध्वनि-प्रभावों का प्रयोग किया गया। इस दृष्टि से संजीव स्वामीनाथन की संगीत योजना और वी. राममूर्ति की प्रकाश-व्यवस्था सराहनीय थी।

निर्देशक के रूप में **बास्वानी** ने भारती के 'प्रभु कृष्ण' और 'व्यक्ति कृष्ण' के सूक्ष्म संश्लिष्ट रूप को प्रस्तुति में कलात्मकता से बनाए रखकर अपनी निर्देशन-प्रतिभा का परिचय दिया।[38] अशोक सागर ने कथा गायन को अत्यंत मोहक आवाज़ में प्रस्तुत किया और उसके अर्थों को प्रभावपूर्ण ढंग से संप्रेषित करने में सफलता प्राप्त की। परंतु 'कथोपकथन में इसका निर्वाह नहीं हो सका—कुछ अतिनाटकीयता, कुछ उच्चारण दोष और कुछ 'अंधायुग' की काव्य भाषा की लय को न पकड़ सकने के कारण'[39] और कुछ चीख-चिल्लाहट, अतिरिक्त आवेश तथा अतिनाटकीयता के कारण कई स्थानों पर अभिनय की सूक्ष्मता और पात्रों की आंतरिकता नहीं उभर पाई। फिर भी, अश्वत्थामा की भूमिका में आत्मविश्वासी एम.के. रैना ने अच्छा अभिनय किया। विदुर के रूप में दीपक केजरीवाल, कृपाचार्य के रूप में विनोद शर्मा तथा युयुत्सु के रूप में रवि बास्वानी ने भी प्रभावित किया। परंतु एक बुनियादी सवाल यह है कि, "क्या युद्ध के आधुनिक परिदृश्य से नाटक को जोड़ना, प्रहरियों का बंदूकें लिए होना नाटक की व्यंजना शक्ति को समाप्त करना नहीं है ? निर्देशक को इतना भरोसा तो लेखक पर और दर्शक पर होना ही चाहिए। ज़रूरी नहीं है कि सपाट बनाकर ही बात को प्रभावशाली किया जाए।"[40] और शायद इसी कारण यह प्रस्तुति बहुआयामी तीव्र नाट्यानुभव देने में पूर्णतः सफल नहीं हो पाई। सामान्यतः पौराणिकता के अल्पपारदर्शी आवरण से रह-रह कर झलकने वाली आधुनिकता के मोहक रूप-सौंदर्य की उत्तेजनापूर्ण आकर्षण-शक्ति इस प्रदर्शन की प्रत्यक्ष नग्नता के कारण दर्शकों को अभिभूत करने में असफल रही। इस रंग-प्रयोग के विषय में एक अन्य नाट्य-समीक्षक से पूर्णतः सहमत होते हुए अंततः हम यही कह सकते हैं कि—

"···Ravi's production remained a half baked experiment for experiment's sake. There was no conviction, no effort to relate the play with contemporary situations. Reducing his production to the bare minimum, he could only accentuate a few lines and one or two situations. He completely failed to bring out the drama, the dynamism inherent in the play."[41]

सुप्रसिद्ध नाटककार खानोलकर द्वारा किए गए 'अंधायुग' के **मराठी** अनुवाद को **कमलाकर सोनटक्के** ने मराठवाड़ा विश्वविद्यालय, **औरंगाबाद** के नाट्य-विभाग के छात्रों

के साथ 1974 में प्रस्तुत किया। सोनटक्के ने राष्ट्रीय नाट्य विद्यालय में प्रशिक्षण पाया है और अल्काज़ी की प्रस्तुति में अभिनय भी किया था। अतः वह अपनी प्रस्तुति में 'अंधायुग' की नई और मौलिक व्याख्या करना चाहते थे। यह प्रस्तुति प्रोसेनियम थियेटर में हुई और दृश्य-बंध के लिए भग्नता और जर्जरता का प्रभाव उत्पन्न करने के उद्देश्य से तिरपाल के मोटे कपड़े को भिगोकर और रंगकर इस्तेमाल किया गया। अनेक पूर्व प्रदर्शनों की तरह इसमें भी टूटे रथ-चक्र का प्रयोग प्रतीकात्मक रूप में हुआ। वेश-भूषा और प्रकाश-योजना श्रीमती सोनटक्के की थी जिसमें उन्होंने अध्ययन, कल्पनाशीलता और अनुभव के सामंजस्य का अच्छा परिचय दिया। कथावाचक (सूत्रधार) को आधुनिक वेशभूषा में प्रस्तुत किया गया जो हाथ में पकड़े नाट्यालेख से मंगलाचरण का पाठ करता है और तदुपरांत कोने में रखे लैंप के प्रकाश में बैठकर प्रथम अंक का कथागायन पढ़ने लगता है। "हैं घूम रहे केवल दो बूढ़े प्रहरी" के साथ ही कथागायक से प्रकाश लुप्त होता है और महाभारतकाल की वेशभूषा और रूप विन्यास में दोनों प्रहरी घूमते हुए दिखाई देते हैं। और इस तरह मूल नाटक शुरू हो जाता है। सोनटक्के ने अपनी व्याख्या में परिस्थितियों की निर्णायक भूमिका स्वीकार की और पात्रों—विशेषकर अश्वत्थामा—में भावावेश या आक्रोश (ओम शिवपुरी) के स्थान पर तार्किकता को महत्त्व दिया। इसके लिए 'अंतराल' के विश्लेषण का भरपूर इस्तेमाल कर पात्रों के स्वर एवं लय का निर्धारण हुआ। निर्देशक ने गांधारी के शाप के बाद के नाटक (जिसे अधिकांश प्रस्तुतियों में प्रायः छोड़ दिया जाता है) को उभारने और समकालीन जीवन से जोड़ने की कोशिश की। स्वयं सोनटक्के के शब्दों में, "वृद्ध याचक के प्रभावपूर्ण संवाद और श्रेष्ठ अभिनय के साथ नाटक की समाप्ति का प्रभाव बहुत तीखा और गहरा था—यह अंश इस प्रस्तुति की विशिष्ट उपलब्धि सिद्ध हुआ।" पाँचवें अंक में कृपाचार्य के टूटने को मित्र-राष्ट्रों या पार्टियों के एलाइन्स और लक्ष्य प्राप्ति के बाद उनके विघटन के रूप में पेश किया गया। अपनी नियति, परिवेश और परिस्थितियों के तार्किक विश्लेषण में उलझे अश्वत्थामा की जटिल और कठिन भूमिका को स्वयं निर्देशक कमलाकर सोनटक्के ने ईमानदारी से निभाया तो युयुत्सु और गूंगा सैनिक के रूप में लक्ष्मण देशपांडे तथा रुस्तम अचल खाम्ब ने भी अपनी-अपनी भूमिकाओं के साथ पूरा न्याय किया। गांधारी की भूमिका में श्रीमुँहाआग्नि एवं धृतराष्ट्र की भूमिका में कुमार देशमुख भी सामान्यतः ठीक ही रहे। 'अंधायुग' के इस मराठी प्रदर्शन में स्वयं भारती भी उपस्थित थे। इस प्रदर्शन के अंत में उन्होंने स्वीकार किया था कि, "मेरे मन के अश्वत्थामा को यहाँ पूर्णतः साकार होने का मौका मिला है। इस मिट्टी की गंध प्रस्तुति में है।" प्रहरियों के अभिनय से वह संतुष्ट नहीं थे। इस प्रस्तुति के चार प्रदर्शन किए गए और निर्देशक को, बावजूद कुछ सीमाओं और कमज़ोरियों के, इससे पर्याप्त संतोष मिला।[42]

सितंबर-अक्टूबर 1974 में मंचित 'अंधायुग' के **मणिपुरी** रूपांतर को उस भाषा में होनेवाले पहले हिन्दी नाटक का गौरव प्राप्त हुआ है। 'जवाहर लाल नेहरू मणिपुरी

डांस अकादमी' (इंफाल) के प्रेक्षागृह में इसके छः प्रदर्शन हुए जिन्हें लगभग 3000 दर्शकों ने उत्साह, आश्चर्य और आनंदमिश्रित भाव से देखा। इसका निर्देशन रा.ना.वि. के स्नातक और मणिपुरी ही नहीं आज के संपूर्ण भारतीय रंगमंच के चुने हुए श्रेष्ठ युवा निर्देशकों में से एक—**रतन कुमार थियम** ने किया था। अनुवाद पुख्रम्ब सामू तथा रतन थियम ने मिलकर किया। धृतराष्ट्र, गांधारी, युयुत्सु, अश्वत्थामा तथा वृद्ध याचक के रूप में क्रमशः रवीन्द्र शर्मा, रोमा देवी, तोम्बा, वीरेन और रतन का अभिनय आज भी लोगों को भूला नहीं है। रतन थियम के अनुसार, ''वे अति व्यस्त और बड़े अभिनेता आज भी मिलने पर 'अंधायुग' के चरित्रों की चर्चा करते हुए कहते हैं कि मैं एक बार फिर से कोई उतना ही बड़ा और श्रेष्ठ नाटक उनके लिए करूँ।'' रूप सज्जा में चंदन का बहुविध प्रयोग हुआ और संगीत-निर्देशक बुद्ध चन्द्र ने शंख ध्वनि का विशेष नाटकीय उपयोग किया। साहित्य अकादमी पुरस्कार प्राप्त लेखिका महाराज कुमारी विनोदिनी ने इसकी वस्त्र-परिकल्पना की तथा गांधारी को मणिपुरी रानी के परंपरित रूप में 'फनेक' पहनाकर प्रस्तुत किया गया। संन्यासी के वेश में सूत्रधार ने मंगलाचरण गाकर शैलीबद्ध पद्धति से शास्त्रीय नृत्य करते हुए अभिनटन द्वारा नाटक का आरम्भ किया। थियम ने अपने दृश्य-बंध को सादा और सांकेतिक रखा। मुख्य-मंच पर केंद्र में एक लंबा धरातल जिस पर सिंहासन रखा है और अन्य पात्रों के लिए सुविधानुसार रखे गए दो-तीन छोटे मंच। प्रेक्षागृह के बीच के बड़े रास्ते (गैंगवे) को ऊँचे धरातल देकर जापानी 'हानामीची' की तरह मुख्य मंच से जोड़ दिया गया और प्रहरियों के आने-जाने, संजय के भटकने, अश्वत्थामा द्वारा याचक के वध किए जाने तथा 'वे छोड़ चले कौरव नगरी' को प्रस्तुत करने के लिए इसका दिलचस्प और प्रभावपूर्ण इस्तेमाल किया गया। आज भी यह प्रस्तुति उस भाषा के सर्वश्रेष्ठ नाटकों में गिनी जाती है।[13]

27 नवंबर, 1974 को **रंगशिविर, उज्जैन** द्वारा अखिल भारतीय कालिदास समारोह के अवसर पर **राजेन्द्र गुप्ता** के निर्देशन में, क्षीर सागर मैदान के मुक्ताकाशी मंच पर 'अंधायुग' का सफल प्रस्तुतीकरण किया गया। ''स्थानीय रंग कर्मियों की यह प्रस्तुति बहुत सराही गई। भाषा को समझकर काव्य की अभिव्यंजना के अनुकूल संवादों को सही या कह लें रंगमंचोचित शैली में व्यक्त किया गया। मुद्राएँ विशेष रूप से आकर्षक रहीं।''[14] अश्वत्थामा के रूप में नवीन डेविड, गांधारी के रूप में सोनल, धृतराष्ट्र के रूप में ज्योति स्वरूप, संजय के रूप में प्रतीश पाठक, युधिष्ठिर के रूप में प्रमोद त्रिवेदी, वृद्ध याचक के रूप में हरीश पाठक और प्रहरी के रूप में अजय अवस्थी ने प्रभावपूर्ण अभिनय किया। कृपाचार्य, कृतवर्मा, युयुत्सु, वृद्ध याचक एवं गूंगे सैनिक की भूमिकाओं में क्रमशः राजेन्द्र गौतम, पंकज पाठक, धीरेन्द्र कुमार, हरीश पाठक तथा कृष्ण कुमार द्विवेदी का अभिनय भी पसंद किया गया। राजेन्द्र गुप्ता के कल्पनाशील निर्देशन और उनके गंभीर पार्श्व-स्वर को भी सराहा गया। कला-निर्देशन वी. राममूर्ति तथा प्रकाश-योजना रघुवंशी ने की। प्रस्तुति के नयेपन और ओजस्विता की प्रशंसा वहाँ उपस्थित प्रसिद्ध

निर्देशक इब्राहिम अल्काज़ी तथा हबीब तनवीर द्वारा भी की गई। वे नाटक की गंभीरता से अत्यंत प्रभावित हुए।

1975 का वर्ष 'अंधायुग' के प्रदर्शनों की दृष्टि से सर्वाधिक महत्त्वपूर्ण और उल्लेखनीय वर्ष रहा। विश्व हिंदी सम्मेलन के अंतर्गत मारिशस के कलाकारों द्वारा **मोहन महर्षि** के निर्देशन में 11 जनवरी को धनवटे रंग मंदिर, **नागपुर** तथा 17 जनवरी को गांधी मेमोरियल हाल, **नई दिल्ली** में 'अंधायुग' का प्रस्तुतीकरण एक महत्त्वपूर्ण घटना थी। अल्काज़ी के मुक्ताकाशी मंच पर इसके विराट् प्रदर्शनों के अभ्यासी दर्शकों को इस साधी-सादी प्रस्तुति ने एक बिल्कुल भिन्न, लेकिन सुखद अनुभव प्रदान किया। सेर्ज़ कोस्तांत की मंच-सज्जा और अंजला महर्षि (गांधारी), जगदीश भिखारी (अश्वत्थामा) तथा राजेन्द्र सादासिंह (युयुत्सु) का अभिनय विशेष रूप से उल्लेखनीय रहा। 'अंतराल' तथा 'पाँचवें अंक' को हटाकर निर्देशक ने अपनी रंगमंचीय समझ का परिचय दिया। मारिशस रंगमंच के इतिहास को बदल डालनेवाला यह भारतीय नाटक अपने इस प्रदर्शन से यहाँ के दर्शकों में भी एक नया गर्व और आत्मसम्मान भर गया। कहीं-कहीं कुछेक शब्दों के उच्चारण तथा अत्यधिक मुखर अभिनय को छोड़कर यह प्रस्तुति अपने प्रदर्शन-मूल्यों में एक उल्लेखनीय अनुभव थी।

इसी वर्ष दिल्ली के नाट्य-निर्देशक **रवि बास्वानी** ने **लखनऊ** जाकर **दर्पण** की ओर से 20-21 मार्च को रवीन्द्रालय में 'अंधायुग' प्रस्तुत किया। बास्वानी की प्रस्तुति अपने नए और आधुनिक रूप-रंग तथा समकालीन प्रत्यक्ष संदर्भों के लिए दिल्ली में पहले ही चर्चित हो चुकी थी। इस प्रस्तुति में भी पौराणिकता की आत्मा को आधुनिक शरीर देकर युद्ध के दो पक्ष—हार और जीत—क्या हैं ? इस सत्य को आज के जीवन में ढालने का प्रयास निर्देशक रवि बास्वानी ने किया। निर्देशक किसी सत्य को छिपाना नहीं चाहता। वह दर्शकों को साफ़ बता देना चाहता है कि हम नाटक कर रहे हैं। इस प्रकार वह उन्हें नाटक के सत्य से परिचित कराना चाहता है और दर्शकों को किसी भी भड़कावे या छद्म से प्रभावित नहीं करना चाहता। ज़ाहिर है कि ये प्रस्तुति भी दिल्ली की तरह सादे मंच, काली पैंट और रंगीन पट्टियोंवाले वस्त्र-विन्यास, तथा आधुनिक युद्ध ध्वनि प्रभावों इत्यादि के साथ ही पेश की गई। एक दर्शक-समीक्षक के शब्दों में, "अश्वत्थामा की भूमिका में विमल बनर्जी ने काफी सशक्त अभिनय किया। माता गांधारी के पात्र को जीवन देने में नीरजा गुप्ता सफल थीं। स्वप्निल संजय की भूमिका में प्रयाग वर्मा एवं वृद्ध याचक के रूप में डॉ. अनिल रस्तोगी ने काफी प्रभावित किया। विदुर का पात्र वीरेन्द्र शर्मा के कहीं निकट था। नए अभिनेताओं में अनिल मेहरोत्रा (युयुत्सु), अशोक शुक्ला (कायर कृतवर्मा) राकेश निगम एवं राजेश्वर सहाय (प्रहरी), मदन चित्रार्शी (युधिष्ठिर) ने भी अच्छा अभिनय किया, धृतराष्ट्र की भूमिका में वयोवृद्ध अभिनेता हरिकृष्ण अरोरा ने प्रशंसनीय अभिनय किया।"[45] लखनऊ के रंग प्रेमियों के लिए यह एक उत्तेजक अनुभव था।

वाराणसी की रंग-संस्था **अनुपमा** द्वारा जनवरी-फरवरी में **अवध बिहारी लाल** के **निर्देशन में नगर महापालिका प्रेक्षागृह तथा मुरारीलाल मेहता स्मारक प्रेक्षागृह में** 'अंधायुग' के तीन प्रदर्शन किए गए। उत्तरप्रदेश संगीत नाटक अकादमी की 1975 की नाट्य-प्रतियोगिता के अंतर्गत अप्रैल के दूसरे सप्ताह में लखनऊ के रवीन्द्रालय में भी इसी प्रस्तुति का एक प्रदर्शन हुआ, जहाँ इसे तृतीय पुरस्कार प्राप्त हुआ। नारायण भंडारी को द्वितीय श्रेष्ठ अभिनेता का पुरस्कार दिया गया। रामू प्रसाद के दृश्यबंध, राजेश्वर आचार्य के संगीत तथा निर्मल मिश्र एवं अनिल कांजिलाल की प्रकाशयोजना और रूप सज्जा ने मिलकर नाटक के आधुनिक संकेतों तथा काव्यात्मक नाटकीयता की अपेक्षा इसकी पौराणिकता और अति-नाटकीयता को ही उभारने का प्रयत्न किया। यद्यपि पार्श्व-संगीत कर्णप्रिय एवं समयोपयुक्त था तथा मंच-सज्जा सीधी-सादी और कलात्मक थी; फिर भी कुल मिलाकर ये "प्रस्तुति काफ़ी साधारण थी। न नाटक की आधुनिक चेतना उभर पाई, न काव्य की लय। बल्कि पौराणिक वातावरण वेशभूषा से ही नहीं, अभिनय शैली से भी बनता चला गया। हाँ, अश्वत्थामा की भूमिका करनेवाले नारायण भंडारी का अभिनय कुछ नाटकीय (थिएट्रिकल) झलक लेते हुए भी, प्रभावपूर्ण रहा।"[46]

अप्रैल 1975 में डी.रे.का. प्रेक्षागृह **काशी** में महिला समिति द्वारा प्रस्तुत एवं **सूत्रधार** कृत 'अंधायुग' का प्रदर्शन किया गया। निर्देशक **ज्योतिन्द्र सिंह सोहल** के अनुसार इस नाटक के चुनाव का मूल कारण यह था कि, "महाभारत की घटनाओं पर आधारित 'अंधायुग' को जब मैंने पहली बार पढ़ा तो यह पंक्ति मुझे झकझोर गई कि, 'यह कथा ज्योति की है, अंधों के माध्यम से' ब्रह्मास्त्रों के युग की कथा का आणविक संस्कृति से सामीप्य, प्रतिहिंसा, क्रोध, वेदना और अंधकार के गहरे द्वंद्वों के बीच उभरते सत्य, मर्यादा और दायित्व के प्रश्न, अश्वत्थामा की प्रतिहिंसा और तज्जन्य संहार, मानवीय पीड़ा और आंतरिक व्यथा तथा व्यास द्वारा अश्वत्थामा को दी गई चेतावनी···आदि ये सारी बातें एक तेज़ नुकीली धार सी मेरे भाव-बोध को कुरेद गईं। तत्क्षण मेरे मानस लोक में इसका काल्पनिक प्रस्तुति वितान छा गया और आज के जीवन की गहन विसंगतियों, भयानक टूटन-विघटन, मूल्य-विच्छिन्नता, त्रास और द्वंद्व को ध्वनित करने वाली इस पौराणिक कथा के सारे पात्र उसमें सजीव फैल गए।"[47] सोहल ने अपनी इस महत्त्वाकांक्षी प्रस्तुति में नाटक के मूलभाव और उसकी आत्मा को भरसक इस तरह से संप्रेपित करने का प्रयास किया कि इससे दर्शक का बौद्धिक धरातल भी प्रभावित होता रहे और साथ-साथ उसका हृदय भी रससिक्त होता चले। प्रस्तुति में पौराणिकता और आधुनिकता की संगति बैठाने के लिए निर्देशक काफी सचेप्ट रहा। आकाश के गिद्धों से घिर जाने पर प्रहरियों का छुपना कुछ इस प्रकार का था जैसे बमवर्षक जहाजों की उड़ान के समय आज के व्यक्ति बचाव-स्थलों में छिपते हैं। प्रहरियों द्वारा वल्लमों का बंदूकों आदि आज के युद्धक शस्त्रों-सा प्रयोग करना, कुछ पर सैनिक दस्ते की परेड जैसी चाल तथा अश्वत्थामा के ब्रह्मास्त्र फेंकने के नाट्याभिनय जैसे प्रसंग विशेप रूप

से आधुनिक संदर्भों को रेखांकित करते थे।

सोहल ने नाट्यालेख को अपनी दृष्टि से संपादित भी किया; विशेषतः नाटक की गति में बाधक कथा-गायन के कुछेक अंशों को छोड़ दिया गया।

दृश्य-बंध सरल परंतु कलात्मक था। अभिनेताओं की संभाव्य व्यंजकता को विस्तार देने, प्रत्येक मनःस्थिति को सहारा तथा भीतर के हर उभार को गति प्रदान करने के लिए मंच पर उतार-चढ़ाववाले कई धरातलों की योजना की गई। स्थान और समय के वैविध्य में फैले कार्य-व्यापार की माँगों को प्रतीकात्मक आधार प्रदान किया गया। दृश्य-बंध को एक ऐसा रंग दिया गया जो रचना में आई घुटन टूटन, हार और बर्बादी को सजीव ढंग से प्रस्तुत करने में समर्थ था। परिवेश की सृष्टि करने, पात्रों की मनःस्थितियों को उभारने और कार्य व्यापार की गति को निर्बाध बनाए रखने में तापस सेन की मौलिक-कल्पनापूर्ण प्रकाश-योजना प्रभावपूर्ण थी। अभिनेताओं ने उठते-गिरते मनोभावों और गति के बीच सामंजस्य बनाए रखने तथा संवादों में लयात्मकता एवं गद्यात्मकता के बीच तालमेल बैठाने में अपनी पूरी शक्ति लगा दी।

वाराणसी में प्रस्तुत इन दोनों प्रस्तुतियों की तुलनात्मक समीक्षा करने पर ज्ञात होता है कि, 'अनुपमा' का 'अंधायुग' तो शायद पूरी तरह पौराणिक धरातल पर ही अधिनिरूपित किया गया था। औपचारिक दृश्य-बंध, अमूर्त चित्रों के स्लाइडों का प्रयोग आदि नाटक के कलाकारों की वेशभूषा, भव्य साज-सज्जा, पुरानी शैली की संवाद प्रस्तुति आदि पर हावी नहीं हो सका। प्रेक्षक केवल अंधायुग के पौराणिक परिवेश तथा नाटक के भावपूर्ण काव्य की अनुभूति करता है। हाँ, इस प्रस्तुति में नारायण भंडारी कलाकार तापस सेन के विषय में कुछ न कहना ही उनको गौरवान्वित करना होगा। इस नाटक में तापस सेन की प्रकाश-योजना दर्शकों को रंगशाला तक खींच लाने में विशेष सहायक थी।[48] आधुनिकता एवं प्रदर्शन मूल्यों की दृष्टि से ये प्रस्तुतियाँ चाहे जैसी भी रही हों, किंतु इसमें कोई संदेह नहीं कि उन्होंने काशी के प्रबुद्ध प्रेक्षकों को नए गंभीर नाटकों की ओर आकर्षित किया।

5 जनवरी से 12 जनवरी 1975 तक इन्दौर के रवीन्द्र नाट्य गृह में मध्य प्रदेश कला परिषद् के तत्वावधान में 'राज्य नाट्य समारोह 1975' के अंतर्गत राजेन्द्र गुप्ता के निर्देशन में 'रंग शिविर' उज्जैन, द्वारा 8 जनवरी को 'अंधायुग' का एक गंभीर प्रदर्शन किया गया। वास्तव में ये वही प्रस्तुति थी जिसे इन्होंने उज्जैन के कालिदास समारोह में प्रस्तुत किया था। नाट्य समीक्षक राजेश जोशी के अनुसार, ''इस नाटक में ध्वनि, प्रकाश और अभिनय पक्ष पर निर्देशक की गहरी पकड़ का आभास तो मिलता ही है, साथ ही एक पौराणिक कथा पर लिखे गए नाटक के लिए इतनी सादी मंच सज्जा में राजेन्द्र गुप्ता की कल्पनाशीलता में भी विश्वास जाग्रत होता है। कलाकारों के ना केवल उच्चारण ही शुद्ध थे वरन् संवाद बोलने का 'पिच' और उसके उतार-चढ़ाव भी काफी प्रभावशाली थे लेकिन एक ओर जहाँ संवाद के साथ वे 'फ़ेस' एक्सप्रेशन दे सके हैं

वहीं उनके मूवमेंट काफी स्थिर से जान पड़ते हैं। हाथों के मोशन तो लगभग सभी कलाकारों में तकरीबन 'स्टाप' रहे हैं।''[19] लेकिन गांधारी की भूमिका में सुश्री सोनल, अश्वत्थामा के रूप में नवीन डेविड, संजय के रूप में प्रतीश पाठक तथा वृद्ध याचक की भूमिका में हरीश पाठक के संवेदनशील अभिनय का गंभीर प्रभाव सभी प्रेक्षकों ने महसूस किया।

15 अप्रैल, 1975 को **विरलानगर, ग्वालियर** में 'अंधायुग' जैसे चुनौतीपूर्ण, कठिन काव्य-नाटक को प्रबुद्ध, प्रशिक्षित और अनुभवी अभिनेताओं के बजाय 'रंगालय' के श्रमिक कलाकारों द्वारा प्रस्तुत किया जाना एक रोमांचित कर देनेवाली घटना थी। मेहनतकश मज़दूरों से इस साहित्यिक-गंभीर नाटक को सफलतापूर्वक मंचित करा ले जाने का मुख्य श्रेय निर्देशक **डॉ. कमल वशिष्ठ** को मिलना चाहिए। इस प्रस्तुति में, ''अभिनय के लिहाज़ से अमूमन सारे पात्रों का अभिनय तसल्ली देनेवाला था। कलाकारों में मज़दूर होने के नाते उनकी हौसला अफज़ाई किया जाना चाहिए। सारे नाटक में महेश परवाना (अश्वत्थामा) अलग ही नज़र आते थे। युद्ध की पराजय का तनाव, प्रतिशोध और विद्रूपता को वह झेलता हुआ लगता था। गांधारी (माधुरी वशिष्ठ) के लिए चुनौतीपूर्ण भूमिका थी, जिसे वह एक हद तक निभा ले गई।'' इसके अतिरिक्त, तकनीकी दृष्टि से, ''मंच सज्जा (विश्वामित्र बास्वानी) काफी अच्छी थी। काले-लाल रंगों का मेल, धरातलों का उपयोग एवं 'टेलीविजननुमा' प्रयोग। प्रकाश व्यवस्था (श्रीनिवास शर्मा) ठीक थी, कृष्ण की आकाशवाणीवाले दृश्यों में नीले प्रकाश का उपयोग सार्थक लगता था। संगीत पक्ष कमज़ोर था नाटक को सही रफ्तार देने में नाकाम। निर्देशकीय लिहाज़ से डॉ. वशिष्ठ की यह विशिष्ट उपलब्धि है।''[50]

रायपुर में 'हस्ताक्षर' 1975 नाट्य-उत्सव के अंतर्गत **रमाकांत श्रीवास्तव** के निर्देशन में 28 अप्रैल को 'नूपुर' द्वारा 'अंधायुग' का प्रस्तुतीकरण हुआ। अश्वत्थामा की कठिन भूमिका नाट्य-निर्देशक रमाकांत श्रीवास्तव ने स्वयं अभिनीत की तथा गांधारी का अभिनय किया इला शास्त्री ने। निर्देशक ने 'काव्य-नाट्य' की कविता को गद्य में बदल कर सरल मार्ग अपनाया जिससे नाटक की केंद्रीय लय समाप्त हुई; कृति का समग्र प्रभाव भी नहीं उभर सका।[51]

1976 के आरंभिक दिनों में शास्त्र साहित्य परिषद् (मलयालम) **मुंबई** द्वारा **टी. एम.पी. नेडुंगाड़ी** के निर्देशन में **मलयालम**भाषियों ने 'अंधायुग' को मुक्ताकाशी मंच पर प्रस्तुत किया। खुले रंगमंच पर किए गए इस मंचन में सामने का हिस्सा कौरव महल दिखाने के लिए प्रयोग में लाया गया तथा ऊपर की तीन ओर की छत कुरुक्षेत्र का युद्धस्थल दर्शाने के लिए उपयोग में लाई गई। इससे दर्शक मात्र दर्शक न रहकर नाटक के कलाकारों में से एक हो गए। प्रकाश-व्यवस्था एवं ध्वनि-संयोजन भी उच्च कोटि का था। खासकर नेपथ्य से कृष्ण के संवादों के साथ एक ओर से छोटे बल्ब के ऊपर घूमते छिद्रित आवरण से ऐसे प्रकाश का निकलना जैसे सुदर्शन चक्र पूरे वातावरण में घूम रहा हो।''[52] अश्वत्थामा, विदुर, कृतवर्मा और संजय की भूमिकाएँ क्रमशः पी. उल्लिकृष्णन,

पी.ए. दिवाकरन, ई.जी. बाबुराज तथा एम. प्रवीणकुमार ने कुशलतापूर्वक निभाई तथा गांधारी के रूप में लीलीमणी राधाकृष्णन, धृतराष्ट्र के रूप में एम.एस. नायर और विदुर के रूप में पी.ए. दिवाकरन ने भी दर्शकों को प्रभावित किया। हिंदी रंगमंच के उत्थान के लिए प्रतिबद्ध **जमशेदपुर** की नाट्य संस्था **अभिसारिका** द्वारा भी इस नाटक को इन्हीं दिनों में ही प्रदर्शित किया गया जो वैभवपूर्ण वेशभूषा और प्रभावशाली रूप सज्जा के साथ-साथ परंपरित अतिरेकपूर्ण अभिनय के कारण दर्शकों को खासा पसंद आया। डॉ. देवीसिंह बिष्ट महाविद्यालय, **नैनीताल** द्वारा **लेनिन पंत** के निर्देशन में 'अंधायुग' का सफल मंचन हुआ। इस प्रस्तुति में आंचलिक बिंबों, प्रतीकों और लोक धुनों का सफल प्रयोग[53] किया गया। जिसने इस प्रदर्शन को विशिष्टता प्रदान की।

1 अगस्त, 1976 को **विक्रम कीर्ति मंदिर, उज्जैन** में नए कलाकारों के साथ निर्देशक **राजेन्द्र गुप्ता** ने 'अंधायुग' को पुनः प्रस्तुत किया। इस बार धृतराष्ट्र की भूमिका स्वयं राजेन्द्र गुप्ता ने अभिनीत की। उनके स्वरों के आरोह-अवरोह तथा संवादों की गति और ठहराव, स्थिर किंतु विस्फारित आँखों के सूनेपन, सटीक मुख-मुद्रा तथा संगत अंग संचालन ने मिलकर धृतराष्ट्र के भीतर की विभीषिका तथा विडंबना को मंच पर सजीव कर दिया। गांधारी की भूमिका में सुशीला धर्मदासानी का अभिनय चरित्र के तनाव और द्वंद्व को प्रस्तुत करने में समर्थ था परंतु उनकी वाणी की प्रखरता में ध्वनि का दिशाहीन हो जाना अभिनय में गतिरोध पैदा करता था। अश्वत्थामा की जटिल भूमिका में नवीन डेविड ने श्रेष्ठ अभिनय किया। तनाव की तीव्रतम अनुभूतियों की अभिव्यक्ति में उनकी वैविध्यपूर्ण मुखमुद्राएँ, तीव्र और थरथराते हुए अंग संचालन, संघर्ष की बदलती स्थितियों के साथ परिवर्तित होती हुई रेखाएँ, स्वरों के आरोह-अवरोह तथा संवादों की गतिशील ऊष्मा ने दर्शकों को अभिभूत कर दिया। इससे भी महत्त्वपूर्ण तथ्य यह है कि प्रभु की मृत्यु के बाद डेविड ने अश्वत्थामा की तनावहीन एवं स्थिर-शांत भूमिका भी उतनी ही सहज और प्रभावपूर्ण ढंग से अभिनीत की। हिमांशु रथ, वीरेन्द्र और राकेश परमार भी अपनी-अपनी भूमिका निभा ले गए। प्रहरियों के रूप में राजीव पाहवा तथा अनिल कासलीवाल ने दासवृत्ति की ऊब और निरपेक्षता को भली-भांति संप्रेषित किया परंतु युधिष्ठिर की भूमिका में सुशील जोशी चरित्र को जीवंत नहीं कर पाए। कुल मिलाकर, अपनी तमाम विशेषताओं के बावजूद यह प्रस्तुति राजेन्द्र गुप्ता की ही दो वर्ष पूर्व कालिदास समारोह के खुले मंच पर प्रदर्शित 'अंधायुग' की प्रस्तुति की ऊँचाइयों को नहीं छू सकी।

18 और 19 दिसंबर, 1976 को **कला संगम, पटना** की ओर से **सतीश आनन्द** के निर्देशन में 'अंधायुग' की एक नई प्रयोगधर्मी प्रस्तुति हुई। इस बार कथागायक के बदले श्रीराम पांडे को सूत्रधार के रूप में पात्र बनाकर मंच पर प्रस्तुत किया गया। इसकी वेशभूषा हमारे लोक-नाट्यों के परंपरागत सूत्रधार जैसी ही थी और बैठने का स्थान मंच से बाहर की ओर था। नाटक शुरू हाने पर यह सूत्रधार दर्शकों के बीच से होता हुआ प्रेक्षागृह की 'प्रोसीनियम वाल' के बाईं ओर बनी मृदंग बजाते हुए पुरुष-मूर्ति के पास

आकर खड़ा हो जाता है और हाथ में 'अंधायुग' की पुस्तक लिए हुए दर्शकों का अभिवादन करके पुस्तक में से नाटक की आरंभिक पंक्तियाँ पढ़ता है और नाटक आरंभ हो जाता है।

इस रंग-युक्ति का प्रयोजन पूछने पर निर्देशक ने बताया कि "इस प्रकार कथा गायक या सूत्रधार या यूँ कहूँ कि वह नाटक का एक प्रस्तोता बन जाता है और मंच पर होती घटनाओं का प्रभाव और भी अधिक प्रभावशाली ढंग से पड़ता है। कथागायक के हाथ में 'अंधायुग' की पुस्तक हमेशा नाटक में 'इन्वाल्वमेंट' की स्थिति को तोड़ती रही और सबसे मुख्य और महत्त्वपूर्ण बात जो उभर कर आई वो यह कि कथानक समसामयिक स्थितियों से स्पष्ट और गहरे जुड़ गया। पार्श्व से कथागायन जहाँ महाभारत को दोहराने का काम करता था या यूँ कहूँ कि कथागायन भी महाभारत का एक अंग बनकर सामने आता था। वहीं कथागायक या सूत्रधार के हाथ में 'अंधायुग' की पुस्तक का रहना इस ओर इंगित करता था कि अमुक व्यक्ति हमें एक नाटक दिखा रहा है जो महाभारत पर आधारित है। मेरी समझ से, इस तरह की शैली से दर्शक का तादात्म्य सीधे रूप में नाटक से हुआ और वह स्थिति को समझ सका। इस तरह के प्रयोग ने प्रस्तुतीकरण में एक नए आयाम को जोड़ा। नाटक अपने लेखन में जहाँ पश्चिमी लेखन शैली से प्रभावित होता है वहीं सूत्रधार की इस तरह की कल्पना ने इसे पूर्ण रूप में भारतीय बना दिया। ऐसा मैं मानता हूँ।"[51] परिणाम जो कुछ भी रहा हो परंतु ब्रेख्त और भारतीयता के सम्मिलन से उद्भूत यह प्रयोग अपने आप में अभिनव और महत्त्वपूर्ण तो था ही, इसमें संदेह नहीं किया जा सकता।

गांधारी एक लंबे ब्लाउज़नुमा कुर्ते और साड़ी में थीं। धृतराष्ट्र, विदुर और युधिष्ठिर ने धोतियों के साथ उत्तरीय का भी प्रयोग किया जब कि शेष सभी पात्र सिर्फ धोतियों में थे।

मंच-सज्जा प्रतीकात्मक थी—द्विधरातलीय। पीछे साइक्लोरामा पर एक बड़ा रथ का टूटा हुआ पहिया था जिसमें एक बड़ा सा तीर चुभा हुआ था। प्रदीप घोष ने अपने कल्पनापूर्ण प्रकाश-संयोजन से सभी दृश्यों को प्रभावपूर्ण ढंग से स्थापित किया।

अश्वत्थामा के रूप में सतीश आनंद, गांधारी की भूमिका में शांता जेटली तथा युयुत्सु के रूप में पृथ्वीराज सिंह का अभिनय सराहनीय रहा।

राजस्थान विश्वविद्यालय, जयपुर के छात्रों की संस्था 'सृजनात्मक कला केंद्र' ने 7 जुलाई, 1977 को **भानु भारती** के निर्देशन में 'अंधायुग' का प्रस्तुतीकरण किया। इसकी प्रस्तुति-परिकल्पना और मंच-सज्जा मोहन महर्षि के मॉरिशसवाले प्रदर्शन जैसी ही थी। परिधान-परिकल्पना और वेशभूषा के रंगों पर इब्राहिम अल्काज़ी का प्रभाव था। युद्धरत चरित्रों को धोती-बंडी और योद्धा जैसे कुछ अन्य चरित्रों को कंधे से एड़ी तक के चोगे पहनाए गए थे। एक प्रबुद्ध दर्शक के अनुसार, "भाव-भंगिमाओं, खीझ, कुढ़न नैराश्य, असहायता, क्रूरता, रोष, ग्लानि आदि के लिए नाटकीय सोपानों का उपयोग करने

पर भी काव्य-पाठ में कोई त्रुटि नहीं रही। विदुर के पात्र में प्रदीप भार्गव, गांधारी के वेश में श्रद्धा सोगानी और अश्वत्थामा की भूमिका करनेवाले छात्र के अभिनय सराहनीय थे।"[55] संजय की भूमिका में अमलेंदु कुंडू के अलावा अन्य भूमिकाओं में राजेश सेठ, रवि झाँकल, ईश्वरदत्त, रवि कासलीवाल, बृजमोहन व्यास, सचेन्द्र चंदेल, रवि चतुर्वेदी तथा सुरेश गोस्वामी का अभिनय भी छात्रों के प्रदर्शन की दृष्टि से निराशाजनक नहीं था। वरिष्ठ समीक्षक नेमिचन्द्र जैन के मतानुसार, "गतिविधान में कुछ दिलचस्प संयोजन थे, पर नेपथ्य से माइक पर विभिन्न भाषणों में चरित्रगत विविधता नहीं थी, संतुलन भी नहीं था। संगीत और संवाद में भी ध्वनि संतुलन की कमी थी।" कुल मिलाकर प्रस्तुतीकरण "ठीक ही था, बहुत नया या उत्तेजक कुछ नहीं, महत्त्वपूर्ण भी नहीं। पर विश्वविद्यालय के विभाग में ऐसा काम कर सकना भी कम उपलब्धि नहीं।"[56] कालांतर में इसके प्रदर्शन पंजाब एसोसिएशन के मंच पर **मद्रास** तथा सावित्री कन्या महाविद्यालय **अजमेर में** भी किए गए। अजमेर के प्रदर्शन में गांधारी की भूमिका अर्चना मिश्रा ने काफी आत्म-विश्वास से निभाई।

इसके बाद, एक बार फिर **दिल्ली के पुराना किला** के उन्हीं खंडहरों के बीच 24, 26, 27 और 28 अक्टूबर; 1977 को राष्ट्रीय नाट्य विद्यालय (रंगमंडल) के कलाकारों ने 'अंधायुग' की एक नई प्रस्तुति की। इस बार निर्देशक थे—**एम.के.रैना।** प्रस्तुति की स्मारिका के अनुसार, "It is the story of lost souls caught in the web of their weakness. It is also the story of their self-exploration and quest for enlightenment. It is this very self-questioning wherein lie the sceds of hope and light for all mankind." पौराणिकता और आधुनिकता के अद्भुत संयोग से निर्मित इस नाटक की अपनी व्याख्या को प्रस्तुत करने के लिए रैना ने अनुष्ठानात्मक पारंपरिक नाट्य-शैली का कलात्मक उपयोग किया। नाटक के आरम्भ में गुंबद से पहले तुरही की आवाज़ गूँजती है और फिर चारों ओर से आती शंखों की मांगलिक ध्वनियों के साथ मंच के बीचोबीच के बड़े दरवाज़े से पंडित जैसी वेशभूषा में मुख्य कथा गायक (सुधीर कुलकर्णी) हाथ में पूजा का थाल लिए धीरे-धीरे नीचे उतरता हुआ दर्शकों के ठीक सामने आकर नारियल फोड़ता है और तभी 'मंगलाचरण' तथा 'उद्घोषणा' के स्वर वातावरण में गूँज उठते हैं। रैना ने अपने बीस-पच्चीस कथा-गायकों को केसरिया रंग के वस्त्रों में गायक-वृंद (कोरस) का रूप देकर दाईं ओर के मध्य धरातल पर बैठाया। निर्देशक के अनुसार इनके "पद्मासन में बैठने से ऋषियों के मंत्रोच्चारण और इस महाकाव्य की घटनाओं के अवलोकन करने का-सा आभास पैदा हुआ।"[57] कथा-गायन की धुनें (मोहन उप्रेती) शास्त्रीय संगीत के रागों पर आधारित थीं। पात्रों के प्रथम प्रवेश अत्यंत मौलिक, वैविध्यपूर्ण, चमत्कारिक और प्रभावशाली ढंग से कराए गए। निर्देशक ने इसके लिए कुछ प्रतीकात्मक यवनिकाओं (रंग-पट्टी) का प्रयोग किया। धृतराष्ट्र की यवनिका काली थी जिस पर सफ़ेद बॉर्डर और लाल रंग से डूबता हुआ सूर्य चित्रित था। अश्वत्थामा

की लाल यवनिका पर काला बॉर्डर और सुनहरी सूर्य था तो युयुत्सु की सलेटी-सी यवनिका पर काला सूर्य। संजय की यवनिका सफ़ेद थी जिस पर काला बॉर्डर और श्यामवर्णी पूरा खिला कमल चित्रित था। इन यवनिकाओं के पीछे आते पात्रों की गतियों और पृष्ठभूमि के संगीत में रोचक-वैविध्य था। वस्त्र-विन्यास (उत्तरा बावकर और सुरेखा सीकरी) में यक्षगान तथा कथकली की परिधान शैली का स्पष्ट प्रभाव था। कारण पूछने पर रैना ने बताया कि उन्होंने "इस आधुनिक नाटक को पौराणिकता का व्यापक आयाम देने के इरादे से ही परंपरागत वस्त्र-विन्यास और शास्त्रीय-संगीत इत्यादि का प्रयोग किया था।" अतः स्पष्ट है कि सामान्य जीवन से बड़े इन चरित्रों को पुराना किला के विराट् दृश्य-बंध के सामने महज़ साढ़े पाँच फुट लंबे अपने कलाकारों के माध्यम से प्रस्तुत करना सचमुच एक बड़ी समस्या थी जिसे निर्देशक ने यक्षगान और कथकली के भव्य परिधानों से मिलती-जुलती वस्त्र विन्यास परिकल्पना द्वारा एक सीमा तक हल करने की सफ़ल कोशिश की।

'वे छोड़ चले कौरव नगरी' तथा 'वंदना' का गायन अति सुंदर था तो गांधारी के शाप के बाद का ब्लैक आउट और स्वाभाविक चाँदनी में गांधारी का धीरे-धीरे प्रस्थान अत्यंत प्रभावोत्पादक। अश्वत्थामा द्वारा वृद्ध याचक की हत्या तथा युयुत्सु के आत्मघात के प्रसंगों के साथ-साथ नाटक के अंतिम दृश्य में वृद्ध के कृष्ण-संदेश के साथ ही बच्चे के रोने की आवाज़ और बाँसुरी के स्वरों का असर अद्भुत था। अंतिम दृश्य में सबसे ऊपर के गुंबद में युयुत्सु, मध्य द्वार के सामने अश्वत्थामा, बीच के धरातल पर संजय और दर्शकों के एकदम निकट (उन तीनों की सीधी रेखा में) बाँहें फैलाए भविष्य का आह्वान करता हुआ वृद्ध व्याध—रैना की निर्देशकीय प्रतिभा तथा स्थान के सही एवं नाटकीय उपयोग की समझ को प्रमाणित करता था। बच्चे के रोने की आवाज़ भविष्य के रुदन का संकेत भी देती थी और नए भविष्य के जन्म का द्योतन भी करती थी। बाँसुरी का स्वर नए मूल्य की प्रतिष्ठा तथा भविष्य के प्रति आस्था का प्रतीक था। यूँ तो रंगमंडल के अनुभवसिद्ध और कुशल लगभग सभी कलाकारों का अभिनय स्तरीय एवं सराहनीय था। फिर भी, धृतराष्ट्र और युयुत्सु की भूमिकाओं में रंजीत कपूर तथा के.के. रैना सर्वश्रेष्ठ रहे। प्रहरियों के रूप में अनुपम खेर तथा अनंग देसाई, गांधारी की भूमिका में मधुमालती तथा अश्वत्थामा के रूप में राजेश विवेक ने भी अपनी अभिनय-कला का श्रेष्ठ परिचय देकर दर्शकों का मन मोह लिया। जी.एन. दासगुप्ता एवं जी.एस. मराठे की प्रकाश-व्यवस्था कल्पनापूर्ण थी तथा स्वर्गीय मोहन उप्रेती की संगीत योजना संगत और प्रभावशाली। ई. अल्काज़ी की मंच-परिकल्पना और बहुआयामी दृश्य-योजना के प्रत्येक स्थान का नाटकीय उपयोग निर्देशक ने किया। बाल-चिकित्सकों के पंद्रहवें अंतर्राष्ट्रीय सम्मेलन के सदस्यों के लिए प्रदर्शित इस उल्लेखनीय प्रस्तुति को यदि दिल्ली के सामान्य नाट्यप्रेमी भी देख पाते तो उनके लिए संभवतः यह एक यादगार अनुभव होता। सुप्रसिद्ध लोक-मंच अध्येता डॉ. सुरेश अवस्थी के अनुसार, "अपनी परंपरा

से जुड़ने और उसका अन्वेषण करने का जैसा सर्जनात्मक प्रयत्न रैना की इस प्रस्तुति में था, वैसा पिछली एक शताब्दी में हमारे यहाँ नहीं हुआ।''[58]

आज़मगढ़ की नाट्य-संस्था **नवनाट्यम** द्वारा **ओमप्रकाश पांडेय** के निर्देशन में 'अंधायुग' की प्रस्तुति वहाँ के रंग-जगत् के लिए बड़ी घटना थी। इस प्रदर्शन में अश्वत्थामा के रूप में रामसिंह 'अतुल' का अभिनय और संवाद विशेष उल्लेखनीय रहे। गांधारी की भूमिका में ममता श्रीवास्तव आकर्षक थीं तो वृद्ध याचक, प्रेत और व्याघ के रूप में राधेश्याम शाही प्रभावपूर्ण। गूंगे सैनिक, धृतराष्ट्र, विदुर, कृतवर्मा और कृपाचार्य की भूमिकाएँ क्रमशः बृजमोहन, अशोक राय, डॉ. शशि भूषण श्रीवास्तव, शम्सुल हुदा खान तथा रामबोधन उपाध्याय ने कीं। प्रहरियों के रूप में अमृतलाल और राकेश वर्मा सामान्यतः ठीक थे परंतु शेष अभिनेताओं का उच्चारण अशुद्ध था। एक समीक्षक के शब्दों में, "पीछे के पर्दे पर सूर्य, रक्तस्नात पंजा, बीहड़ जंगल की स्लाइडें और अभिनय गतिमान अभिनेताओं की रोशन मुद्राएँ और आवाज़ें काफी जानदार और आकर्षक थीं। किंतु कथागायन और संगीत प्रस्तुति का दुर्बल पक्ष मालूम पड़ता था।''[59] केशव प्रसाद अस्थाना की रूप-सज्जा और वस्त्र-सज्जा यथार्थवादी-पौराणिक ढंग की थी। ध्वनि-विस्तारकों की खराबी के कारण दर्शक नाटक का पूरा आस्वाद नहीं ले पाए।

कानपुर के मर्चेंट चेम्बर प्रेक्षागार में 'त्रिमूर्ति' द्वारा **संजीव** के निर्देशन में प्रस्तुत 'अंधायुग' दर्शकों के लिए एक सुखद अनुभव रहा। "तत्कालीन वेशभूषा और परिवेश से पूर्णतः मुक्त 'अंधायुग' का मंचन मात्र महाभारत का पुनःप्रस्तुतीकरण नहीं था; तत्कालीन घटनाओं की छाया में वर्तमान अनुभवों की दोहरी संवेदना की थरथराहट का अहसास भी था। पात्र, समय और स्थान उतने महत्त्वपूर्ण नहीं हैं, जितने कि नाटक द्वारा उठाए गए सवाल। सवाल जो लेखक के उसके समय में जन्मे हैं। आस्था और अनास्था के अंतर्द्वंद्व ने मनुष्य को अंतहीन कुंठाओं के अंधे सागर में धकेल दिया है। और नवजात शिशु की किलकारी के रूप में लेखक ने नई पीढ़ी को उस अंधे सागर में त्राणदायक किरण दी है। 'अंधायुग' न सिर्फ महाभारत काल के अंधत्व को दर्शाता है, बल्कि समसामयिक राजनीति के अंधत्व को भी प्रदर्शित कर कालजयी रचनाओं की कोटि में पहुँच जाता है।''[60] इसमें अश्वत्थामा, गांधारी, युयुत्सु, संजय तथा वृद्ध याचक का अभिनय क्रमशः रमेश बठेजा, कंचन निगम, मनोज तिवारी, अशोक गोयल तथा जे.एस. राखटा ने किया। प्रकाश-व्यवस्था संजीव की थी।

3, 4 और 11 फरवरी, 1979 को **डॉ. राजेन्द्र उपाध्याय** के निर्देशन में **नागरी नाटक मंडली, वाराणसी** द्वारा 'अंधायुग' की प्रस्तुति देखकर प्रयोग के स्तर पर विकासशील रंगचेतना की अनुभूति हुई। मिथक के दोहरे अर्थ हमारे जीवन संदर्भों की व्याप्ति को रंगमंच पर जिस सीमा तक अर्थापित करते हैं और उसका मार्गदर्शन प्रेक्षक को जितनी गहरी अनुभूति दे सकता है, वह इस प्रस्तुति में मिला।''[61] इसमें विजय बहल (अश्वत्थामा), मदन नागर (युयुत्सु), भोलेन्द्र शर्मा (वृद्ध याचक), रमेश नागर (संजय) तथा श्रीमती कुसुम

गिरि (गांधारी) के सशक्त अभिनय के साथ-साथ बटुक नाथ, अमिताभ, लक्ष्मण, मज़ाहिरुल, केवल अनूप, विजय, आदिल एवं दानिश ने भी अपनी-अपनी भूमिकाओं से न्याय करने की भरसक कोशिश की। अनूप अरोड़ा का सांकेतिक दृश्य-बंध, अशोक वाही का प्रकाश-संयोजन तथा गोपाल मिश्र की संगीत योजना भी नाटक और पात्रों के मूड को गहराने में सहायक सिद्ध हुई; किंतु इस प्रस्तुति की एक बड़ी सीमा यह रही कि कई पात्र अपने आप में पूर्ण और जीवंत होने के बजाए निर्देशक के इशारों पर नाचते प्रतीत हो रहे थे। और 'अवंतिका' **रायपुर** की प्रस्तुति में भी, 'पात्रों के कसे हुए अभिनय से लग रहा था कि निर्देशक ने किसी भी पात्र को ज़रा भी ढील नहीं दी है।'[62] इसमें घनश्याम (अश्वत्थामा), कु. वृजलता खरे (गांधारी), वाहिद शरीफ़ (संजय), जावेद (युधिष्ठिर), अमर पांडे (धृतराष्ट्र), संजय भोस्कर (प्रहरी-एक) के अतिरिक्त शंकर चटर्जी, दिनेश दुबे, चंद्रकांत कालिया तथा राम सेबक मेहतो ने भी अभिनय किया। कु. पुरोभीं तथा मौसमी द्वारा प्रस्तुत नृत्य सराहनीय रहा। चरित्रों को पौराणिक वस्त्र-विन्यास एवं रूप-सज्जा में प्रस्तुत करने के बजाए उन्हें आज के स्वाभाविक रूप और सहज वेश में सामने लाकर 'अंधायुग' के प्रतीकों की प्रासंगिकता और उसकी आधुनिक संवेदना को सीधे-सीधे दर्शकों तक पहुँचाने की कोशिश की गई।

राज बिसारिया के निर्देशन में 15 और 16 जून, 1979 को **भारतेंदु नाट्य केंद्र, लखनऊ** द्वारा 'अंधायुग' की एक नई प्रस्तुति राष्ट्रीय वनस्पति अनुसंधान केंद्र के खुले विराट मंच पर हुई। इसमें ऋषि वैश्य, त्रिभुवन सिंह, विश्वनाथ मिश्रा, सूर्य मोहन कुलश्रेष्ठ, मंजरी शंकर, विभा मिश्रा, संदीप भट्टाचार्य, राजेश रस्तोगी, रवि कुलश्रेष्ठ, राजकुमार सक्सेना, युगल किशोर, अनिल चौहान इत्यादि कलाकारों ने अभिनय किया। राज बिसारिया अपनी प्रस्तुति में, "नैतिक-सामाजिक मूल्यों और नियति के निरंतर घूमते हुए चक्र को पहचानने की कोशिश करते हैं और इसीलिए उनके चरित्र मंच पर निरंतर कुछ नियत और कुछ धुरी से बाहर गतिशील दिखाई देते हैं। वे कहीं, किसी भी परिस्थिति में ठहरते नहीं। ऐसा लगता है, जैसे बिसारिया कभी-कभी पात्रों को मंच पर गतिशील नक्षत्र मंडल की तरह पेश करते हैं, यों भी कहा जा सकता है कि 'अंधायुग' की मानवीय नियति को बिसारिया मंच पर लगभग ज्योतिषी की जंत्री जैसी गणितात्मकता देते हैं। यह प्रयत्न, इस तरह बिसारिया की प्रस्तुति को, 'अंधायुग' की उस आत्मा से जोड़ता है, जिसके हम महाभारत के उन तमाम प्रसंगों में पहचानते हैं, जिनमें मानवीय नियति की कर्मफलपरक व्याख्या हैं और भविष्यवाणियाँ हैं। कहा जा सकता है कि यह पहली प्रस्तुति है जो 'अंधायुग' को धर्मवीर भारती की रचना के रूप में पेश करती है।"[63] परंतु इसी संदर्भ में एक अन्य समीक्षक की यह तीव्र प्रतिक्रिया थी कि, "बिसारिया अपनी प्रस्तुति में न तो 'अंधायुग' की मूल काव्यात्मकता को पकड़ सके और न ही उसकी नाटकीयता को उभारने में सफल हुए। समग्र-प्रभाव की दृष्टि से यह प्रदर्शन बहुत ही निराशाजनक रहा।"[64] ऐसा लगता है कि मुद्राराक्षस पीर गुलाम के चमत्कारी रंगदीपन की तकनीकी

कुशलता और बिसारिया के प्रकाश-रंगों के मनोवैज्ञानिक प्रयोग से काफी प्रभावित हुए हैं। अल्काज़ी और बिसारिया की प्रस्तुतियों की गंभीर और रोचक तुलना करते हुए वह लिखते हैं कि, "अल्काज़ी 'अंधायुग' के कथ्य को दृश्य और अभिनयप्रधान मुहावरा देते हैं। दृश्य में, उनका दृश्यबंध और उस दृश्यबंध से तादात्म्य बनाए रखनेवाले अभिनेता की उपस्थिति, दोनों ही शामिल हैं। उनकी प्रस्तुति में अक्सर अभिनेता दृश्यबंध का एक सचल अंश लगता है। इसीलिए वे अभिनेता के परिधान और उसके अभिनय स्थल को ही उसके आसपास के दृश्यबंध की एक और निर्मिति से ज़्यादा कुछ नहीं होने देते। इस तरह अल्काज़ी 'अंधायुग' के कथ्य को एक इमारत या एक पुरातात्विक अवशेष के कलात्मक अध्ययन के रूप में लेते हैं। 'अंधायुग' उन्हें इतिहास का अवशेष लगता है, जिसका वे उत्खनन करते हैं और फिर उसके टुकड़े जोड़कर जीवन खंडों की पुनर्रचना करते हैं।...राज बिसारिया की प्रस्तुति 'अंधायुग' को बिल्कुल नया ट्रीटमेंट देती है। विराट् दृश्यबंध और बहुस्तरीय और बहुकक्षीय अभिनय-स्थली के निर्माण के बावजूद बिसारिया का दृश्य-बंध दिखाई नहीं देता। सिर्फ अभिनेता दिखाई देता है या रंग या फिर गति और समूहन। कहना चाहिए कि राज बिसारिया का मुहावरा है रंग (कलर्स) और दृश्य की गतिशीलता।"[65] उदाहरण के लिए अश्वत्थामा की पोशाक के रंग और उसकी मनःस्थिति का सुंदर अध्ययन प्रस्तुत किया गया है। अश्वत्थामा को उसके मूल प्रतिशोधी चरित्र के अनुकूल लाल रंग की पोशाक पहनाई गई है। परंतु आरंभ की पीली रोशनी में वह रंग जोगिया दिखता है और अश्वत्थामा के 'महत्त्वाकांक्षी ब्राह्मण' के रूप को दिखाता है। वही बाद में सुर्ख रोशनी के कारण क्षुब्ध रक्तपिपासु लगता है और अंत में शापग्रस्त होकर नीली और हरी रोशनी के प्रकाश-वृत्तों में जमे हुए खून में सराबोर युद्धाहत प्रतीत होने लगता है। अक्टूबर, 1979 में सिंधिया स्कूल, **ग्वालियर** के दस-पंद्रह वर्ष की आयु के बच्चों के साथ **बंसी कौल** ने इस नाटक का एक सीधा-सादा प्रस्तुतीकरण किया। इसमें दृश्य-बंध के रूप में किले का ही इस्तेमाल कर लिया गया तथा 'लो छोड़ चले कौरव नगरी' के समय पात्रों को किले और दर्शकों के बीच से घुमाकर ले जाया गया। लगभग डेढ़ घंटे में प्रदर्शन को समाप्त करने के लिए आलेख का काफी संपादन किया गया। सामान्यतः यह स्कूली प्रस्तुति ठीकठाक ही रही। **चण्डीगढ़** की बहुचर्चित **नाट्य-संस्था अभिनेत** ने 1981 में **प्रो. एन. सी. ठाकुर** एवं **डॉ. वीरेन्द्र मेंहदीरत्ता** के सुचिन्तित निर्देशन में भारती के 'अंधायुग' को स्थानीय 'टैगोर थियेटर' में अभिमंचित किया। अश्वत्थामा की कठिन और जटिल भूमिका को प्रदेश के जाने-माने वरिष्ठ अभिनेता अतुलवीर अरोड़ा ने बड़े प्रभावी ढंग से रूपायित किया। धृतराष्ट्र, गांधारी, संजय और कृपाचार्य के रूप में क्रमशः कमल अरोड़ा, शीतल शर्मा, वी. पी. सिन्हा और प्रह्लाद अग्रवाल मंच पर उतरे। संगीत-योजना श्रीमती कालेकर की थी और मंच-परिकल्पना आदित्य प्रकाश की। इस चुनौतीपूर्ण बहु-मंचित काव्य-नाटक का यह प्रदर्शन 'अभिनेत' की उल्लेखनीय प्रस्तुतियों में गिना जाता है।

राष्ट्रीय नाट्य विद्यालय के विस्तार कार्यक्रम के अंतर्गत **हफ़ीज खान** के निर्देशन में मध्य प्रदेश की सतपुड़ा की पहाड़ियों के बीच बसे आदिवासी क्षेत्र—**बेतूल**—में लगभग दो माह के एक रंगशिविर का आयोजन किया गया, जिसमें चालीस बच्चों समेत कुल एक सौ दस लोगों ने भाग लिया। इसमें तैयार की गई चार प्रस्तुतियों में से अंतिम और समापन प्रस्तुति 'अंधायुग' की थी। **नूतन कला निकेतन** (बेतूल) द्वारा हफ़ीज़ ख़ान निर्देशित इस नाटक को 20 और 21 जनवरी, 1982 को कलेक्टर निवास के परिसर में एक बूढ़े और घने वटवृक्ष की स्वाभाविक पृष्ठभूमि में मुक्ताकाशी मंच पर अभिमंचित किया गया। गांधारी, युयुत्सु, कृपाचार्य, धृतराष्ट्र, संजय, वृद्ध याचक और प्रहरियों की भूमिकाएँ क्रमशः अनिता दुबे, अविनाश देशपांडे, सुशील सारस्वत, अज़हर बख़्श, राजकुमार तातेड़, सुरेश जोज़फ़ तथा राजकुमार मालवी और अविनाश देशपांडे जैसे स्थानीय शौकिया कलाकारों ने बड़ी लगन से निभाईं। उलूक और कौए के रूप में आभा दुबे एवं सूरज दुबे नामक बाल कलाकारों के मूकाभिनय को भी भरपूर प्रशंसा मिली। अश्वत्थामा की कठिन भूमिका करनेवाले, इस संस्था के एकमात्र प्रशिक्षित (राष्ट्रीय नाट्य विद्यालय के स्नातक) कलाकार अरुण अवस्थी ने निर्देशन में भी सहयोग प्रदान किया। प्रकाश और ध्वनि-व्यवस्था हरमीत सिंह वालिया की थी। स्थानीय नाट्य-समीक्षक सुबोध श्रीवास्तव के अनुसार, "भीमकाय वृक्ष की साँप की तरह बल खाती सैकड़ों शाखाएँ और इन सबके बीच संवाद बोलते पात्र एक अजीब ही माहौल बना रहे थे। 'अंधायुग' इस पर्यावरण में एकदम जीवंत हो उठा। घने वृक्ष के दो बड़े तनों के बीच राजमहल की कल्पना की गई थी और वृक्ष के पास ही स्वतः उगी हुई झाड़ियों में अश्वत्थामा और दुर्योधन की मृत्यु के दृश्य मंचित किए गए थे। इस सबसे नाटक की बनावट कुछ ऐसी बन पड़ी थी कि दर्शक ज़रा भी नहीं छूट पाते थे और मध्यांतर न होने के बावजूद, पूरे समय तक नाटक को एकाग्रता से देखते रहे।"[66] मुंबई-दिल्ली जैसे महानगरों से आगे बढ़कर 'अंधायुग' जैसे कठिन काव्य-नाटक का सतपुड़ा की पहाड़ियों के बीच तक पहुँचना हिंदी रंगकर्म के विकास एवं विस्तार का प्रत्यक्ष प्रमाण है।

आगरा के हिंदी रंगमंच ने 1982 के रंगवर्ष का श्रीगणेश धर्मवीर भारती के सुविख्यात एवं बहुमंचित चुनौतीपूर्ण काव्य-नाटक 'अंधायुग' से किया। काव्य, प्रतीक और बिंब के नाटकीय प्रयोग से समृद्ध इस गंभीर और कठिन नाटक को नाट्य-संस्था **हम** ने युवा निर्देशक **अनिल चौहान** के निर्देशन में अभिमंचित करके सचमुच साहस का परिचय दिया। इसमें अश्वत्थामा, गांधारी, युयुत्सु तथा वृद्ध याचक की प्रमुख भूमिकाएँ क्रमशः अनिल चौहान/नवनीत चौहान, कु. रेखा चौहान, विनय पतसरिया और आदेश शर्मा ने अभिनीत कीं। मंच-सज्जा, वेशभूषा, रूप-विन्यास एवं रंगदीपन की परिकल्पना अश्विनी कुमार शर्मा तथा अनिल चौहान की थीं। संगीतयोजना पहले 'इप्टा' से जुड़े रहे चर्चित सितार-वादक अजय खन्ना की थी। वेश और परिधान में आदिम जाति के स्पर्श ने अश्वत्थामा को नरपशु दिखने और बनने में पर्याप्त सहायता की। पर्याप्त परिश्रम,

सूझ-बूझ और व्यय-साध्य होने के बावजूद यह गंभीर-बौद्धिक प्रदर्शन अधिकांश दर्शकों के सिर के ऊपर से गुज़र गया और कोई हलचल पैदा नहीं कर सका। 28 से 30 फ़रवरी के बीच **रंगदर्शी, सीवान** द्वारा **चन्द्रधर शर्मा** और 28 से 31 दिसंबर के बीच **थियेटर यूनिट, पटना** द्वारा **अरुण पाठक** के निर्देशन में प्रस्तुत इस नाटक के प्रदर्शन भी कुछ बौद्धिक एवं जागरूक प्रेक्षकों द्वारा ही सराहे जा सके।

मध्यप्रदेश रंगमंडल, भोपाल ने ब.व. कारंत के निर्देशकत्व में आरंभ से ही लोक-रंगमंच के अनेक जीवंत एवं सार्थक तत्त्वों के रचनात्मक प्रयोग से अनेक आधुनिक नाटकों के अभिमंचन की शुरुआत की। कालिदास, जयशंकर प्रसाद, शेक्सपियर, चेखव, बेकेट, मौलियर, ब्रेख्त, गिरीश कर्नाड, तेंडुलकर, सतीश आलेकर और मोहन राकेश के साथ धर्मवीर भारती का 'अंधायुग' न होता—ये कैसे संभव था। रंगमंडल के श्रेष्ठ लोक कलाकार द्वारिका प्रसाद द्वारा पंडवानी शैली में 'अंधायुग' की प्रस्तुति के बाद 1983 में ही सुप्रसिद्ध नाट्य-निर्देशक **बंसी कौल** को इसे अभिमंचित करने के लिए निमंत्रित किया गया। भारत भवन के मुक्ताकाशी 'बहिरंग' में प्रभावशाली काले-भूरे दृश्य-बंध पर खेला गया यह नाटक अपनी पूर्व प्रस्तुतियों से कई अर्थों में भिन्न था। नर्तक द्वारा 'मंगलाचरण' के भाव-नाट्य प्रदर्शन और 'स्थापना' में प्रस्तुत नाटक के मूल कथ्य एवं उद्देश्य को सार रूप में रेखांकित करती 'उद्घोषणा' को निर्देशक ने पूरी तरह छोड़ दिया। नाटक के भावी धटनाक्रम को पूर्वरंग में पहले से प्रस्तुत कर देना बंसी कौल को उचित नहीं लगा। यही नहीं कथागायन और प्रस्तुति-शैली के रूप-रंग में भी पर्याप्त परिवर्तन किया गया। निर्देशक के अनुसार, "इस प्रस्तुति में कथा-गायन के एकदम नए आयाम का उद्घाटन हुआ है। यह प्रस्तुति यथार्थवाद और रीतिबद्धता के बीच से निकलनेवाले अतियथार्थवाद की शैली में है, जो शायद समकालीन भारतीय रंगमंच के लिए सर्वाधिक उपयुक्त स्वर है।" छाऊ नृत्य गतियों के इस्तेमाल तथा वेशभूषा और मुखौटों से चरित्रों को आदिम कबीलाई रंगत प्रदान की गई। दो सींगों और जटाजूटवाले मुकुट तथा खूँखार रंग-रूप के साथ प्रशिक्षित अभिनेता आलोक चटर्जी ने अपनी दमदार आवाज़ में अश्वत्थामा के नृशंस-पशु रूप को बड़ी जीवंतता से पेश किया। गांधारी के रूप में चित्रा बरनवाल ने आवाज़ के उतार-चढ़ाव से अच्छी नाटकीयता पैदा की। गांधारी (शाप) कृष्ण के संवाद का दृश्य विशेष रूप से प्रभावशाली सिद्ध हुआ। बाद के प्रदर्शनों में यही भूमिका चर्चित अभिनेत्री विभा मिश्रा ने और भी असरदार ढंग से की। विदुर, धृतराष्ट्र, कृपाचार्य, वृद्ध याचक और कृतवर्मा की भूमिकाओं में क्रमशः राकेश बिदुआ, अमर सिंह, राजकुमार कामले, विकार फ़ारुकी तथा जयंत देशमुख ने भी अपने चरित्रों को काफ़ी आत्म-विश्वास से अभिनीत किया। संजय के रूप में कमलकुमार ने आलेख और निर्देशकीय अंकुश के अनुरूप अपने आंगिक और वाचिक अभिनय को नाटकीयता से बचाते हुए स्वयं को तटस्थ कमेंटेटर की भूमिका से बाहर नहीं जाने दिया। अरुण वर्मा ने युयुत्सु की बेचारगी को सशक्त ढंग से उभारा। थके, ऊबे और उदासीन प्रहरियों के रूप में शरद शबल

और महेन्द्र सिंह ने अपने करुण-हास्य से निष्क्रिय जीवन की निरर्थकता का बोध कराया।

बंसी कौल ने 'अंधायुग' को 'क्लोज़ अप' में देखा और युद्ध एवं विध्वंस के विराट् बिंब प्रस्तुत करने के बजाए युद्ध के कारण विक्षुब्ध, भयाक्रांत, आस्थाहीन, विवेकशून्य और कुंठित हुए चरित्रों के अध्ययन-विश्लेषण पर अधिक बल दिया। वेशभूषा, रूप-विन्यास, मुखौटों तथा विशिष्ट मुकुट एवं आभूषण परिकल्पना द्वारा चरित्रों को कुछ-कुछ प्रागैतिहासिक काल का सा रंग-रूप देकर निरर्थक ध्वनियों का सार्थक इस्तेमाल किया। ब.व. कारंत के नाट्य-संगीत ने इस वातावरण और चरित्रों की उलझी हुई—धुरीहीन मानसिकता को रेखांकित करने में महत्त्वपूर्ण भूमिका निभाई। निर्देशक ने नाटक के काव्य-बिंबों को खूबसूरती से पकड़ा और प्रस्तुत किया। परिकल्पना नई, रोचक और आकर्षक थी; परंतु कुल मिलाकर प्रस्तुति का कोई गहरा, उत्तेजक और सघन प्रभाव नहीं पड़ा। कालांतर में इस प्रस्तुति को, रंगमंडल के अन्य नाटकों के साथ समारोह के रूप में दिल्ली, मुंबई और कुछ दूसरे नगरों में भी प्रदर्शित किया गया।

राष्ट्रीय नाट्य विद्यालय, दिल्ली से प्रशिक्षण प्राप्त **गोवा कला अकादमी, गोवा** के निदेशक बने चर्चित रंगकर्मी **बसंत जोसलकर** के कुशल निर्देशन में 1987 में अकादमी के प्रशिक्षार्थियों ने गोवा में 'अंधायुग' का प्रस्तुतीकरण किया।

गोरखपुर की प्रमख नाट्य-संस्था **रूपान्तर** ने 10 अक्टूबर, 1988 को **गिरीश रस्तोगी** के निर्देशन में धर्मवीर भारती के सुप्रसिद्ध काव्य-नाटक 'अंधायुग' का अभिमंचन स्थानीय गोरखपुर क्लब में किया। निर्देशिका के अनुसार इस नाटक की "प्रत्येक परत विश्वयुद्ध के बाद (की) परिणतियों को तो सामने लाती (ही) है—वर्तमान समय में फैली हुई अमानुषिकता, निष्क्रियता, अकेलेपन, आत्मघाती प्रवृत्ति और आस्था-अनास्था के द्वंद्व से जूझते मानव की गहरी पीड़ा (भी) छूती जाती है। इस नाटक का सौंदर्य प्रत्येक चरित्र में गंभीर-जटिल द्वंद्व को साकार करना और आज के सवालों को पूरे इतिहास के संदर्भ में उठाना है। प्रतीकों, संकेतों, बिंबों से भरा यह नाटक सोचने पर विवश करता जाता है।" संभवतः इसीलिए इस प्रस्तुति में, काव्य और नाटक की "आंतरिक लय को, भाषा की व्यंजना-शक्ति और ध्वनि-सौंदर्य को पकड़ने" और प्रस्तुत करने का भरसक प्रयास किया गया। श्याम सुंदर तिवारी, मनोज पाण्डेय, बिभुराज आनन्द, निवेदिता श्रीवास्तव, स्वाती श्रीवास्तव तथा श्याम कुमार गुप्ता ने कथागायन की भारतीय परंपरा से जुड़ते हुए अतिरिक्त अलंकरण के बजाए संवादों के स्पष्ट उच्चारण और कथ्य के प्रभावी संप्रेषण पर बल दिया। पन्नालाल जायसवाल की मंच-परिकल्पना, प्रकाश-योजना और ध्वनि-संयोजन में ही नहीं अजित विश्वास की रूप-सज्जा, श्याम सुंदर तिवारी एवं मनोज पाण्डे की संगीत-रचना और वेशभूषा (?) इत्यादि में भी सादगी पर ही अधिक बल दिया गया। निर्देशिका के अनुसार इस प्रस्तुति में, "चरित्रों की निजता और रंगों के चुनाव पर तथा समकालीन दृष्टि पर अधिक ध्यान दिया गया।" इसी व्याख्या और दृष्टि को साकार करते हुए गांधारी, अश्वत्थामा, धृतराष्ट्र, युयुत्सु, विदुर, कृतवर्मा, संजय, कृपाचार्य और

युधिष्ठिर की भूमिकाओं में क्रमशः सारिका गुप्ता, सुनील पुष्करणा, शम्भु तरफ़दार, राजेश चौधरी, अमरनाथ श्रीवास्तव, सरण मजूमदार, जितेन्द्र पाण्डेय, प्रवीर विश्वास और आनन्द राय ने अपनी-अपनी भूमिकाएँ निभाईं। वृद्ध याचक/ज्योतिषी और जरा के रूप में दुर्गाप्रसाद श्रीवास्तव ने काफ़ी सूझ-बूझ का परिचय दिया तो प्रहरियों के रूप में मनोज जायसवाल एवं राकेश पाण्डेय ने भी आम-आदमी की ऊब, उदासी और निष्क्रियता को साकार करने की कोशिश की। निशिकांत पाण्डेय ने गूंगा सैनिक की संक्षिप्त भूमिका में अपने हाव-भाव और व्यास तथा कृष्ण की पार्श्व भूमिका में क्रशमः श्याम सुन्दर तिवारी तथा नवनीत मिश्र ने अपनी आवाज़ का अच्छा प्रयोग किया। कुल मिलाकर, 'रूपांतर' की इस छत्तीसवीं नाट्य-प्रस्तुति ने प्रबुद्ध दर्शकों में नई रंग-चेतना जगाने में उल्लेखनीय योगदान दिया।

बेगूसराय के **आशीर्वाद रंगमंडल** ने 25 से 29 अप्रैल 1991 में **उमेश आदित्य एवं अनिल कुमार** के संयुक्त निर्देशन में इस बहुमंचित काव्य-नाटक के लगातार पाँच प्रदर्शन करके नाट्य-प्रेमियों में नई रंग-चेतना के प्रति रुचि पैदा करने का महत्त्वपूर्ण कार्य किया।

राष्ट्रीय नाट्य विद्यालय के अंतिम वर्ष के चौबीस छात्रों के लिए वर्ष 1984 के प्रथम सप्ताह से ले कर 45 दिनों तक **रतन थियम** के निर्देशन में मणिपुर में एक रंग-शिविर का आयोजन किया गया। उद्देश्य था—छात्रों द्वारा मणिपुर की पारंपरिक प्रस्तुति-कलाओं का अध्ययन-प्रशिक्षण और उनका उपयोग करते हुए एक नाट्य-प्रदर्शन की तैयारी। मणिपुरी युद्ध-कला और वहाँ के शास्त्रीय एवं आदिवासी नृत्यों के प्रशिक्षण के साथ-साथ छात्रों के लिए प्रामाणिक आत्मानुभूति के लिए विशेष रूप से मणिपुरी लोक-नाट्यों और नृत्यों के एक समारोह का भी आयोजन किया गया।

अंधायुग महाभारत के पौराणिक महाकाव्यात्मक प्रसंगों, संदर्भों और चरित्रों के माध्यम से युद्ध की बहुस्तरीय विभीषिका का प्रभावशाली चित्रण करने और लचीले प्रयोगधर्मी फॉर्म के कारण पारंपरिक अथवा लोक-रंग-तत्वों के उपयोग और शैलीगत अभिनय का लोभ देता है। संभवतः यही कारण है कि रतन थियम ने इस प्रशिक्षण रंग-शिविर के लिए इसी नाटक का चुनाव किया।

अंधायुग से रतन थियम का संबंध पुराना है और यह उनका प्रिय नाटक भी रहा है। यह मणिपुरी भाषा में प्रस्तुत होनेवाला हिंदी का पहला नाटक था, जिसे राष्ट्रीय नाट्य विद्यालय से जाने के तुरंत बाद रतन ने ही सितंबर-अक्तूबर 1974 में अनूदित-निर्देशित किया था। इसके कुछ वर्षों बाद उन्होंने कलकत्ता में इसका नया प्रस्तुतीकरण भी किया। राष्ट्रीय नाट्य विद्यालय की इस नयी प्रस्तुति का यह वर्तमान रूप मूल आलेख का अत्यधिक संपादित एवं संक्षिप्त रूप है। यहाँ-वहाँ, बीच-बीच में काटे गए कतिपय संवादों-प्रसंगों के अतिरिक्त 'अंतराल' और 'पाँचवाँ अंक' ही नहीं, 'समापन' का भी अधिकांश काट दिया गया है। इससे नाटक की संरचना और इसके स्वाभाविक विकास एवं उद्देश्य को क्षति पहुँची है। कुछ चरित्र अविकसित या अधूरे रह गए हैं और अंत आरोपित या निरर्थक

प्रतीत होने लगता है। गांधारी के साथ एक दासी-सखी की परिकल्पना निर्देशक की मौलिक सूझ है। प्रदर्शन में मुख्यतः थांग-ता (युद्ध-कला), आदिवासी नृत्य (गतियाँ), मणिपुरी संगीत और वरिलिवा नामक एक कथा-रूप का उपयोग किया गया है।

निस्संदेह **अंधायुग** का विवेच्य प्रदर्शन एकदम मौलिक, कलात्मक, सौंदर्यबोध-युक्त और मनोरम है। परंतु मूलतः यह नाटककार धर्मवीर भारती का नहीं, निर्देशक रतन थियम का **अंधायुग** है। निर्देशक ने आलेख को मंच की भाषा में अनूदित करने और उसे प्रभावशाली चाक्षुप बिंबों के द्वारा अभिव्यक्त करने में पूरी सफलता पाई है। कथा-गायन का बहुविध रचनात्मक इस्तेमाल, अश्वत्थामा और कृतवर्मा की चिंगारियाँ छोड़ती प्रभावशाली तलवारबाजी, कई घोड़ोंवाले गतिशील रथ से तीव्रतर होते अश्वत्थामा के संवादों एवं क्रियाकलापों का अपूर्व बिंब, समंतपंचक में दुर्योधन और अन्य मृतकों के अंतिम संस्कार का अनुष्ठानात्मक प्रत्यक्ष प्रदर्शन एवं मृत्यु संबंधी एक मणिपुरी लोक-गीत का सार्थक उपयोग, दर्शकों के दायें-बायें से आते-जाते पात्र, काले, सफेद और लाल रंगों का मनोवैज्ञानिक आधार पर सटीक प्रयोग, लोक-नाटकों की भाँति न्यूनतम मंचीयकरणों के कल्पनाशील इस्तेमाल से बनती-मिटती सांकेतिक मंच-सज्जा, अंधकार से उभरते कथा-गायकों के स्वरों से भरता दृश्यांतरों का अंतराल, श्रोताओं-दर्शकों के मन में स्फूर्ति एवं ऊर्जा पैदा करता मणिपुरी संगीत, विशिष्ट अस्त्र-शस्त्र, वस्त्राभूषण एवं रूप-विन्यास का रोचक उपयोग जैसी कुछ ऐसी विशेषताएँ हैं, जो बरबस ध्यान खींच लेती हैं।

परंतु रंग-कला और प्रयोगधर्मिता की दृष्टि से अत्यंत महत्त्वपूर्ण होने के बावजूद यह प्रदर्शन मूल नाट्यालेख के साथ न्याय नहीं करता। यह प्रदर्शन महायुद्ध के बाद की ध्वस्तता, थकान, टूटन, ऊब, उदासी, अर्थहीनता और मूल्यों-मर्यादाओं की हत्या से उत्पन्न अनास्था एवं सर्वग्रासी अंधता को रेखांकित करने के बजाय युद्धोन्माद की तीव्र उत्तेजना और पराजय से उत्पन्न नपुंसक आक्रोश को रेखांकित करता है। प्रस्तुति की तीव्र गति का भी यही कारण है। 'युद्धकला' के अतिरिक्त प्रदर्शन-मोह के कारण ही प्रस्तुति के आरंभ में दोनों प्रहरी अंधी संस्कृति और रुग्ण मर्यादा की रक्षा की निरर्थकता से उत्पन्न अस्तित्व की अर्थहीनता, ऊब और थकान से टूटे-चुके होने के बजाय एकदम सक्रिय ही नहीं, आक्रामक भी दिखाई देते हैं। अन्य पात्रों के स्वरूप-निर्धारण में भी इसी प्रकार का चरित्रांतर दिखाई पड़ता है। युयुत्सु **अंधायुग** का अत्यंत महत्त्वपूर्ण, संवेदनशील और त्रासद चरित्र है। 1974 में इब्राहिम अल्काज़ी की पुराने किलेवाली **अंधायुग** की प्रस्तुति में स्वयं रतन थियम इस भूमिका को सफलतापूर्वक अभिनीत भी कर चुके हैं। किंतु आश्चर्य होता है यह देख कर कि उनकी इस प्रस्तुति में जितेंद्र शास्त्री/यूसुफ खुर्रम अभिनीत यही चरित्र एकदम अविकसित और प्रभावहीन रह गया है। अश्वत्थामा की कठिन भूमिका तीनों प्रदर्शनों में श्रीशचंद्र डोभाल, चंद्र मोहन तथा महावीर भुल्लर ने अलग-अलग निभायी है। अभिनय-स्तर के किंचित अंतर के बावजूद प्रदर्शन में अश्वत्थामा

का चरित्र परिणतिहीन और अधूरा-सा लगता है। सीमा विश्वास (रेणुका इसरानी) की गांधारी की भूमिका में अतिनाटकीयता एवं भावुकता का अतिरेक है। कृतवर्मा तथा कृपाचार्य के रूप में अकबर शेख और राजू शुक्ला से जीवंतता है। सुरेंद्र शर्मा का विदुर संयमित है। परंतु नगाड़े की तीव्रतर ताल पर गति पकड़ता अश्वत्थामा के रथ और घोड़ों का बहुप्रशंसित प्रबल चाक्षुष बिंब रतन अपनी कलकत्तावाली बंगला प्रस्तुति में पहले भी प्रदर्शित कर चुके हैं। अंत में व्याध को मंच पर ला कर कृष्ण-वध को साकार करने की युक्ति की अपेक्षा स्वयं भारती के शब्दों में व्यंजना एवं तीव्रता अधिक है। नेपथ्य से आती कृष्ण-ध्वनि में ओम शिवपुरी वाली सघनता, गहराई, शांति और भव्यता का भी यहाँ अभाव है।

दो सप्ताह में तैयार किए गए इस प्रदर्शन में पूर्वाभ्यास की कमी को यदि अनदेखा भी कर दें, तब भी प्रस्तुति, व्याख्या एवं परिकल्पना के स्तर पर भी केवल अंशों में ही प्रभावित करती है। इसके बावजूद यह सच है कि रतन थियम के निर्देशन एवं संगीत में ताजगी, मौलिकता और कल्पनाशीलता की प्रचुरता है। शब्दों को प्रभावी मंच-बिंबों में रूपांतरित करने की क्षमता तथा प्रदर्शन-शैली की प्रामाणिकता एवं रोचकता को कतई अस्वीकार नहीं किया जा सकता। हाँ, यदि इसे हम एक सर्वांगपूर्ण प्रदर्शन के बजाय केवल छात्रों की प्रशिक्षण-प्रस्तुति अथवा अभ्यास-प्रदर्शन (जो कि यह है) के रूप में ही देखें, तो अपनी व्याख्यागत सीमाओं के रहते भी, अंधायुग के प्रस्तुति-इतिहास में इसे एक महत्त्वपूर्ण रंग-प्रयोग कहा जा सकता है।

6 अप्रैल, 1986 को **गाज़ीपुर** जैसे अविकसित शहर/जनपद की नाट्य-संस्था **माध्यम नाट्य मंच** द्वारा **डॉ. शिवमूरत सिंह** के निर्देशन में, प्रस्तुति की पूर्व-संध्या को आदर्श विद्यालय, महुआबाग के प्रांगण में मंचन-स्थल पर भीषण आग लग जाने के बावजूद, 'अंधायुग' जैसे कठिन काव्य-नाटक का यथास्थान-यथासमय प्रदर्शन हो जाना, किसी घटना से कम नहीं था। एक संवेदनशील दर्शक/समीक्षक कैलाश मिश्र के अनुसार, ''मंच के पीछे का सफ़ेद पर्दा बांस पर येन-केन-प्रकारेण लपेटा हुआ। अलग-अलग दो नीले परदे। मंच के आगे दाएँ-बाएँ परदे के बने हुए दो खंभे। स्टेज पर बाएँ पीछे की ओर दो रूखे-सूखे बाँह और सरकटे पेड़। एक पेड़ पीछे के परदे में मध्य से ज़रा सी बाईं ओर—जैसे सरकटी सभ्यता का साक्षी हो।...आगे की ओर फुटपाथ की जगह थी जो प्रहरियों के लिए बनाई गई थी। उसके पीछे स्टेज के बीचोबीच लकड़ी का बना हुआ एक सेतु। जो शायद अश्वत्थामा के पाशविक आक्रोश और बनैलेपन को प्रदर्शित करने के लिए बनाया गया था। मंच के पीछे दाहिनी ओर इस सेतु से ज़रा और ऊँचा एक चबूतरा, जिस पर बाद में आकर गांधारी बैठती है और क्षत-विक्षत दुर्योधन को नीचे पड़े देखती है, तथा कृष्ण को शाप देती है। स्टेज के आगे दाहिनी ओर एक खूबसूरत कुर्सी, जिस पर धृतराष्ट्र आकर बैठते हैं।'[67] आकस्मिक-आपात परिस्थितियों में भी इस दृश्य-बंध की पुनर्रचना और उसपर पौराणिक परिवेश में आधुनिक संकेतों का रेखांकन निर्देशक और उनके

निष्ठावान सहयोगियों-रंगकर्मियों की अटूट आस्था, लगन एवं मेहनत से ही संभव हो पाया। पंडाल के खुले वातावरण के बावजूद फ़रोग़ आलम (अश्वत्थामा), रमेश पटेल (धृतराष्ट्र), श्रीमती एच. निशात (गांधारी), मनोज कुमार जायसवाल (कृतवर्मा), मु. कैयूम (विदुर), अशोक कुमार (संजय) और तौसीफ़ अख़्तर अंसारी (युयुत्सु) के ज़्यादातर संवादों का दर्शकों तक पहुँचना और उन्हें अंत तक बाँधे रखने में सफ़ल हो पाना, इस प्रदर्शन की एक उल्लेखनीय विशेषता थी। आशंका थी कि कुशल गायकों, नर्तकों, और वाद्य-वादकों के अभाव में इस काव्य-नाटक का प्रदर्शन रोचक एवं भावप्रवण शायद न हो पाए किंतु 'अनगढ़, भदेस और दुरूह-जीवन-बोधों और युद्धोपरांत की मर्मभेदी त्रासदी की प्रस्तुति में कहीं कोई कमी नहीं आई।'[68] प्रदर्शन की इसी विशेपता ने अधिकांश दर्शकों को प्रभावित किया।

जर्मन जनवादी गणराज्य के नाट्य महोत्सव के लिए **राष्ट्रीय नाट्य विद्यालय रंगमंडल** द्वारा **एम.के.रैना** के निर्देशन में तैयार की गई 'अंधायुग' की नई प्रस्तुति का प्रथम प्रदर्शन 10 अक्टूबर, 1986 को 'शिवारिन थियेटर' शिवारिन में हुआ। इसके बाद 11 अक्टूबर को 'मैक्सिम गोर्की थियेटर' बर्लिन तथा 'नेवा ज़ेना', लीपज़िग में भी इसके प्रदर्शन किए गए। स्वदेश लौटने के बाद 9,10 और 11 नवंबर को दिल्ली के कमानी प्रेक्षागृह में हुए इसके तीन प्रदर्शनों के बाद 3 दिसंबर तथा 5 दिसंबर को इसे क्रमशः कलकत्ता के रवींद्र सदन और बहरामपुर के रवीन्द्र भवन में भी अभिमंचित किया गया।

'अंधायुग' की यह प्रस्तुति विदेश में आयोजित एक अंतर्राष्ट्रीय नाट्योत्सव को ध्यान में रख कर तैयार की गई थी, इसलिए रूप-रंग और आस्वाद की दृष्टि से इसका 'भारतीय' होना बेहद ज़रूरी था। इसके भारतीय स्वरूप को उभारने के लिए भारतवर्ष की विभिन्न लोक-पारंपरिक रंग-शैलियों के अनेक तत्त्वों का इस्तेमाल किया गया। सूत्रधार को तैय्यम के रूप-रंग में सँवारा गया। अंत में युयुत्सु की प्रेतात्मा को भी इसी परिधान में पेश किया गया। सूत्रधार की अनेक भाव-भंगिमाएँ कूडियाट्टम और कथकली से प्रभावित थीं। अश्वत्थामा के प्रसंग में रॉड पेपट के मुखौटों (दादी पदुमत्ती) को चरित्र के विविध रूपों की तरह प्रयोग किया गया। अश्वत्थामा के घुटनों के बल चलनेवाले दृश्यांश में छाऊ की गतियों का असर था, तो गिद्धों के बादलवाले प्रसंग में प्रहरियों के अभिनय में मणिपुरी युद्ध-कला थांग-ता का। कौए और उल्लूवाले नृत्य-दृश्य में 'लेदर शैडो पपेट' के विस्तृत रूपों का इस्तेमाल किया गया।

अलग-अलग लोक-नृत्यों में प्रयुक्त यवनिकाओं का यहाँ प्रतीकात्मक अर्द्ध-पटियों के कई रूपों में, बहुत कल्पनाशीलता के साथ, सार्थक ढंग से उपयोग किया गया। वस्त्र-विन्यास (डॉली अहलूवालिया, सीमा विश्वास, अविनाश देशपांडे) और रूप-सज्जा में भी भारतीय चटख रंगों की समृद्धि का भरपूर लाभ उठाया गया। 'गोर्की थियेटर' के प्रेक्षकों के लिए 'अंधायुग' का अत्यंत सर्जनात्मक अनुवाद प्रदर्शन के साथ-साथ सुनाया गया। स्पष्ट है कि विदेशी प्रेक्षकों की आँखों को प्रदर्शन के प्रभावी चाक्षुप बिंबों ने प्रभावित

किया होगा। साथ ही उनके मन-प्राणों को आलेख में मौजूद मानवीय संबंधों की विडंबना, युद्ध की बर्बरता और भयंकरता, सांस्कृतिक अंधता और मूल्यहीनता तथा मानव भविष्य को लेकर रचनाकार की प्रासंगिक चिंता एवं अंतर्दृष्टि ने बहुत गहरे बाँध लिया होगा। वहाँ के दर्शकों ने मंत्र-मुग्ध होकर उस प्रस्तुति को देखा और मुक्तकंठ से सराहा।

परंतु आश्चर्य होता है यह देखकर कि वही प्रस्तुति 'कमानी' और 'श्रीराम सेंटर' के प्रदर्शनों में, दिल्ली के नाट्य-प्रेमियों को उतनी प्रभावी नहीं लगी। बांसों से बनाए गए ऊँचे-छोटे, सीढ़ीदार मचाननुमा मंच (युवराज शर्मा) से न तो महायुद्ध के बाद की बाह्य विभीषिका का बोध हुआ और न ही चरित्रों के भीतर की मूल्य व मर्यादागत ध्वस्तता का। पंचानन पाठक के संगीत में मधुरता तो खूब थी किंतु नाटकीयता की कमी खटकती थी।

जी.एन.दासगुप्ता एवं जी.एस.मराठे की प्रकाश-परिकल्पना सामान्यतः प्रभावी थी किंतु कौरव नगरी पर गिद्धों के बादल छाने तथा कौए-उल्लू के युद्ध-दृश्य में पुतली संचालन के साथ-साथ छायालोक भी दोषपूर्ण था। इस प्रस्तुति की सबसे कमजोर कड़ी थी अभिनय ! गांधारी की भूमिका में उत्तरा बाबकर, अश्वत्थामा के रूप में जी.पी.नामदेव धृतराष्ट्र के रूप में सुरेन्द्रप्रसाद और परिपार्श्वक, वृद्ध याचक तथा व्याध की भूमिका में पहले युवराज शर्मा और बाद में गजेन्द्र नायक ही (अपने असमिया उच्चारण के बावजूद) किसी हद तक प्रभावकारी थे। इनके अतिरिक्त कोई भी दूसरा अभिनेता 'अंधायुग' के चरित्रों की द्विधाविदीर्ण, सूक्ष्म-जटिल मानसिकता को कलात्मकता एवं प्रभावशीलता के साथ संप्रेषित नहीं कर पाया। पुराने और नये अभिनेताओं के काम के स्तर में इतना ज़्यादा फ़र्क था कि एक दूसरे के सामने पड़ते ही उनका तालमेल टूटने लगता था। वी.के.शर्मा (विदुर), रवीन्द्र रवानविल्कर (कृतवर्मा), प्रमोद माउथो (संजय), वागीश कुमार सिंह (कृपाचार्य) और लोकेन्द्र त्रिवेदी (ययुत्सु) जैसे कुशल, प्रतिभावान और संभावनापूर्ण कलाकार—जो बाद में श्रेष्ठ अभिनेता के रूप में स्वीकृत भी हुए—अपनी भूमिकाओं से न्याय नहीं कर सके। काव्य-भाषा की सूक्ष्म ध्वनियों, अर्थ-छायाओं और नाट्य-विडंबनाओं को पकड़ने और अभिव्यक्त करने में ये प्रशिक्षित कलाकार यदि सफ़ल नहीं हुए तो संभवतः इसका एक बड़ा कारण यह भी है कि निर्देशक (अपनी विदेश-यात्रा के कारण) इन्हें पूरा समय नहीं दे सके। प्रहरी-1 और 2 की भूमिकाओं में क्रमशः सतीश गौतम तथा सुरेश शेट्टी चरित्रों की ऊब, थकान, एकरसता, उदासीनता और निरर्थकता को उभारने में असमर्थ रहे।

जहाँ तक विविध लोक-नाट्य-तत्वों और रंग-रूढ़ियों के प्रयोग का प्रश्न है—वे प्रस्तुति की आंतरिक ज़रूरतों के बजाए किन्हीं अन्य कारणों से संयोजित लगते थे। इन अलग-अलग आकर्षक युक्तियों को, बिना किसी तर्क या कारण के, एक जगह इकट्ठा करने से न तो प्रस्तुति की कोई निश्चित शैली बन पाई और न ही कोई तीव्र या उत्तेजक समग्र-प्रभाव ही बन सका। प्रदर्शन अंशों में ज़रूर दिलचस्प और भव्य प्रतीत हुआ।

इन तमाम कमियों और सीमाओं के बावजूद प्रतीकात्मक रंगपट्टियों के बहुविध नाटकीय इस्तेमाल, धृतराष्ट्र एवं गांधारी के अग्निदाह के समय कोरस के नारंगी-लाल दुपट्टों का लपटों के रूप में उपयोग सराहनीय था। नाटक के अंत में मंगलमय भविष्य की संभावना के लिए व्याध के संवाद के साथ नवजात शिशु के रोने की आवाज रैना की निर्देशकीय सूझबूझ और कल्पनाशीलता का उदाहरण थी। कृष्ण-ध्वनि के रूप में ओम शिवपुरी सघन-मधुर सम्मोहक आवाज़ का जादू, हमेशा की तरह इस बार भी, सिर पर चढ़कर बोला। व्यास और बलराम के पार्श्व-संवादों के लिए मनोहर सिंह तथा पंचानन पाठक की आवाज़ें भी असरदार थीं।

18-19 दिसंबर, 1988 को आदिवासी क्षेत्र **गिरीडीह** की नाट्य-संस्था **कला संगम** ने **मिथिलेश राय** के निर्देशन में 'अंधायुग' का उल्लेखनीय प्रस्तुतीकरण किया। विशाल मुक्ताकाशी मंच ने विविध अभिनय-स्थलों के कारण अलग-अलग स्थानों पर घटित कार्य-व्यापार को अभिमंचित करने में यदि सहायता की तो कई प्रसंगों में वह दर्शकों के लिए असुविधाजनक भी सिद्ध हुआ। अश्वत्थामा, गांधारी, युयुत्सु, धृतराष्ट्र एवं उद्घोषक, संजय, विदुर, कृतवर्मा, कृपाचार्य और वृद्ध वाचक के रूप में क्रमशः मिथिलेश कुमार, मनोरमा सिन्हा, प्रदीप गुप्ता, प्यासाजी, रवीन्द्र सिंह, आनन्द मोहन, दीपक कुमार, आनन्द कुमार तथा प्रदीप वर्मा जैसे अप्रशिक्षित एवं लगभग अशिक्षित कलाकारों ने सराहनीय अभिनय किया। कथागायन शंभुदयाल केडिया, धर्मनाथ सिंह, कला सामंत और शशि कुमार साहा का था। अजय मल्कानी की प्रकाश एवं ध्वनि-परिकल्पना वृहत्-मुक्ताकाशी मंच के कारण बहुत प्रभावशाली सिद्ध नहीं हुई। समकालीन विघटनकारी राजनीतिक परिस्थितियों और आतंकवादी प्रवृत्तियों के संदर्भ में यह प्रदर्शन, प्रस्तुतीकरण की कई सीमाओं के बावजूद, अधिकांश जागरूक प्रेक्षकों को सार्थक और प्रासंगिक प्रतीत हुआ।

'अंधायुग' का 'थियेटर यूनिट' (मुंबई) की ओर से दिसंबर, 1962 में पहला उल्लेखनीय प्रस्तुतीकरण करनेवाले विवादास्पद, सतत चर्चित और आक्रामक रंगकर्मी **सत्यदेव दुबे** ने 10 सितंबर, 1989 को दिल्ली के कमानी प्रेक्षागृह में **संवर्द्धन/अर्पण मुंवई** की ओर से इस नाटक का नया प्रस्तुतीकरण किया। 'संगीत नाटक अकादमी' द्वारा आयोजित 'नेहरू शताब्दी नाट्य-समारोह' के अंतर्गत प्रदर्शित यह प्रस्तुति सिनेमा और टी.वी. सितारों से युक्त होने के कारण, प्रेक्षकों की दिलचस्पी की दृष्टि से, अभूतपूर्व सिद्ध हुई।

भाषा के प्रति अत्यधिक संवेदनशील निर्देशक सत्यदेव दुबे ने एक ओर अपने प्रदर्शन को अल्काज़ी के भव्य-विराट् एवं दृश्यत्व-प्रधान प्रदर्शन के मुकाबले अनलंकृत-सादा रखकर इस काव्य-नाटक के नैसर्गिक आंतरिक सौंदर्य को उभारने का रचनात्मक प्रयास किया तो दूसरी ओर नसीरुद्दीन शाह, अमरीश पुरी, मोहन भंडारी, आकाश खुराना, सत्यदेव दुबे, शफ़ी इनामदार (जो किसी कारणवश आ नहीं सके) तथा सुनीला प्रधान और रत्ना

पाठक शाह जैसे चर्चित कलाकारों से उसे 'ग्लैमरस' बनाने की कोशिश भी की। संभवतः अपने दृश्यत्व-विरोधी दुराग्रह के कारण ही दुबे ने दुर्योधन के मृत्यु-प्रसंग में मंच पर पड़े उसके मुकुट, गदा तथा ढाल इत्यादि को न दिखाने के साथ-साथ गांधारी-धृतराष्ट के अग्निदाह जैसे महत्त्वपूर्ण नाट्य-प्रसंग को भी छोड़ दिया। अश्वत्थामा की शिव-स्तुति तथा सार्थक एवं विविधतापूर्ण अन्य ध्वनि-प्रभावों के अस्वीकार ने प्रस्तुति को श्रव्य स्तर पर भी अपेक्षित नाटकीयता से वंचित कर दिया। इसके विपरीत, बलराम और व्यास को मंच पर लाकर दुबे ने उनकी भूमिका को अधिक महत्त्व प्रदान किया।

अश्वत्थामा की केंद्रीय भूमिका में नसीरुद्दीन शाह ने अपनी प्रत्यक्ष शारीरिक सीमाओं को भरसक लाँघकर सूझ-बूझ पूर्ण जीवंत अभिनय किया। परंतु वह निर्देशकीय व्याख्या के अनुरूप एक आतंकवादी बनने की त्रासद मानसिक प्रक्रिया और पीड़ा को अश्वत्थामा में पूरी तरह रूपायित नहीं कर सके। उनकी बैठी-फटी आवाज़ अत्यधिक चिल्लाने के कारण खराब हो गई थी या नर-पशु का प्रभाव पैदा करने के लिए सायास वैसी बनाई गई थी—कहना कठिन है। गांधारी के रूप में सुनीला प्रधान ने अपनी मंच-उपस्थिति का अहसास कराया। परंतु शाप के लिए जिस गहनतम पीड़ा, सघन उद्वेग और तीव्रतम आक्रोश से उत्पन्न 'हृदय विदारक स्वर' की ज़रूरत थी वह सुनीला पैदा नहीं कर सकीं। शाप स्वीकार में (संभवतः टेप की गड़बड़ के कारण) 'कृष्ण ध्वनि' का दूसरा हिंस्सा भी सुना नहीं जा सका। तटस्थ संजय के रूप में आकाश खुराना संवाद-प्रस्तुति में दो-एक (गलत) स्थानों पर भावुक हो गए। मोहन भंडारी के युयुत्सु ने भी अंशों में ही प्रभावित किया। कृतवर्मा की भूमिका में स्वयं सत्यदेव दुबे प्रायः ठीक रहे। वृद्ध याचक, प्रेतात्मा, व्यास और व्याध के विविध रूपों में अमरीश पुरी का जीवंत अभिनय इस प्रस्तुति की उपलब्धि था।

काले रंग के बहुधरातलीय सांकेतिक दृश्य-बंध और उसकी गहराई का—विशेषतः दूर से आते संजय के प्रथम प्रवेश में—कल्पनाशील इस्तेमाल किया गया। कथा-गायन एवं मंगलाचरण में रत्ना पाठक शाह, विनोद आल्पे, तमारा और सुचिता थाते ने अपना काम कुशलता से किया। प्रकाश-परिकल्पना में सुनील शानबाग ने चरित्रों के भीतर चलते छायालोक के संघर्ष को काफी असरदार ढंग से उभारने का प्रयत्न किया।

कुल मिलाकर, सत्यदेव दुबे की इस जल्दबाजी में तैयार की गई प्रस्तुति ने, कई नई एवं मौलिक विशेषताओं के बावजूद, प्रेक्षकों-समीक्षकों की उम्मीदों-अपेक्षाओं को पूरा नहीं किया। कीर्ति जैन का यह निष्कर्ष इस संबंध में काफ़ी दूर तक सही है कि, "यह नाटक, जिसमें हमेशा बहुत-सी संभावनाएँ नज़र आती हैं, अर्थ-व्याख्या के स्तर पर भी, और प्रयोग के स्तर पर भी, इस प्रस्तुति में अपना अर्थ बिल्कुल ही खो बैठा। पहली बार लगा कि **अंधायुग** जैसा सार्थक नाटक भी कितना उलझा हुआ और नीरस बनाया जा सकता है। इसके पीछे निर्देशक का पूर्वाग्रह तो लगा ही, साथ ही यह भी महसूस हुआ कि हर अभिनेता अपनी-अपनी अर्थ-व्याख्या से अपनी भूमिका कर रहा है, जिससे

कोई सर्वसंगत दृष्टि उभरकर नहीं आ पाई है।''[69]

फ़िल्म और दूरदर्शन के व्यस्त कलाकारों एवं निर्देशक के बीच तालमेल की कमी ही संभवतः इस प्रस्तुति की प्रभावहीनता का मुख्य कारण थी। इसका प्रमाण यह है कि इसके मुकाबले 20 अगस्त 1990 में दिल्ली के त्रिवेणी सभागार में सत्यदेव दुबे द्वारा प्रस्तुत **एकल-अभिनय/नाट्यपाठ** ने अपेक्षाकृत अधिक प्रभावित किया। भूरे परिवेश में रखी लाल रंग की कुर्सी और काले कपड़ों में उसपर बैठने या व्यग्र होकर उठ खड़े होने वाले सत्यदेव दुबे ने अपनी सघन आवाज़, बदलते हाव-भाव और स्वरों के उतार-चढ़ाव के ज़रिए 'अंधायुग' का, जो शाब्दिक/ध्वन्यात्मक नाटकीय सम्मोहन पैदा किया, उसने मर्मज्ञ श्रोताओं-दर्शकों को सचमुच मंत्रमुग्ध कर दिया।

शाहजहाँपुर की नाट्य-संस्था **अनामिका** ने गांधी भवन प्रेक्षागृह में **डॉ. विश्वभावन देवलिया** के निर्देशन में 7,8 और 9 फ़रवरी, 1990 को 'अंधायुग' के तीन प्रदर्शन किए। 6 फ़रवरी की दोपहर को एक बजे इसका एक विशेष प्रदर्शन केवल छात्राओं और महिलाओं के लिए भी किया गया। नाटककार के पैतृक नगर की यह प्रस्तुति अतिथि-निर्देशक की देखरेख में संचालित एक नाट्य-कार्यशाला में तैयार की गई, जिसमें इस कस्बाई नगर के साठ प्रशिक्षणार्थियों ने बड़े उत्साह से भाग लिया। सिद्धार्थ के शंखनाद और नर्तक अमनजीत हाँडा के भावनाट्य से आरंभ हुई इस प्रस्तुति में अश्वत्थामा, गांधारी, युयुत्सु, और वृद्ध याचक की महत्त्वपूर्ण भूमिकाएँ क्रमशः विकास चावला, शशि याज्ञिक, राजकुमार शर्मा और महेश सक्सेना ने बड़ी कुशलता से निभाईं। धृतराष्ट्र (मनोज त्रिपाठी), विदुर (प्रमोद प्रमिल), संजय (सुदर्शन सलिलेश), प्रहरी (अनिल बैनर्जी एवं अनिल कक्कड़), उलूक एवं काक (विवेक शर्मा तथा श्वेता गुप्ता) और गूंगे सैनिक (बलराम शर्मा) के चरित्रों में कलाकारों ने अपने प्रशिक्षण, अभ्यास और परिश्रम का अच्छा प्रदर्शन किया। राधेश्याम सक्सेना, वागेश्वरनाथ श्रीमाली, वन्दना जैन और मुदिता जैन के कथा-गायन के अलावा ज़की अहमद ख़ान के 'वे छोड़ चले कौरव नगरी' के भावप्रवण-सघन गायन ने भी दर्शकों को बाँधे रखने में महत्त्वपूर्ण भूमिका निभाई। कृष्ण द्वारा गांधारी के शाप-स्वीकार में निर्देशक विश्वभावन देवलिया के प्रभावशाली पार्श्व-स्वर और मनोज कृष्ण मिश्र की बांसुरी की करुण-कोमल तान ने भी प्रेक्षकों को मंत्रमुग्ध कर दिया। एक प्रबुद्ध समीक्षक के अनुसार, ''पात्रों की कथन शैली, नाटकीय कविता में लय के रूपायन, संवादों और रंग-भाषण के उतार-चढ़ाव में, ध्वनि-भंगिमाओं के साथ ही हाव-भाव, मुद्रा और शारीरिक क्रियाओं का एक ऐसा मोहक तालमेल था जिससे पात्रों की गतिमयता और कार्य-व्यापार ने रंगमंच को कहीं भी निष्क्रिय नहीं रखा।''[70] साबिर अहमद की दृश्य-परिकल्पना सादी और प्रतीकात्मक थी। काले-सफ़ेद कपड़ों से ढकी अर्द्ध-गोलाकार तीन सीढ़ियाँ, रथचक्र और काले परदों के प्रयोग ने 'अंधायुग' के बहुस्थानीय कार्यव्यापार और जटिल कथ्य को प्रस्तुत करने में उल्लेखनीय सहायता की। राधेश्याम श्रीवास्तव की रूपसज्जा तथा बी.एस.द्विवेदी की परिधान-परिकल्पना नाटक के पौराणिक परिवेश

एवं पात्रों के अनुकूल थी। लखनऊ से विशेष रूप से बुलवाए गए प्रकाश-परिकल्पक साजन का छायालोक इस प्रदर्शन का कमज़ोर पक्ष था। आधुनिकता के बजाए पौराणिकता पर भी अपेक्षाकृत अधिक बल था। परन्तु इस प्रस्तुति की एक प्रमुख विशेषता यह थी कि निर्देशक ने मूल आलेख को सम्पूर्ण और ज्यों का त्यों प्रस्तुत किया और तीन घण्टे तक लगातार चलनेवाले इस गम्भीर एवं कठिन नाट्य प्रदर्शन को प्रायः सभी दर्शकों ने बड़े उत्साह एवं आनन्द से देखा। शाहजहाँपुर के लिए 'अंधायुग' की यह सार्थक प्रस्तुति किसी सुखद और महत्वपूर्ण घटना से कम नहीं थी।

गोरखपुर की नाट्य-संख्या **दर्पण** ने 1990-91 (?) में **संत श्रीवास्तव एवं अनिल मेहरोत्रा** के संयुक्त निर्देशन में 'अंधायुग' का जो प्रस्तुतीकरण किया उसमें नाटक के समग्र-प्रभाव और काव्यात्मक वातावरण पर अधिक बल दिया गया। यूँ तो धृतराष्ट्र, संजय, कृपाचार्य और विदुर के रूप में क्रमशः सर्वेश दुबे, सुनील पुष्करण, संत श्रीवास्तव तथा कौशल कुमार का अभिनय भी सराहा गया। परन्तु अश्वत्थामा और वृद्ध याचक/व्याध की भूमिकाओं में दीप शर्मा तथा अजीत श्रीवास्तव के जीवन्त अभिनय की दर्शकों ने भरपूर प्रशंसा की। एक समीक्षक के अनुसार, "प्रतिशोध, आत्मवेदना और तीखा विक्षोभ-अश्वत्थामा के इन सभी मूल भावों और स्थितियों को दीपशर्मा ने गहरे प्रभाव के साथ व्यक्त किया।" जबकि "गांधारी की भूमिका में शैलतनया कई जगह कमजोर दिखीं।"[71] कृष्ण की पार्श्व-ध्वनि में नवनीत मिश्र की सघन आवाज़ ने दर्शकों को गहरे आन्दोलित किया।

संत श्रीवास्तव एवं दीप शर्मा की रूप-सज्जा और वेशभूषा तथा अनिल मेहरोत्रा की ध्वनि एवं प्रकाश-योजना ने प्रदर्शन को आकर्षक बनाने में उल्लेखनीय योगदान दिया। मंच-सज्जा की सादगी और कथागायन तथा मुक्त छंदों के संवादों की अदायगी भी असरदार थी। परन्तु कुछ दृश्यों-प्रसंगों के अत्यधिक-अनावश्यक विस्तार ने प्रदर्शन की गति को शिथिल कर दिया। समग्र प्रभाव कम किया।

इब्राहिम अल्काज़ी के ज़माने से ही 'अंधायुग' राष्ट्रीय नाट्य विद्यालय का प्रिय नाटक रहा है। अध्यापन और प्रशिक्षण के स्तर पर अक्सर इसका प्रयोग किया जाता रहा है। रंग-कला के विविध पक्षों के ज्ञान एवं अभ्यास के लिए यह एक अत्यंत संभावनापूर्ण नाट्यालेख है। यही कारण है कि नाट्य विद्यालय के छात्रों तथा रंगमंडल के कुशल कलाकारों के बीच यह समान रूप से लोकप्रिय रहा है और इसे अब तक कई बार कई रूपों में अभिमंचित किया जा चुका है।

राष्ट्रीय नाट्य विद्यालय के तृतीय वर्ष के छात्रों द्वारा **रामगोपाल बजाज** के निर्देशन में 22 से 27 सितंबर, 1992 को विद्यालय के परिसर में प्रस्तुत 'अंधायुग' का प्रदर्शन अपने पूर्ववर्ती प्रस्तुतीकरणों से काफ़ी अलग, नया और मौलिक सिद्ध हुआ। निर्देशक के अनुसार मुख्य पात्रों की अपेक्षा, "इस नाटक के कल्पित पात्र एवं कथागायन के शब्द मुझे उद्वेलित करते रहे।" आज के बुद्धिजीवी, कलाकार और चिंतक की विसंगतियों,

विडंबनाओं और दुविधाओं के दर्शन उसे वृद्ध याचक जैसे गौण पात्र में हुए। उसके अनुसार, "यह याचक बुद्धिजीवी है, मनीषी है, द्रष्टा है किंतु देह यापन के लिए भिक्षाटन करता है। चाटुकारिता में झूठ भी बोलता है किंतु वही युग के अंतर्विरोधों को समझता भी है, वही प्रश्न करता है कि क्या घृणा के इस काले नाग का दमन कृष्ण कर पाएँगे ? प्रभुता की अवधारणा का रूपांतरण भी इसी चिंतक व्याध के द्वारा होता है जो नए दायित्व-बोध का आह्वान करता है।" यही नहीं, "ईश्वरवाद की आदर्श अवधारणा और व्यवहार में सतत अंतर्विरोध रहा है। याचक के माध्यम से लेखक ने इस विसंगति का विश्लेषण करने की कोशिश (भी) की है।" इसलिए यह आकस्मिक या अनायास नहीं है कि बजाज की इस प्रस्तुति में याचक को केंद्रीय महत्त्व प्राप्त हो गया है।

निर्देशक को बहुत सोचने-विचारने के बाद शायद यह भी महसूस हुआ कि 'अंधायुग' की पूर्ववर्ती प्रस्तुतियों में प्रायः विराट् स्थापत्य, भव्य दृश्य-विधान, आलंकारिकता और तकनीकी चमक-दमक के कारण इसका वास्तविक कथ्य और अभिनय-पक्ष दब जाता रहा है। कई बार नए प्रयोग के अतिरिक्त-आग्रह के कारण भी ऐसा हुआ है। यही वजह है कि अपनी प्रस्तुति के लिए, "मैंने मंच को एकदम सादा रखा और मंच-सामग्री से भी मुक्त किया जिससे दृष्टि पूरी तरह अभिनेता और उसके अभिनय पर केंद्रित हो। बाह्य आलंकारिकता से मुक्त कर नाटक के शब्द और उसकी अर्थ-ध्वनियों को उभारने का प्रयास किया।" उस दृष्टि से देखें तो निर्देशक का पूर्वाग्रह या दम्भ नहीं सत्य प्रतीत होता कि, "प्रदर्शन-मूल्यों की भव्यता, उत्कृष्टता और प्रभाव की बात छोड़ दें तो यह प्रस्तुति इस नाटक के मूलभूत कथ्य को प्रस्तुत करने की दिशा में पहला सही और सार्थक कदम है।"

रामगोपाल बजाज निर्देशित राष्ट्रीय नाट्य विद्यालय की यह प्रस्तुति बहावलपुर हाउस के परिसर में, विद्यानिधि बनारसे परिकल्पित, विशेष रूप से बनाए गए गोलाकार मुक्ताकाशी मंच (एरीना थियेटर) पर अभिमंचित की गई। बीच में मंच, चारों ओर बैठे दर्शकों के बीच से पात्रों के प्रवेश-प्रस्थान के लिए चार रास्ते, दर्शकों के पीछे भी कलाकारों के आने-जाने और अभिनय के लिए बनाई गई गलियारेनुमा पट्टी—ऐसा लगता था जैसे गोलाकार मंच ही ब्रह्मांड है और पात्र तथा प्रेक्षक मानो अतीत और वर्तमान के बीच, किसी संकटपूर्ण काल-खंड में एकसाथ घिर गए हैं। डॉली अहलूवालिया की परिधान-परिकल्पना में मंच और शैली की मूल प्रकृति के अनुरूप खुला और सादापन था। निखिलेश शर्मा की रूप-सज्जा और सुरेश भारद्वाज की प्रकाश-योजना कल्पनाशील थी। शास्त्रीयता से मुक्त और नाट्य-प्रभाव से संयोजित ब.व. कारंत के संगीत में वैष्णव भक्ति-संगीत/कीर्तन के अंदाज़ ने प्रस्तुति को आध्यात्मिकता का एक नया आयाम दे दिया। ब.व. कारंत के अनुसार, "नाटक में संगीत रचना स्थायी एवं अंतरों में विभाजित किन्हीं गीतों के लिए रची गई हो ऐसा नहीं है। बल्कि पूरा संगीत, स्थिति का विवेचन करते हुए, छंदों के लिए है। जिस तरह नाटककार का कहना है 'सब नष्ट हुई पद्धतियाँ

धीमे धीमे' वैसा ही कुछ इस नाटक की संगीत रचना में हुआ है।'' और निश्चय ही इस सुमधुर एवं प्रभावी संगीत ने प्रदर्शन को एक अद्भुत उत्थान दिया।

यद्यपि अश्वत्थामा की भूमिका में अनूप सोनी ने घृणा, अनास्था और प्रतिहिंसा के अंधेपन को सशक्त रूप से उभारा। परंतु गांधारी की भूमिका में सपना मोद्गिल हरबिंदर कौर के जीवंत अभिनय ने दर्शकों को इतना प्रभावित किया कि नाट्य-समीक्षक रवीन्द्र त्रिपाठी को ऐसा लगा जैसे ''गांधारी केंद्रीय चरित्र बन गई।'' और गांधारी की इस केंद्रीयता से '' 'अंधायुग' की यह प्रस्तुति अनास्था की बजाए समकालीन संशय और विभाजित मन की ओर संकेत करती लगी। गांधारी की कृष्ण के प्रति घृणा और कृष्ण द्वारा शाप स्वीकार कर लेने के बाद उसकी दुचितापन आधुनिक युग की उस प्रकृति को दिखाता है जिसमें घृणा और प्रेम जैसी परस्पर विरोधी भावनाएँ एक-दूसरे में अंतःप्रवेश करने लगी हैं।''.[72] परंतु वास्तव में इस विभाजित मानसिकता और दुचितापन के रेखांकन का प्रमुख कारण, इस प्रस्तुति में गांधारी और अश्वत्थामा के मुकाबले, वृद्ध याचक का अत्यंत महत्त्वपूर्ण हो जाना था–जिसकी बहुआयामी भूमिका को आदिल हुसैन ने बड़े आत्म-विश्वास से निभाया। इसके अलावा संजय के रूप में ज़ाकिर हुसैन ने भी संवेदनशील किंतु तटस्थ व्यक्ति एवं मीडिया के अंतर्विरोधों को उभार कर निर्देशक के उद्देश्य को सबल बनाया। विदुर, धृतराष्ट्र, कृतवर्मा, कृपाचार्य, युयुत्सु, गूंगा सैनिक, युधिष्ठिर और प्रहरियों की भूमिकाएँ क्रमशः चितरंजन गिरि, हरीश खन्ना, मृदुल बरुआ, राजेश तैलंग, मिलिंद इनामदार, रामचंद्र साहू, एहसान खान, नारायण सिंह चौहान तथा विद्यानिधि बनारसे ने ठीक-ठाक ही अभिनीत कीं। शिव के रूप में अनिन्दिता सर्वाधिकारी के तांडव-नृत्य और उल्लू तथा कौए के संघर्ष-प्रसंग में अनिन्दिता सर्वाधिकारी एवं हरबिन्दर कौर/सपना मोद्गिल की आकर्षक नृत्यगतियों में नृत्य संरचनाकार भरत शर्मा की प्रतिभा और मेहनत का प्रत्यक्ष-प्रमाण देखने को मिला। 'अंतराल' के प्रेतलोक जैसे मायावी वातावरण ने भी दर्शकों को मोहित किया। संभवतः यह 'अंधायुग' की एकमात्र ऐसी प्रस्तुति थी जिसमें असंपादित पूरा नाट्यालेख ज्यों का त्यों अभिमंचित किया गया। छात्रों के बजाए यदि इसे रंगमंडल के अनुभवी कलाकारों के साथ प्रस्तुत किया जाता तो निश्चय ही यह एक यादगार प्रदर्शन बन जाती।

आधुनिक हिंदी रंगमंच के बौद्धिक, प्रखर और कल्पनाशील नाट्य-निर्देशकों में **मोहन महर्षि** का नाम विशेष रूप से उल्लेखनीय है। 'अंधायुग' इनका प्रिय नाटक रहा है। राष्ट्रीय नाट्य विद्यालय द्वारा इब्राहिम अल्काज़ी के निर्देशन में दिल्ली के फ़िरोज़शाह कोटला के खंडहरों में 1963 में प्रस्तुत इसके ऐतिहासिक प्रदर्शन में इन्होंने संजय की भूमिका निभाई थी। मॉरिशस गए तो वहाँ भी 1973 में किसी विशुद्ध भारतीय चेतना, परिवेश और चरित्रोंवाले आधुनिक नाटक की तलाश करती इनकी दृष्टि 'अंधायुग' पर ही टिकी। राष्ट्रीय नाट्य विद्यालय से त्याग-पत्र देने के बाद मोहन महर्षि जब पंजाब विश्वविद्यालय, चंडीगढ़ के **भारतीय रंगमंच विभाग** के निदेशक बन कर गए और यू.

जी.सी. के अनुदान से 1992 में वहाँ 'थियेटर लैब' की स्थापना की, तो परंपरा के साथ आधुनिकता के संश्लिष्ट प्रयोग करने की दृष्टि से भी इन्हें 'अंधायुग' ही सर्वाधिक उपयुक्त नाटक जान पड़ा।

रंगमंच के क्षेत्र में कलाओं के रचनात्मक अंतःसंबंधों को तलाशने और सार्थक नूतन रंग-प्रयोग करने के उद्देश्य से प्रस्तुत **'थियेटर लैब'**, **चंडीगढ़** की यह प्रथम प्रस्तुति महाभारत पर आधारित 'अंधायुग' की प्रस्तुति थी या अंधायुग पर आधारित 'महाभारत' की—यह कहना बेशक कठिन हो। परंतु मोहन महर्षि इसकी ओर क्यों आकर्षित हुए—इस प्रश्न का उत्तर आसानी से दिया जा सकता है।

उन्हीं दिनों मोहन महर्षि फ्रांस से पीटर ब्रुक के बहुप्रशंसित नाटक 'महाभारत' का प्रदर्शन देखकर लौटे थे। प्रतिक्रिया जानने पर उन्होंने दो टूक जवाब दिया था, "पश्चिम के पास 'महाभारत' या 'रामायण' के पौराणिक विराट् चरित्रों को प्रस्तुत कर सकनेवाली कोई रंग-शैली या पद्धति नहीं है। वे ज़्यादा से ज़्यादा शेक्सपियर के चरित्रों की ऊँचाई तक ही पहुँच सकते हैं। यही कारण है कि पीटर ब्रुक के प्रस्तुतीकरण में अर्जुन और धोबी में कोई फ़र्क ही नहीं लगता।" इसके अलावा एक अन्य साक्षात्कार में उन्होंने यह भी स्वीकार किया था कि, " 'अंधायुग' में रंगकर्मी साथियों ने छह महीने तक काम किया। बहुत मुमकिन है कि कहीं न कहीं शायद मेरे ज़ेहन में यह बात थी कि दूरदर्शन पर दिखाए गए महाभारत से हमारे यहाँ एक बड़ा गलत सामाजिक काम हो रहा है।" इसी चुनौती के तहत मोहन महर्षि ने अपनी प्रस्तुति में पारंपरिक लोक नाट्य तत्त्वों, मेकअप की एशियाई शैली, छऊ की नृत्य गतियों और अनुष्ठानात्मक रहस्यमय से परिवेश का चित्रण किया।

'साहित्य कला परिषद्' दिल्ली द्वारा श्रीराम सेंटर में आयोजित 'प्रथम अखिल भारतीय नाट्य समारोह' में इसे 21 दिसंबर, 1992 को उद्घाटन-प्रस्तुति के रूप में ससम्मान प्रदर्शित किया गया। प्रदर्शन का आरंभिक अंश काफ़ी नया, रोचक और चौंकाने वाला था।

मोहन महर्षि ने स्वयं अपने और अंधायुग के अन्य पूर्ववर्ती बहुचर्चित नाट्य-निर्देशकों के प्रदर्शनों से अलग होने की कोशिश में न केवल मूल नाट्यालेख को आगे-पीछे किया बल्कि अंधकार और तीन (विधवा) स्त्रियों की मौलिक कल्पना के अलावा व्यास (सुरेश कुमार) और बलराम (सुधीर महाजन) जैसे पार्श्व-पात्रों को मंच पर साकार उपस्थित किया, जिससे प्रस्तुति की दृश्यात्मकता समृद्ध हुई। नाटक के संवादों में मौजूद विधवा कौरव वधुओं के श्रीहत् रूप और सूनेपन तथा पराजय के बाद राजधानी लौटते मरे-अधमरे (अंधे, बहरे, लंगड़े, लूले, थके) और बचे-खुचे कौरव सैनिकों के दल को भी मंच पर मूर्त्त रूप में प्रदर्शित करके निर्देशक ने अपनी कल्पनाशीलता का अच्छा परिचय दिया।

नाटक के आरंभ में धृतराष्ट्र, गांधारी, अश्वत्थामा और युयुत्सु जैसे प्रमुख चरित्रों को अंधकार की छाया में—प्रज्वलित अग्नि-कुंडों के अनुष्ठानात्मक/जादुई प्रभाव में—उन्हीं

के आत्मपरिचयात्मक संवादों के साथ प्रस्तुत किया गया। पं. गोपाल दुबे की छाऊ गतियों पर आधारित नृत्य-संरचना, अंजला महर्षि की परिधान-परिकल्पना और बांग-गुग-जा की जापानी शैली के स्पर्शवाली रूप-सज्जा के साथ अनिल दत्त (धृतराष्ट्र) तथा वीरेन्द्र कुमार (अश्वत्थामा) जैसे कुशल अभिनेताओं ने मिलकर कुछ प्रभावशाली दृश्य-श्रव्य बिंबों की रचना की। गांधारी के रूप में शशि मरवाहा ने काफ़ी ऊर्जापूर्ण और सघन अभिनय किया। विदुर, संजय, युयुत्सु, कृतवर्मा, कृपाचार्य और घायल सैनिक के रूप में क्रमशः श्याम लाल, अजय झिंगरन, राजीव शर्मा, संदीप शर्मा, मृदुल सूरी और जंग-जिन-हो में परिश्रम एवं निर्देशों की झलक साफ़ दिखाई दे रही थी। राजीव भाटिया और होशियार सिंह के प्रहरियों ने दर्शकों को कुछ राहत दी। परंतु गांधारी के शाप के साथ समाप्त हुए इस प्रदर्शन में एकाग्रता और गति के अभाव के कारण दर्शकों को बाँधने की क्षमता पैदा नहीं हो सकी। वृद्ध याचक जैसे केंद्रीय और बहुआयामी चरित्र के अभाव में प्रस्तुति का उद्देश्य भी रेखांकित न हो सका। 'थिएटर लैब' चंडीगढ़ के इस आधे-अधूरे नाट्य-प्रयोग ने आलेख और प्रस्तुति-आलेख के बीच पैदा होनेवाले असामंजस्य की विडंबना और उसके अवांछित परिणाम का एक उल्लेखनीय उदाहरण प्रस्तुत किया।

नाट्य-समीक्षक कविता नागपाल की तरह अधिकांश दर्शक थोड़ी देर बाद ही इस उबाऊ और बोझिल प्रदर्शन से परेशान होकर बाहर जाने का दरवाज़ा ढूँढ़ते रहे और शेष ने मध्यांतर से चैन की साँस ली।[73]

एक अन्य नाट्य-समीक्षक ने भी इस कड़ी मेहनत से तैयार की गई प्रस्तुति के कुल-हासिल पर अफ़सोस प्रकट करते हुए लिखा कि, "It is a pity that production could not touch any great heights dispite the powerful script and subject."[74]

कुल मिलाकर, महाभारत/अंधायुग का यह प्रदर्शन कुछ प्रभावी दृश्यों का जमघट मात्र होकर रह गया और समीक्षकों-प्रेक्षकों को प्रभावित नहीं कर सका।

गंभीर, अर्थपूर्ण और उत्कृष्ट रंगकर्म के लिए प्रतिबद्ध राजधानी की अत्यंत सक्रिय नाट्य-संस्था **अस्मिता** ने **अरविंद गौड़** के निर्देशन में 'अंधायुग' को 27,28,29,30 सितंबर तथा 1 अक्टूबर, 1994 को श्रीराम सेंटर के तलघर में अभिमंचित किया।

स्वतंत्रता-प्राप्ति के साथ गांधी की मृत्यु और सत्ता की आपाधापी तथा मूल्यहंता अंधकारमय परिस्थितियों के बीच आम आदमी के मोहभंग की जिन विसंगत, विडंबनापूर्ण और त्रासद स्थितियों को भारती ने अपने नाटक में महाभारत के युद्धोपरांत में देखा था, उन्हीं को, शायद उनसे भी बदतर हालत में जागरूक निर्देशक अरविंद गौड़ ने अपने आज और समाज के समय-संदर्भ में देखने-दिखाने की कोशिश की। सत्य की तलाश और अपने आदर्शों की स्थापना में स्वयं को पूरी तरह ग़र्क कर देने के बावजूद अंततः एक भविष्यहीन करुणांत तक जा पहुँचे 'कैलीगुला' और 'तुग़लक' की अगली कड़ी के रूप में 'अस्मिता' ने 'अंधायुग' को प्रस्तुत किया। परंतु पौराणिक चरित्रों, प्रसंगों, स्थितियों

और बिंबों के माध्यम से अपने वर्तमान एवं भविष्य की यह विश्लेषणपरक प्रस्तुति अपने 'निर्देशकीय' से जितनी प्रासंगिक और सार्थक प्रतीत हो रही थी, प्रदर्शन में वैसी उत्तेजक और प्रभावशाली सिद्ध नहीं हो सकी। इसके कई कारण थे।

इब्राहिम अल्काज़ी की भव्य और विराट् तथा रवि बास्वानी की अनलंकृत, सादी और बम-बंदूकवाली ग्रोतोवस्को की 'गरीब रंगमंच' वाली प्रस्तुतियों के बीच से रास्ता निकालते हुए अस्मिता किसी संगत रंगशैली की तलाश नहीं कर सकी। मोहन महर्षि की मॉरिशसवाली प्रस्तुति में प्रयुक्त मचाननुमा दृश्य-बंध तलघर के हिसाब से काफ़ी बड़ा और नाटक के विराटफ़लक एवं चरित्रों के हिसाब से काफ़ी छोटा रहा। मचान के नीचे के अँधेरे-से अभिनय-स्थल मन की अंध-गुफ़ाओं के वासी चरित्रों के अनुकूल तो लगते थे किंतु अभिनेता को पूरी तरह खड़े होकर और खुलकर अभिनय करने का अवसर बिल्कुल प्रदान नहीं करते थे। परिधान-परिकल्पना (डी.डी. वत्तूजी) तथा रूप-सज्जा (दीपक सेठी, जी.एस.बेदी, श्याम कुमार एवं मुकेश कुमार) भी पौराणिकता और आधुनिकता के बीच कोई सार्थक नाटकीय रूप ग्रहण नहीं कर पाई। प्रकाश-योजना (राहुल दीप, त्रिभुवन एवं जी वर्गीस) में सूझ-बूझ के अभाव के कारण कई महत्त्वपूर्ण-मार्मिक प्रसंग ठीक से आलोकित ही नहीं हो पाए। संगीता गौड़ का संगीत उपयुक्त होते हुए भी तेज़ होने के कारण अनेक संवादों पर हावी हो गया।

इस प्रस्तुति की सबसे बड़ी सीमा यह रही कि लगभग सभी कलाकार न तो भारती की संवेदनशील भाषा के साथ सहज हो सके और न ही संवादों में पद्य और गद्य के बीच की सही लय को ही पकड़ सके। जैमिनी कुमार एक सशक्त एवं कुशल अभिनेता हैं। हिंदी-उर्दू के संवाद-निवेदन में वह अपनी महारत सिद्ध भी कर चुके हैं। परंतु अश्वत्थामा के अंतर्द्वंद्व, आक्रोश और घृणा के विस्फोट को वह विश्वसनीय नहीं बना सके। युयुत्सु, धृतराष्ट्र, विदुर, संजय, कृतवर्मा, कृपाचार्य, वृद्ध याचक, गूंगा सिपाही और प्रहरियों के रूप में क्रमशः राजेश कुमार, राजीव शर्मा, विमलेंद्र, गजराज नागर, गौहर आलम, श्याम कुमार, दीपक सेठी, एम.गुलज़ार सी.चांडी और मुकेश शर्मा तथा दीपक कुमार ने प्रशिक्षण और पर्याप्त अनुभव की कमी के बावजूद यथासंभव अपने-अपने चरित्रों से न्याय करने की भरसक कोशिश की। परंतु सूझ-बूझ, पूर्वाभ्यास और तालमेल की कमी के कारण अभिनय का समग्र-प्रभाव नहीं बन पाया। बलराम (राजेश कुमार), व्यास (धर्मवीर भारद्वाज) और कृष्ण (असद खान) के साथ दासी (मीना) तथा सेवक (स्वामी नाथ यादव) की उपस्थिति ने प्रदर्शन को दृश्यात्मक समृद्धि प्रदान की। गांधारी की भूमिका में अर्चना जोशी ने चरित्र की कठोरता, पीड़ा, खीझ, करुणा, ग्लानि, कटुता और प्रभु को चुनौती दे सकनेवाली आक्रोशजन्य सामर्थ्य की विविध परतों को अपने आंगिक और वाचिक अभिनय से साकार करने की, अपनी सीमाओं के बावजूद, सराहनीय कोशिश की।

कुल मिलाकार, 'अस्मिता' की यह प्रस्तुति 'अंधायुग' के प्रतिपाद्य को पूरी तीव्रता और सघनता से दर्शकों तक संप्रेपित नहीं कर सकी और इसी संस्था एवं निर्देशक की

अन्य नाट्य-प्रस्तुतियों के मुकाबले कमज़ोर सिद्ध हुई।

राष्ट्रीय नाट्य विद्यालय के भूतपूर्व छात्र और निदेशक **रतन थियम** समकालीन भारतीय-रंगपरिदृश्य के अत्यंत कल्पनाशील और महत्त्वपूर्ण नाट्य-निर्देशकों में प्रमुख स्थान रखते हैं। मणिपुर की लोक-कलाओं एवं पारंपरिक नाट्य-शैलियों के सार्थक तत्त्वों के साथ आधुनिक तकनीक के रचनात्मक संयोग से इन्होंने एक मौलिक, नैजिक और आधुनिक भारतीय रंग-शैली की तलाश की है। बहुत कम समय में एक प्रतिभावान लेखक-निर्देशक के रूप में रतन थियम ने अपने आकर्षक और गंभीर रंगकर्म से राष्ट्रीय तथा अंतर्राष्ट्रीय स्तर पर पर्याप्त ख्याति एवं प्रतिष्ठा प्राप्त की है। 'अंधायुग' इनका प्रिय नाटक रहा है। इसलिए 1994 में जब जापान के सुप्रसिद्ध नाट्य-निर्देशक तदाशी सुज़ुकी ने इन्हें अपने नए नाटक के प्रदर्शन के लिए **परफोर्मिंग आर्ट सेंटर, टोंगा (जापान)** में आमंत्रित किया तो स्वाभाविक ही था कि रतन थियम, द्वितीय विश्वयुद्ध और अणुबम के भयंकर परिणामों को प्रत्यक्षतः भोगनेवाले जापानी दर्शकों के लिए, डॉ. धर्मवीर भारती के 'अंधायुग' का चुनाव ही करते।

'चक्रव्यूह' की अभूतपूर्व सफलता के बाद अपने रंगकर्म को नया आयाम देने की दृष्टि से 'अंधायुग' में रतन थियम को प्रयोग करने की अपरिमित संभावनाएँ दिखाई दीं। इक्कीसवीं सदी की चुनौतियों का सामना करने, अपने आज और समाज की समस्याओं, विसंगतियों एवं विडंबनाओं को जीवंत रूप में अभिव्यक्त और संप्रेषित करने तथा रंग-भाषा को नया विस्तार देने के लिए इन्होंने रंगद्वारी मंच के निश्चित स्पेस की पूर्व-निर्धारित सीमाओं को तोड़ने के लिए 'अंधायुग' को मुक्ताकाशी मंच के अनुरूप परिकल्पित किया।

5 अगस्त, 1994 को **कोरस रेपर्टरी थियेटर, इम्फ़ाल,** द्वारा रतन थियम के निर्देशन में प्रस्तुत 'अंधायुग' के इस नए मणिपुरी प्रदर्शन ने मंत्रमुग्ध ही नहीं विचलित भी किया। हरे-हरे पहाड़ों, पेड़ों और झरनों की प्राकृतिक पृष्ठभूमि में निर्मित टोंगा के 'जापान परफ़ोर्मिंग आर्ट सेंटर' के अद्भुत सौंदर्य युक्त ऐम्फी थियेटर में प्रदर्शित 'अंधायुग' के इस प्रदर्शन ने वहाँ के दर्शकों के मन में हिरोशिमा और नागासाकी की त्रासदी की याद ताज़ा करके एक उत्तेजक नाट्यानुभव पैदा कर दिया। यह प्रस्तुति प्रभावशाली नाट्य-बिंबों, युद्ध के ध्वंसकारी परिणाम दर्शाते दृश्यों और ऊर्जापूर्ण जीवंत अभिनय से समृद्ध है। प्रदर्शन के प्रारंभ में सफ़ेद कपड़े पहने रीढ़हीन विधवाओं का हमिंग (संत्रास और यंत्रणा की अभिव्यक्ति के लिए) करते हुए घिसटना; युद्ध में तीव्र गति से दौड़ते घोड़ों/रथों का दृश्य सफ़ेद मुखौटों पर काले चश्मे लगाए क्षत-विक्षत अर्द्ध-जीवितों एवं मृतकों से पटी युद्धभूमि में, प्रेतों सा भटकना; युद्ध के घायलों को बचाने के लिए स्ट्रेचर, नर्स, खून-ग्लूकोस की बोतल जैसी अधुनातन सुविधाओं का इस्तेमाल, गांधारी का मंच से आगे बढ़कर दर्शकों के बीच की स्पेस पर जा गिरना और धरती से मिट्टी/रेत और कंकड़ उठाकर कृष्ण पर सामर्थ्य होते हुए भी युद्ध न रोकने के आरोप के साथ दोनों हाथ उठाकर शाप देना,

धनुप के लिए मानवदेह के इस्तेमाल और कृष्ण-वध जैसे प्रभावशाली चाक्षुप विंवों ने भाषा को कहीं बाधा नहीं बनने दिया। डॉ. सुनील कोठारी के शब्दों में, "Ratan uses sounds of a elarionet, crosses borders, breaks conventions, uses groans. humming sounds, manipulate light designs, enhancing symbolically the darkness of the age— achieving 'a coherent theatre language' that trausends all language barriers.... He uses Wara-liba like narration to depict what is happening on the war front, employs an actor for the shape of a bow tied with a rope, paints the canvas with mute lights and fills up the space with sounds and music.He has total control over every aspect of theatre."[75]

संभवतः प्रस्तुति की अन्विति और उसके सघन-समग्र प्रभाव का एक व्यावहारिक कारण यह भी है कि रतन थियम निर्देशन के साथ-साथ संगीत, छायालोक और परिधान इत्यादि की परिकल्पना भी स्वयं ही करते हैं। इस प्रस्तुति में गांधारी और अश्वत्थामा की केंद्रीय भूमिकाएँ शांति और इबोम्चा सोरोक ने बड़ी विस्फ़ोटक ऊर्जा के साथ निभाईं। धृतराष्ट्र, विदुर, संजय, वृद्ध याचक, कृपाचार्य और कृतवर्मा के रूप में क्रमशः आर. के.भोगेन, सोमो, रबीन्द्रो, एंगौतोंबी, निंगथैंबीर तथा प्रेमानंद ने भी प्रस्तुति की तीव्र गति को बनाए रखा। प्रहरी-1, प्रहरी-2 और धनुष की भूमिकाएँ निंगथैंबीर और राजेन ने निर्देशकीय परिकल्पना के अनुकूल ही कीं। कृष्ण-ध्वनि आर.के.भोगेन तथा शंकर-ध्वनि राजेन की थी।

जापानी दर्शकों के लिए 'अंधायुग' का यह प्रदर्शन निश्चय ही एक सार्थक, प्रासंगिक, उत्तेजक और यादगार नाट्यानुभव था। परंतु अचरज होता है यह देखकर कि इसी प्रस्तुति को जब **28 नवंबर, 1996** को **राष्ट्रीय नाट्य विद्यालय, दिल्ली** के 'अभिमंच' प्रेक्षागृह में अभिमंचित किया गया तो अधिकांश प्रबुद्ध प्रेक्षकों-समीक्षकों को निराशा ही हाथ लगी। इसके कई कारण हैं। 'अंधायुग' से युयुत्सु जैसे महत्त्वपूर्ण चरित्र को हटाने और आलेख के निर्मम संपादन ने मूल नाटक के साथ बड़ा अन्याय किया। मुक्ताकाशी मंच के लिए तैयार की गई किसी भी प्रस्तुति को, बिना दुबारा संयोजित किए, प्रोसेनियम में प्रदर्शित करने पर प्रायः उसका प्रभाव क्षीण हो ही जाता है। इसके अलावा, अज्ञेय के 'उत्तर प्रियदर्शी' की रतन थियम निर्देशित मणिपुरी प्रस्तुति का प्रदर्शन भी उसके साथ ही किया गया; जो कि सभी दृष्टियों से 'अंधायुग' की विवेच्य प्रस्तुति से बहुत बेहतर ही नहीं स्वयं निर्देशक के लिए भी एक कीर्तिमान था। दोनों की तुलना होना स्वाभाविक था और इसलिए भी 'अंधायुग' की यह प्रस्तुति यहाँ के प्रक्षेकों को प्रभावित नहीं कर सकी। समग्रतः हम कह सकते हैं कि प्रदर्शन-मूल्यों की दृष्टि से निश्चय ही यह एक उल्लेखनीय प्रस्तुति थी, परंतु भारती के कथ्य और नाटक की मूल आत्मा के साथ यह न्याय नहीं कर सकी।

यहाँ उल्लिखित प्रस्तुतियों के अलावा **रीवा** (रायपुर) की नाट्य-संस्था 'अवंतिका' ने 5 जून, 1997 को म.प्र. कला परिषद् द्वारा आयोजित नाट्य-समारोह में **मिर्ज़ा मसूद** निर्देशित 'अंधायुग' का एक प्रदर्शन भोपाल में किया। **दिल्ली** की नाट्य-संस्था 'कोख' ने 16 सितंबर, 1997 की शाम **राधे श्याम शर्मा** के निर्देशन में इस नाटक का एक प्रदर्शन एल.टी.जी. में किया। कई वर्ष पहले **ब. व. कारंत** ने इस नाटक के कन्नड़ अनुवाद को **कर्नाटक** में किया था और हाल ही में इसके मराठी अनुवाद का अभिमोचन **कमलाकर सोनटक्के मुम्बई** में कर रहे हैं। इसी प्रकार देश भर में और भी न जाने कितनी प्रस्तुतियाँ इस बीच की गई होंगी, जिनका नामोल्लेख तक इस पुस्तक में नहीं किया जा सका है। इसका कारण उन प्रयोगों की उपेक्षा करना कतई नहीं है, बल्कि ऐसा केवल इस लेखक की व्यक्तिगत सीमाओं और अनेक निर्देशकों के सहयोग न करने के कारण ही हुआ है। 'अंधायुग' के प्रदर्शनों की यह रंग-यात्रा अभी जारी है और आशा है कि भविष्य में भी लगातार चलती रहेगी। रंगकर्मियों में इस नाटक के प्रति आकर्षण कभी कम नहीं होगा; क्योंकि भूमंडलीकरण, उपभोक्तावाद, पश्चिम के इंद्रियपरक मूल्यहंता सांस्कृतिक आक्रमण के सामने हमारे पारिवारिक संबंधों, सामाजिक मर्यादाओं, राजनीतिक व्यवस्थाओं और नैतिक-आध्यात्मिक मूल्यों की जो लाशें हमारे वर्तमान की छाती पर गिर रही हैं, वह जल्दी ही सड़ने लगेंगी और दुर्भाग्य से इस अंध और दुर्गंध की अंतहीन सी गुफ़ा के उस पार दूर तक रौशनी की कोई किरण दिखाई नहीं दे रही है। 'अंधायुग' के वृद्ध याचक द्वारा बाँहें उठाकर बार-बार दोहराए जानेवाले मरणासन्न ईश्वर के अंतिम वचन न कोई सुनने को तैयार है और न मानने को ! इसलिए 'अंधायुग' की प्रासंगिकता और सार्थकता ख़त्म या कम होने का कोई प्रश्न ही पैदा नहीं होता।

संदर्भ

1. आधुनिकता के पहलू, पृ. 95-96
2. आलोचना : जुलाई-सितंबर, 1967, पृ. 93
3. देखें–'विवेक के रंग' में संकलित डॉ. सुरेश अवस्थी का लेख : वस्तु : योजना और रंग-विधान की पारस्परिक विसंगति, पृ. 394-397
4. देखें–अंधायुग : एक विवेचन : डॉ. हरिश्चंद्र वर्मा
5. Enact : May 1972 में प्रकाशित धर्मवीर भारती के 3.5.72 के पत्र (Play wright's note) से उद्धृत
6. अंधायुग : निर्देश, पृ. 5
7. पश्यंती : धर्मवीर भारती, पृ. 21
8. धर्मयुग : 1 फरवरी, 1976, पृ. 38-39
9. लेखक के 12.10.76 के पत्र के उत्तर में प्राप्त श्री दुबे के पत्र से उद्धृत
10. Enact : May 1971

11. पश्यन्ती : धर्मवीर भारती, पृ. 21-22
12. ज्ञानोदय : फरवरी 1965, पृ. 128
13. नटरंग : वर्ष 1, अंक 2, पृ. 50
14. श्री दुबे के लेखक को लिखे गए एक व्यक्तिगत पत्र से उद्धृत
15. साप्ताहिक हिंदुस्तान : 4 जून, 1967, पृ. 38
16. पूर्वग्रह : गई-जून 1977, पृ. 45
17. Enact : No. 65 (Discovering 'Andhayug')
18. Enact : May 1972 (Directing Andhayug)
19. धर्मयुग : 25 जनवरी, 1970, पृ. 20
20. साप्ताहिक हिंदुस्तान : 4 जून, 1967, पृ. 38
21. नटरंग : अंक 6, पृ. 57 (भारतीय रंगमंच का नया संदर्भ : शैली की खोज : सुरेश अवस्थी)
22-23. नटरंग : अंक 7, पृ. 46
24. Enact : May 1972 (Ajitesh Banerjee Interviewed)
25. Enact : May 1972 (The Bengali, 'Andha Yug' : Samik Bandopadhyay)
26. वही
27. त्रिवेणी क्लब, मारिशस द्वारा नई दिल्ली में 17 जनवरी, 1975 को प्रस्तुत 'अंधायुग' के प्रदर्शन के अवसर पर प्रकाशित स्मारिका में मोहन महर्षि की टिप्पणी " 'अंधायुग' ही क्यों ?" से उद्धृत।
28. धर्मयुग : 17 मार्च, 1974, पृ. 21
29. दिनमान : 20 जनवरी, 1974, पृ. 37
30. धर्मयुग : 17 मार्च, 1974, पृ. 20
31. वही : पृ. 20
32. धर्मयुग : 24 जून 1973, पृ. 455 (बिलासपुर में, 'अंधायुग' : अंधकार की यात्रा कथा : परितोष चक्रवर्ती)
33. वही, (गुवाहाटी : असमिया भाषा में 'अंधायुग' : नवारुण वर्मा)
34. कला संगम, पटना द्वारा प्रकाशित स्मारिका के 'प्रतिवेदन' से उद्धृत
35. दिनमान, 20 अगस्त, 1972, पृ. 45
36. The Hindustan Times : 6.5.1974 (Kavita Nagpal)
37. धर्मयुग : 7 जुलाई, 1974, पृ. 19 (कन्हैयालाल नंदन)
38. The Hindustan Times (Historical shorn of pomp) 3.6.74
39. दिनमान (पुराण प्रयोग) : 16 जून, 1974, पृ. 43
40. दिनमान : 16 जून, 1974, पृ. 43
41. Enact : 90 (June, 74) : J.N. Kaushal
42. 11 सितंबर, 1979 को दिल्ली के श्रीराम कला केन्द्र के चायघर में सायं 6 से 9 बजे तक श्री कमलाकर सोनटक्के और लेखक के बीच हुई लंबी बातचीत पर आधारित।
43. व्यक्तिगत बातचीत के आधार पर।
44. रंगमंच (कला-मंदिर, ग्वालियर की पत्रिका) : 1975-76, पृ. 10
45. धर्मयुग : 20 जुलाई, 1975, पृ. 35
46. नटरंग : अंक 26, पृ. 40
47. 'सूत्रधार' कृत 'अंधायुग' की स्मारिका में प्रकाशित 'अंधायुग' के प्रयोक्ता : ज्योतिन्द्र सिंह सोहल : एक बातचीत से उद्धृत, पृ. 11-12

48. रंगयोग : अप्रैल-जून 1976, पृ. 33-34
49. रंगमंच : 1975-76 (कला मंदिर-ग्वालियर की पत्रिका), पृ. 4
50. वही, पृ. 21
51. धर्मयुग : 15 जून, 1975, पृ. 20
52. धर्मयुग : 2 अप्रैल, 1976, पृ. 24
53. धर्मयुग : 25 जुलाई, 1976, पृ. 20
54. लेखक को लिखे गए श्री सतीश आनंद के एक व्यक्तिगत पत्र से उद्धृत
55. धर्मयुग : 20 मार्च, 1977, पृ. 24
56. पुरोवाक्–2(1997) सं. पीयूष दईया (अपने आप से कुछ सवाल : डायरी के पन्ने)
57. नटरंग : 38-39 (दृश्य रचना-कुछ प्रयोग : एम.के.रैना), पृ. 36
58. नाटक अध्यापन संगोष्ठी : मिरांडा हाउस, दिल्ली विश्वविद्यालय : 23 मार्च, 1979 के दूसरे सत्र में प्रस्तुत वक्तव्य
59. रविवार : 9-15 अप्रैल, 1978 (श्रीराम वर्मा), पृ. 47
60. धर्मयुग : 16 अप्रैल, 1978 (बलराम), पृ. 47
61. रविवार : 22-28 अप्रैल, 1979 (विजया उपाध्याय), पृ. 41
62. धर्मयुग : 29 अप्रैल, 1979 (विभु कुमार), पृ. 43
63. नए रंग-बोध की तलाश : मुद्राराक्षस (धर्मयुग : 9 मार्च, 1980, पृ. 25),
64. डॉ. सुरेश अवस्थी से व्यक्तिगत चर्चा के आधार पर
65. धर्मयुग : 9 मार्च, 1980, पृ. 25
66. नटरंग-40 : (रंगशिविर बेतूल), पृ. 69
67. नटरंग-54, पृ. 71-72
68. वही, पृ. 72
69. नटरंग-53 (नेहरू शताब्दी नाट्य समारोह), पृ. 69-70
70. नटरंग-53 (शाहजहाँपुर में अंधायुग और अंधेरनगरी : राजेश्वरी सिंह), पृ. 78
71. नटरंग-55 : अन्विता श्रीवास्तव, पृ. 69
72. जनसत्ता : 30.9.92 (यह जुबाँ भी आती है आते आते)।
73. The Hindustan Times : 27 December, 1992
74. The Pioneer : Manohar Khushalani : 8 January, 1993
75. The Hindustan Times : (Sunil Kothari on the world premiere of Ratan Thiyam's 'Andha Yug' in Japan) : 10 sep. 1994

उपसंहार

प्रत्येक महत्त्वपूर्ण और कालजयी नाट्य-रचना का एक बुनियादी गुण यह भी होता है कि वह बदले हुए देश-काल, परिवेश, संबंधों और मूल्यों के बावजूद अपनी प्रासंगिकता एवं अर्थवत्ता बनाए रखती है। प्रतिभावान निर्देशक और कल्पनाशील अभिनेता बार-बार उसकी ओर लौटते हैं और अपने समय-संदर्भ में उसकी नई-नई व्याख्याएँ करते हैं। प्रवीण पार्श्वकर्मी उसके माध्यम से अपनी कला-कुशलता की जाँच-परख करते रहते हैं। प्रबुद्ध दर्शक और पाठक उसमें अभिनव अर्थ-छायाएँ ढूँढ़ते-पाते हैं। वह व्यावसायिकता और प्रयोगधर्मिता, लोकप्रियता और बौद्धिकता-कलात्मकता की सभी कसौटियों पर अपनी सफ़लता सिद्ध करती है। 'अंधायुग' का प्रस्तुति-इतिहास इस बात का साक्षी है कि निर्देशकीय व्याख्या या कलाकारों की क्षमतानुसार इसके कथ्य और उद्देश्य बदलते रहे। कभी गांधारी प्रमुख हो गई और कभी अश्वत्थामा ने केंद्रीय भूमिका ग्रहण कर ली। कभी मंच से आद्यन्त अनुपस्थित रहने के बावजूद कृष्ण और उनकी मूल्य-मर्यादा प्रस्तुति पर छा गई तो कभी वृद्ध याचक ने आज के बुद्धिजीवी के अंतर्विरोधों को रेखांकित करते हुए प्रदर्शन के सभी सूत्रों को अपने हाथों में ले लिया। प्रदर्शन-स्थल और प्रस्तुति-शैली की भिन्नता एवं विविधता ने भी नाट्यालेख के आस्वाद, प्रभाव और सम्प्रेष्य में उल्लेखनीय अंतर पैदा कर दिया।

नाटककार और निर्देशक के संबंधों के बीच आलेख की पवित्रता का प्रश्न जयशंकर प्रसाद के समय से ही हिंदी रंगकर्म का एक अत्यंत संवेदनशील, महत्त्वपूर्ण और विवादास्पद प्रश्न रहा है। इस जटिल और चुनौतीपूर्ण प्रश्न का बेहद व्यावहारिक, रचनात्मक और सहज उत्तर धर्मवीर भारती और उनके नाटक 'अंधायुग' ने प्रस्तुत किया है। इस नाटक के पहले प्रस्तुतीकरण से लेकर अब तक के अंतिम प्रस्तुतीकरण तक, दो-तीन अपवादों को छोड़कर, शायद ही कोई निर्देशक होगा जिसने अपने उद्देश्य, साधन और सुविधा के अनुरूप किसी न किसी रूप में इसका संपादन न किया हो ! इसे हमेशा काट-छाँट कर संक्षिप्त किया जाता रहा है और अधिकांश प्रस्तुतियाँ तो गांधारी के शाप के साथ ही समाप्त कर दी जाती रही हैं। प्रेक्षागृह, मंच-सज्जा और प्रस्तुति-शैली के विषय में

तो भारती ने अपने निर्देश में कल्पनाशील निर्देशकों को पहले ही खुली छूट दे दी थी। कुछ दृश्यों-प्रसंगों को हटाने, चरित्रों को छोड़ने और संवादों को काटने के मामले में भी नाटककार ने कभी किसी निर्देशक के साथ कोई विवाद खड़ा नहीं किया। रंगकर्मियों की अपनी सूझ-बूझ और रचनात्मक-प्रतिभा का उसने सदैव सम्मान किया। यह 'अंधायुग' की शक्ति और महत्ता का प्रबल प्रमाण है कि इस प्रयोग-प्रक्रिया में असफल या प्रभावहीन हुई प्रस्तुतियों का कारण निर्देशक की सीमाओं को ही माना गया, आलेख की प्रमाणित महत्ता एवं उत्कृष्टता पर इसका कोई विपरीत या नकारात्मक प्रभाव नहीं पड़ा। इस प्रकार, 'अंधायुग' आधुनिक हिंदी/भारतीय रंगकर्म का एक ऐसा प्रतिमान है जिसने परोक्ष रूप से नाटककार-निर्देशक के अधिकारों की लड़ाई को अप्रासंगिक और निरर्थक सिद्ध कर दिया है। इसने प्रसाद के नाटकों के संपादन और उनके रंगमंचीय-संस्करण बनाने के रास्ते खोलकर उनके अभिमंचन की संभावनाओं को बढ़ाया है या कम से कम उन पर नए रंग-प्रयोग करने की उम्मीद तो जगाई ही है। इस दृष्टि से भी 'अंधायुग' के रचनाकार के उन्मुक्त, लचीले और व्यावहारिक दृष्टिकोण का योगदान कम महत्त्वपूर्ण नहीं है।

इसे देश और विदेश में जितनी रंग-शैलियों एवं व्याख्याओं के साथ पेश किया गया है—वह अपने आप में एक कीर्तिमान है। 'अंधायुग' हमारे रंगकर्मियों के लिए स्वयं अपनी प्रतिभा, कुशलता और कल्पनाशीलता को परखने की कसौटी-सा बन गया है। यही कारण है कि नई-पुरानी पीढ़ी का प्रत्येक उल्लेखनीय रंगकर्मी कभी-न-कभी इस बहुआयामी काव्य-नाटक की चुनौती से ज़रूर टकराना चाहता रहा है। यह महज़ संयोग नहीं है कि इब्राहिम अल्काज़ी, सत्यदेव दुबे तथा रतन थियम ने इसे तीन-तीन बार और एम.के.रैना, मोहन महर्षि, राजेन्द्र गुप्ता, कमलाकर सोनटक्के तथा बंसी कौल ने इसे दो-दो बार अलग-अलग रंग-रूपों में प्रस्तुत किया।

सत्यदेव दुबे, इब्राहिम अल्काज़ी, मोहन महर्षि, एम.के.रैना, रवि बारवानी, भानु भारती, बंसी कौल, सतीश आनंद, राजेंद्र गुप्ता, राज बिसारिया, रतन थियम और रामगोपाल बजाज जैसे प्रतिभावान निर्देशकों ने इसकी कसौटी पर स्वयं को कसने की कोशिश की। अभिनेताओं में मानवेन्द्र चिटणीस, सत्यदेव दुबे, अरुण जोगलेकर, अमरीश पुरी, राजेश खन्ना, ओम शिवपुरी, राजेश विवेक, राज बब्बर, वीरेन्द्र शर्मा, मोहन महर्षि, कमलाकर सोनटक्के, राम गोपाल बजाज, बी.एल.चोपड़ा, एम.के.रैना, बलराज पंडित, पंकज कपूर, रंजीत कपूर, के.के. रैना, अनुपम खेर, अनंग देसाई, जी.पी. नामदेव, नसीरुद्दीन शाह, मोहन भंडारी, आकाश खुराना, वीणा धर, सुधा शर्मा (शिवपुरी), रोहिणी ओक (हट्टंगड़ी), मधु मालती, अंजला महर्षि, विभा मिश्रा, उत्तरा बावकर तथा सुनीला प्रधान जैसे कल्पनाशील कलाकार इससे जुड़े। जयदेव, वनराज भाटिया, मोहन उप्रेती, पंचानन पाठक और ब.व.कारंत जैसे नाट्य-संगीत मर्मज्ञों ने इसकी संगीत संभावनाएँ तलाशीं। तापस सेन, व्ही. राममूर्ति, जी.एन. दासगुप्ता, जी.एस. मराठे, पीर गुलाम, तथा सुनील शानबाग जैसे छायालोक के चर्चित जादूगरों ने इसकी प्रकाश-परिकल्पना की। मोहन महर्षि ने

इसे मॉरिशस के ही कलाकारों के साथ, वहाँ के 'प्लाज़ा थियेटर' तथा एम.के. रैना ने बर्लिन के 'गोर्की थियेटर' में और रतन थियम ने जापान में सुजुकी के मुक्ताकाशी 'जापान परफोर्मिंग आर्ट सेंटर' में खेलकर एक नए इतिहास का सूत्रपात किया। बंगला में अजितेश बनर्जी, असमिया में दुलालराय, मलयालम में टी.एम.पी. मेहुंगाड़ी, मराठी में कमलाकर सोनटक्के कन्नड़ में ब. व. कारंत तथा मणिपुरी में रतन थियम ने इसे सफलतापूर्वक अभिमंचित करके, भारतीय सांस्कृतिक एवं भाषाई एकता के सूत्रों को फिर से रेखांकित किया। रतन थियम द्वारा निर्देशित इसका मणिपुरी प्रस्तुतीकरण उस भाषा में हिंदी का पहला नाटक था, और इसे मणिपुरी रंगमंच के सर्वश्रेष्ठ प्रदर्शनों में गिना जाता है।

देश-विदेश के पारंपरिक और शास्त्रीय रंग-तत्त्वों के रचनात्मक मेल से 'अंधायुग' में नए अर्थ, सौंदर्य-बोध और रंग-रूप को तलाशने, समझने और दिखाने के प्रयास भी बहुत पहले से आरंभ हो गए थे। राष्ट्रीय नाट्य विद्यालय के प्रथम वर्ष के छात्र के रूप में, आज के चर्चित रंगकर्मी और फिल्मकार ब. व. कारंत ने अपनी परीक्षा के लिए 'अंधायुग' के कुछ अंशों को यक्षगान शैली में प्रस्तुत करके स्वयं अल्काज़ी को भी चमत्कृत कर दिया था। इसके बाद अल्काजी ने अपनी पुराना किला वाली प्रस्तुति में काबुकी और कथक शैली के कुछ तत्त्वों से 'अंधायुग' को और भी भव्य एवं दृश्यात्मक बनाने का प्रयत्न किया था। रवि बास्वानी ने नंगे बदन कलाकारों को काली पैंटें पहनाकर, उनके चारित्र्य के अनुरूप माथों पर लाल, सफेद, काली, सुनहरी प्रतीकात्मक पट्टियाँ बाँध दीं, पौराणिक अस्त्र-शस्त्रों के स्थान पर आधुनिक बंदूकों, पैरा जैकेट, हैलमेट तथा आधुनिक युद्ध (वियतनाम) के ध्वनि-प्रभावों का इस्तेमाल किया। एम.के. रैना ने अपनी पुराना किला वाली प्रस्तुति में पूजा के धार्मिक अनुष्ठान और प्रतीकात्मक रंग-पट्टियों का उपयोग किया। वस्त्र-विन्यास में यक्षगान तथा कथकली की परिधान-शैली और कथा-गायन में शास्त्रीय संगीत के रागों का प्रभाव भी स्पष्ट था। रतन थियम ने नाट्य विद्यालय की छात्र-प्रस्तुति में मणिपुरी परिधान और अस्त्र-शस्त्रों के साथ-साथ वहाँ की युद्ध-कला, अनुष्ठान तथा शास्त्रीय एवं लोक-नृत्यों के कुछ तत्त्वों का भी दिलचस्प इस्तेमाल किया।

सत्यदेव दुबे ने 'अंधायुग' की भाषा की संवेदनशीलता पर बल दिया तो इब्राहिम अल्काज़ी ने भव्यता, स्थापत्य और दृश्यत्व पर। राज बिसारिया ने रंग एवं दृश्य की गतिशीलता को और रतन थियम ने युद्ध-कला की आक्रामकता और मणिपुरी रूप-विधान को रेखांकित करने की कोशिश की। बंसी कौल ने 'अंधायुग' को 'क्लोज़ अप' में देखा और चरित्र तथा कला-प्रसंग उभारने के बजाय युद्ध के कारण विक्षुब्ध, आस्थाहीन, विवेकरहित, भयाक्रांत एवं कुंठित चरित्रों के अध्ययन-विश्लेषण पर बल दिया। यथार्थ और रीतिबद्धता के संयोग से उन्होंने एक नई शैली बनाई। वेशभूषा, आभूषण, रूप-विन्यास, मुखौटों तथा विशिष्ट मुकुट परिकल्पना द्वारा चरित्रों के आदिम पशु-रूप को साकार करने के प्रयत्न में निरर्थक-सी ध्वनियों का सार्थक उपयोग किया।

रामगोपाल बजाज ने भाषा की व्यंजना-शक्ति एवं अर्थ-छायाओं के उद्घाटन तथा

अभिनेता और अभिनय को प्रमुखता दी तो मोहन महर्षि ने पारंपरिक रंग-तत्त्वों एवं अनुष्ठानात्मक वातावरण को।

अभिनय-स्थल/प्रेक्षागृह और दृश्यांकन की दृष्टि से भी 'अंधायुग' एक नवोन्मेषकारी रचना सिद्ध हुआ। किसी फ़्लैट की छत पर या किसी इमारत के तलघर में बनाए गए छोटे किंतु अंतरंग मंच से लेकर ऐतिहासिक भवनों/किलों के विराट् भग्नावशेषों के बीच निर्मित बहुस्थलीय एवं बहुधरातलीय व्यापक-खुले प्रेक्षास्थलों और उनके सादे या भव्य दृश्यांकनों के बीच इस नाट्यालेख में निहित सम्भावनाओं ने न जाने कितने रूप-रंग और आकार-प्रकार के मंचों की कल्पना और निर्मिति के लिए प्रेरणा दी है। इन्हीं के अनुरूप छायालोक-परिकल्पकों ने भी अपनी प्रतिभा से प्रकाश और अंधकार के विविध खेल खेले हैं। नाटककार के रंग-निर्देशों ने भी इसमें पर्याप्त सहायता की है।

परंतु वेशभूषा और रूप-सज्जा को लेकर रचनाकार ने प्रायः कहीं कोई निर्देश नहीं दिया है। इस संदर्भ में महाभारतकालीन पात्रों के विषय में कोई लिखित या चित्रित प्रमाण भी उपलब्ध नहीं है। इसलिए 'अंधायुग' के रूप-सज्जाकार और वस्त्राभूषण परिकल्पक को, नाटक की निर्देशकीय व्याख्या और पात्र-विशेष के मूल चारित्रिक गुणों के आधार पर ही इनकी कल्पना करनी पड़ती है। 'महाभारत' केवल एक महाकाव्य ही नहीं, संपूर्ण वाङ्मय है। इसके चरित्रों को आदिवासी या ग्रामीण जीवन के परिप्रेक्ष्य में भी देखा जा सकता है और सभ्य सुसंस्कृत समाज के परिप्रेक्ष्य में भी। और 'अंधायुग' में तो 'महाभारत' के साथ-साथ द्वितीय विश्वयुद्ध की छायाएँ और ध्वनियाँ भी मौजूद हैं। इसलिए इस नाटक के चरित्रों की रूपसज्जा तथा वेशभूषा के लिए तो परिकल्पक के लिए अतीत से भविष्य तक कल्पना का अबाध विस्तार उपलब्ध है। इनके लिए भारतीय पारंपरिक एवं लोक तथा विदेशी प्रभावों को भी ग्रहण किया जा सकता है। इस नाटक की अनेक प्रस्तुतियाँ इस सत्य की गवाह हैं। 'अंधायुग' के नाट्य-संगीत के बारे में भी यही कहा जा सकता है। शास्त्रीय और लोक संगीत की समृद्ध भारतीय परंपरा का इस्तेमाल भी इसकी प्रस्तुतियों में किया गया है और इनकी लीक छोड़कर देश-विदेश की विभिन्न परंपराओं के संयोग से उद्भूत मौलिक एवं स्वतःस्फूर्त रंग-संगीत का भी।

पिछले पैंतीस वर्षों में 'अंधयुग' मुंबई, दिल्ली और कलकत्ता जैसे महानगरों से होता हुआ बेतूल और गिरीडीह जैसे दूरदराज़ के आदिवासी/पिछड़े इलाकों तक जा पहुँचा है। रंगमंडलों के प्रशिक्षित एवं प्रतिष्ठित रंगकर्मियों से लेकर रंगशिविरों और शौकिया नाट्य-दलों के नए और अनुभवहीन कलाकारों ने भी इसे बड़ी निष्ठा, सूझबूझ एवं लगन से अभिमंचित करने का सराहनीय प्रयास भी किया है।

आधुनिक हिंदी रंगमंच के इतिहास का सर्जन करती 'अंधायुग' की इन वैविध्यपूर्ण रूप-रंग की बहुसंख्य प्रस्तुतियों के बीच से होकर गुज़रने के बाद सत्यदेव दुबे का यह निष्कर्ष केवल भावुकतापूर्ण बड़बोलापन ही नहीं लगता कि 'अंधायुग' विश्व की दस सर्वश्रेष्ठ नाट्य-रचनाओं में गिना जाने योग्य एक उत्कृष्ट नाटक है।

सम्भवतः यही कारण है कि हिंदी रंगजगत् के लगभग सभी प्रतिभावान और कल्पनाशील नाट्य-निर्देशकों, कलाकारों तथा चर्चित नाट्यदलों ने इस पर अपनी आज़माइश करने की कोशिश की है। प्रोसेनियम से लेकर मुक्ताकाशी मंच तक और यथार्थवादी तथा लोक शैली से लेकर पारसी, काबुकी, एब्सर्ड, मनोशरीरिक, परिवेशमूलक इत्यादि विविध शैलियों के कलात्मक संयोग से जितने प्रयोग 'अंधायुग' को लेकर हुए हैं उतने किसी भी हिंदी या शायद भारतीय नाटक को लेकर नहीं हुए। और सबसे बड़ी बात यह है कि अभी इसकी संभावनाएँ और चुनौतियाँ चुकी नहीं हैं। अनेक प्रकार की जटिलताओं और कठिनाइयों के बावजूद यह नाटक नई पीढ़ी के रंगकर्मियों और दर्शकों-पाठकों को अद्भुत सम्मोहन से अपनी ओर खींचने में सफल हो रहा है। निश्चय ही 'अंधायुग' ने हमें अपनी नैजिक रंग-दृष्टि की खोज करने, उसकी अपरिमित सम्भावनाओं को तलाशने और उपलब्धि के विविध सोपानों को रेखांकित करने में बहुमूल्य योगदान दिया है।

परिशिष्ट

अंधायुग : संवाद विश्लेषण (चरित्रों की दृष्टि से)

चरित्र	अंक	पंक्ति संख्या	संवाद संख्या	स्वगत पंक्ति संख्या	स्वगत संवाद संख्या	नेपथ्य पंक्ति संख्या	नेपथ्य संवाद संख्या
अश्वत्थामा	स्थापना	—	—	—	—	—	—
	I	—	—	—	—	—	—
	II	165	12	88	1	—	—
	III	106	18	4	1	—	—
	अन्तराल	—	—	—	—	—	—
	IV	67	10	—	—	16	1
	V	—	—	—	—	—	—
	समापन	78	7	48	2	—	—
	योग	416	47	140	4	16	1
गांधारी	स्थापना	—	—	—	—	—	—
	I	62	9	—	—	—	—
	II	—	—	—	—	—	—
	III	23	1	—	—	—	—
	अंतराल	—	—	—	—	—	—
	IV	117	28	—	—	—	—
	V	13	2	—	—	—	—
	समापन	—	—	—	—	—	—
	योग	215	40	—	—		—

चरित्र	अंक	पंक्ति संख्या	संवाद संख्या	स्वगत पंक्ति संख्या	स्वगत संवाद संख्या	नेपथ्य पंक्ति संख्या	नेपथ्य संवाद संख्या
कृपाचार्य	स्थापना	—	—	—	—	—	—
	I	—	—	—	—	—	—
	II	69	12	—	—	—	—
	III	64	18	—	—	—	—
	अंतराल	—	—	—	—	—	—
	IV	18	6	—	—	—	—
	V	50	10	14	2	—	—
	समापन	—	—	—	—	—	—
	योग	201	46	14	2	—	—
विदुर	स्थापना	—	—	—	—	—	—
	I	81	14	—	—	—	—
	II	—	—	—	—	—	—
	III	82	19	—	—	—	—
	अंतराल	10	1	10	—	—	—
	IV	78	22	—	—	—	—
	V	57	15	7	1	4	1
	समापन	—	—	—	—	—	—
	योग	308	71	71	2	4	1
युयुत्सु	स्थापना	—	—	—	—	—	—
	I	—	—	—	—	—	—
	II	—	—	—	—	—	—
	III	80	11	30	3	—	—
	अंतराल	5	1	5	1	—	—
	IV	24	6	—	—	-	—
	V	—	—	—	—	—	—
	समापन	54	7	—	—	7	1
	योग	163	25	35	4	7	1

चरित्र	अंक	पंक्ति संख्या	संवाद संख्या	स्वगत पंक्ति संख्या	स्वगत संवाद संख्या	नेपथ्य पंक्ति संख्या	नेपथ्य संवाद संख्या
प्रहरी-2	स्थापना	—	—	—	—	—	—
	I	56+2* =58	16+1* =17	—	—	—	—
	II	—	—	—	—	—	—
	III	—14+7* =58	7+2* =9	—	—	—	—
	अंतराल	—	—	—	—	—	—
	IV	—	—	—	—	—	—
	V	41	27	36	24	—	—
	समापन	—	—	—	—	—	—
	योग	111+9* =120	50+3* =23	77	36	—	—

* चिह्नित संवाद 'प्रहरी' द्वारा बोले गए हैं। यहाँ स्पष्ट नहीं होता कि इन्हें 'प्रहरी-1' बोल रहा है या 'प्रहरी-2'। चूँकि प्रहरी-1 की अपेक्षा प्रहरी-2 के संवाद कम हैं, इसलिए सुविधा की दृष्टि से उन्हें प्रहरी-2 के संवादों के साथ दे दिया गया है।

संवाद-विश्लेषण (अंकों की दृष्टि से)

अंक	संलाप पंक्ति संख्या	संलाप संख्या	स्वगत पंक्ति संख्या	स्वगत संख्या	नेपथ्य पंक्ति संख्या	नेपथ्य संवाद संख्या	कुल पंक्ति संख्या	कुल संवाद संख्या
स्थापना	—	—	—	—	33	3	33	3
एक	255	48	81	24	44	3	380	75
दो	256	38	153	5	21	2	430	45
तीन	433	97	52	5	38	4	523	106
अंतराल	—	—	93	5	—	—	93	5
चार	455	114	—	—	132	12	587	126
पाँच	181	43	138	54	29	3	348	100
समापन	148	18	66	5	60	6	274	29
योग	1728	358	583*	98	357**	33	2668	489

* 'अंतराल' में यद्यपि सभी पात्र प्रायः एक दूसरे की उपस्थिति में ही बोलते हैं परंतु मूलतः वे किसी भी अन्य पात्र को सम्बोधित नहीं करते। अतः इन सभी (93 पंक्तियाँ, 5 संवाद) को 'स्वगत' के अंतर्गत ही रखा है।

**'कथा गायन' में गायकों के बैठने के स्थान के संबंध में चूँकि नाटककार ने कुछ नहीं कहा है, इसलिए यहाँ निर्देशक की इच्छा ही सर्वोपरि है। क्योंकि अब तक की अधिकांश प्रस्तुतियों में इसे नेपथ्य में ही रखा गया है तथा प्रकृति और स्वरूप की दृष्टि से भी ये नेपथ्य-संवादों के अधिक निकट हैं, इसलिए इनकी 151 पंक्तियों और 15 संवादों को 'नेपथ्य' के अंतर्गत मान लिया है।

इसी प्रकार व्यास के संवाद यद्यपि 'आकाश-भाषित' के रूप में हैं परंतु वर्गीकरण की सुविधा की दृष्टि से उन्हें (34 पंक्तियाँ, 6 संवाद) भी 'नेपथ्य' में रखने की छूट ले ली है।

अंधायुग : बिंब-तालिका

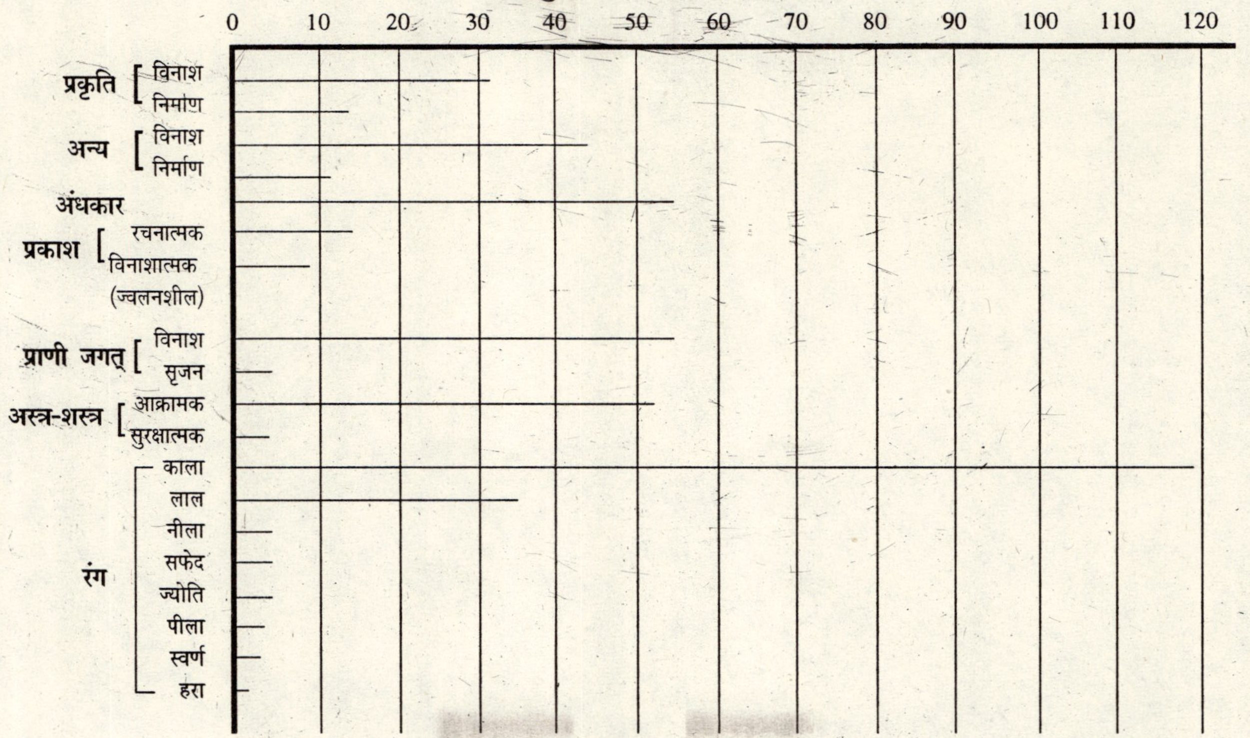

0
10
20
30
40
50
60
70
80
90
100
110
120
प्रकृति
विनाश
निर्माण
अन्य
विनाश
निर्माण
अंधकार
प्रकाश
रचनात्मक
विनाशात्मक
(ज्वलनशील)
प्राणी जगत्
विनाश
सृजन
अस्त्र-शस्त्र
आक्रामक
सुरक्षात्मक
रंग
काला
लाल
नीला
सफेद
ज्योति
पीला
स्वर्ण
हरा